臺灣小鎮慢騎

茶花小屋(李立忠)著

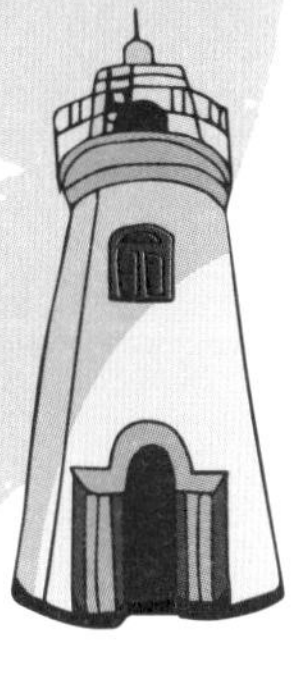

25條縱貫東西的慢遊路線

目錄

CH 02 騎行中臺灣

目錄

CH03 騎行南臺灣

CH04 騎行東臺灣

〔推薦序〕

與人生對話的騎行奇蹟

這是一本能使讀者輕駕自行車，同時嘗試著與「古蹟對話」、「環境對話」、「迎風對話」、「味蕾對話」，圖文並茂的書籍。將舊文化與新思維透過時空追尋，實踐了本世紀最為時尚的「立體行動藝術」。讀者有幸參與，堪稱慧眼。

「古徑探秘」難免令人神往，然而，身處這歷經數百年華洋統治過的島嶼，始終惦記著那些隨著歲月四季變換，似有若無地逐漸陳封的「古蹟文化」，難以釋懷。故而在一陣陣傳承的使命感趨動下，已然匯為勇往直前的強大動力，盡使「時光回溯」，編輯成冊。值得跟進！

從「與天候妥協」出發，騎歷山川水岸，盡覽臺灣無所不在的環保成果。大至森林、紅樹林的保育，小至田間小徑，都深植於方寸之間，透過此作品，亟欲與讀者分享。

輕騎河濱，方知路旁不起眼的野菊花跟我們一樣接受著輕風拂面，因舒爽暢快而綻放生命氣息，無關華麗或年紀。陡坡的征服竟是順風而下序曲的前奏，瞬間對人生起伏產生了絕對的醒悟。沿途中，往往會因忘卻飢渴而識恬淡之美味。味蕾瞬即啟動，期待那一碗「茶油麵線」而知足。

「古蹟」，總是期待得以傳承，因此，透過對話，會發現更多。

「環境」，隨著觀賞的角度而展現它的美貌。與受保護的景物對話，那回報的是陣陣香氣。

「迎風的對話」，會是拂面的輕撫。「味蕾的對話」卻是體力的報償。能為心存「念舊」宅心的青年「行動藝術」作家寫序，當是畢生榮幸。所謂，坐而言，不如起而行。寥寥數語，實不足以盡述作者「力行」之全貌。衷心期待讀者細研圖文，並延伸觸角，必能心領神會作者的苦心與期待，創造自己的「騎士人生」。

自由騎士　蘇文峯序

作者序

從心開始，從家出發

清早，風微涼，窗外的天空掛著幾朵曦光染紅的雲，呀！又是個騎車的好日子。想起每一次出外騎單車，大概都是這般審視著天氣。除非是下雨，否則仰望一天的開始，我便提起柔軟的心，手推單車準備往旅行的路上了。

天剛亮的巷弄特別漂亮，微暗裡的市街都還沒甦醒，到處是安靜的燈影和隨時變換的天色，從沉澱一夜的清早出發，這一天總感覺特別香醇而難忘。對於旅行，我並沒有特別不同，只是多了一份感動的心，記憶庫裡多存放了一點對過去的懷念，所以適合用單車慢條斯理的速度，或者停留過久的時間，來發酵移動的人事物，純釀出一次次深藏記憶的單車旅程。

「有空嗎？可不可以跟你去騎車。」我常常聽到有人這麼對我說。朋友們都羡慕我如閒雲野鶴似的單車旅行，我常想，因為在每一次的文章中，包含了許多我從生活中、記憶裡不捨丟棄的柔軟和堅持，把曾經伴隨成長的點點滴滴都當成寶貝細心收藏，有了這些陳年舊事當作調味料，不論旅行過程簡單或豐富，都會是一道美味佳餚。所以我說：「我們騎的是心、是生活，不是單車。」

約莫二〇〇〇年，我開始在大臺北河道，用單車找尋逐漸散去的生活光影，那時候的淡水河系自行車道，斷斷續續並且沒有橋樑引道，只能扛車越過堤防，推車經過爛泥小路。從那些既熟悉又陌生的地方，找回自己許多成長的回憶。突然發現，單車的速度適合尋找沉在心底的悸動，單車的風一吹，心底的時光塵埃便輕輕揚起。於是從萬華我出生的地方，一路往前慢行，踩遍無數個日出日落。其間也常有一兩百公里以上的長程之旅，但後來慢慢發現，用踏實的腳步，體會與心連結的旅行感動，這旅程才能長遠。

每每到了一個小鎮，我就想要以單車輕掠每一寸風景。於是我用了生活工作中僅有的時間，慢慢地踏過，我熟悉或陌生的小地方，這些旅程大多不遠，但我希望每一幕都能浸潤於腦海中，好好的保存在生命裡。

因為雪山隧道通車，坪林漸漸沒落，但坪林存在我回憶裡的美好，卻永遠不會消失。書中有兩條坪林單車路線，北勢溪、鰱魚堀溪都是我年少時候，坪林跳石、溪釣、露營探險的美好過去。有這些年少輕狂做材料，今天河畔架起了木棧道，單車大大方方走進美景，也喚醒那些沉睡的過去。其實，臺北的繁華只限於城市中心，沿著大臺北周邊，有美如墾丁海岸的草嶺環線、安靜如昔的雙溪河畔小鎮、被遺忘的平溪線碩仁加水站，這些小鎮繁華過，現在不論有沒有在它們的市街留下隻字片語，都不應該用現代人的眼光視覺散步，用太快的速度草率奔馳。當我用單車走過時光留下的蛛絲馬跡，我發現走得愈慢，身邊的風景就愈美、愈有料。

有一次從朋友口中聽見她的故鄉龍港，一個靠海、名喚公司寮的小村落，於是我便搭著火車來到後龍溪口。呀！好美的濱海小村子，好安靜的故鄉，沒想到海邊是那麼適合單車，而且還藏著好多不為人知的故事和生活習慣。沿著海線鐵路騎單車，那些古老的小火車站，斑駁外衣裡面同樣有美麗而豐富的過去。

騎單車，其實不太需要驚為天人的歡呼或者網路爆紅的風景，單車，就像鐵軌上的慢車，一站一站往前走，吹小鎮的風、聽小鎮的故事、看小鎮的慢。簡簡單單度過天青水藍的每一天，就心滿意足了。

這本書準備期間，投身紅十字會水上安全志工行列，訓練和勤務依照慣例，都是在清晨四五點展開，這麼一來，剛好和我早早出門騎車踩風的時間衝突，一整年，有大半時間忙著志工工作，當泳季過去，天氣轉入寒冬，能夠騎車的日子也漸漸少了。年復一年，在有限的時間裡，不論是騎單車或當志工，都值得付出。我也在夏日找尋空檔，在冬季和冷雨賽跑的日子裡，騎向每一次單車旅行。

序章

來小村子做客慢騎

那天我到花蓮朋友家做客，突然感覺小村子單車旅行，像是被風丟棄的涼意，現代人生活中缺少的維他命。

九月初秋，又到了適合旅行的季節，前陣子接到朋友的邀約：「茶花，有空到花蓮來住幾天。」是一間今年五月剛落成的簡約民宿。最近我很喜歡到故鄉旅行，於是在忙碌的生活中，安排時間，到朋友的故鄉花蓮住兩天。

往花蓮的路上

背起簡單的行囊，搭乘往花蓮的火車，掠過東北角熟悉的風景加上微雨的秋日，看見滿天的雲沉出一種秋涼舒徐，窗外的景色略顯暗淡，那些海天的風景加上車廂行駛的規律音節，我的心開始像一曲慢板的樂章，隨著往後奔走的風景起伏。往花蓮，搭火車也算是一種享受，數著一些不常見到的小站，漸漸往目的地靠近，有時會看見大海，有時會看見自己曾經踩踏單車的路途，窗景，很豐富又充滿回憶。就說石城吧！以前都是在草嶺舊隧道口看火車倏的經過，今天坐在窗裡，有點來不及抓住那天的回憶！

吉安鄉南華小村子

朋友說她有一輛小折，出發時，我沒再背起常與我旅行的單車，下了火車，可以慢慢的走出花蓮車站，看著她在出口，用甜美的微笑迎接來自臺北的我。有人等待的感覺真好，真摯期待遇見歡喜做客，是多麼美好的人生體驗。一踏出莒光號車廂，花蓮的空氣有淡淡香氣，出口還有朋友她甜甜的笑。

01
03 02

01 花蓮吉安南華村的小屋子住在芋頭田間。02 吉安鄉家門前水溝裡，有不少美麗的生態，住在花蓮小村子裡真的好幸福（疏穗莎草）。03 在臺北怎麼都找不到清水奔流的小水溝，這裡的水丁香總是默默的用小花添上美意。

朋友家的山下 Stay 民宿在吉安鄉，離花蓮市區大約六公里，開車穿越市區，再走一段鄉間小路，大約十五分鐘路程。我坐在朋友車裡，欣賞花蓮有點緩慢的步調，沒有高樓大夏的天際線，只有一整排透著綠意的老樟樹占據馬路兩側，抬頭凝望時，我喊著放慢速度「慢點慢點！」好美的路樹呀！隨意的街景，就是一場意外的收穫。南華村的鄉間小路剛好適合一輛汽車奔走，像方格子的田野畫出整整齊齊的身心舒徐，落羽松慢慢的綠著，龍鬚菜田一行行鋪出美味想像，路邊最大宗的田間作物要屬芋頭，跟著芋頭田一路來到靠山的地方，山下路7號，山下 Stay，花蓮吉安南華村的芋頭田邊。

住在花蓮的樣子

村子裡的房屋大多躲在某些隱居角落，有點和地形地貌合而為一的感覺，如果沒有在地人帶路，很容易迷路。山下 Stay 位於花蓮山下的山下路，從花蓮市區過來，不一會兒便置

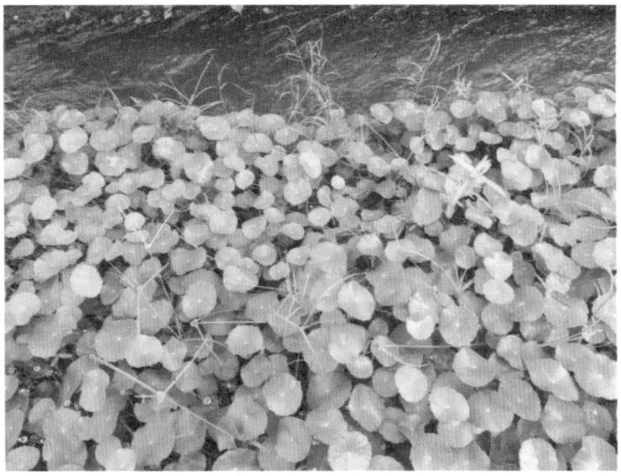

身在鄉村氛圍裡。很喜歡門前大草皮開闊的視野，自家的庭園可以用自然傾落的光線，包圍灰色消光、線條簡約，以直線交錯轉折出來的現代主義建築風格。那種感覺，是心無旁騖簡單過生活的意象表徵吧！其實這和女主人依蓮一樣，喜歡畫畫創作的氣質美女，愛畫、也愛書。走進小屋子，柔和的自然光輕打在一整面牆的書櫃上，牆角的音樂流瀉在每一吋房裡的縫隙，我不經意的坐在靠窗的沙發上，先聽了一首藍調爵士，讀一篇花蓮文字。滿櫃子書，讓來此住宿的客人享受閱讀時光，喜歡的書可以帶一本書來交換，也可以輕輕在漂書單上，留下讀書感想或美好心得，一次又一次的漂流下去，直到天涯海角。推開房門，那片女主人自己手工打造的床頭板，自然融合在室內裝潢裡。好久沒認真看看自己喜歡的文字，古意的斗櫃上，我竟然遇見一直沒看完，柯裕棻的《恍惚的慢板》，還有，一張歡迎我來花蓮的小卡片。好貼心、好驚喜的溫暖意外。

03 02
01

01 小村子做客，不趕路，看完書再出發騎單車。02 滿滿的野生錢幣草，美麗極了，一條小小的水溝，還有好多大自然落下的水生植物。走完這條生態小水溝，準備騎單車逛小村子了。03 禺毛茛臺北山間常見，但開在一大片的錢幣草間，卻很少見。

02 | 01

01 小村子不大，慢騎兩天，找尋吉野圳歷史，也上山走過楓林步道。02 楓林步道，眺望花蓮山水，吉安鄉飄在清早的霧裡。

散步看書吃烤魚，想自己的晚上

晚上，黑夜降臨，南華村子裡路燈不太多，可惜今晚天色多雲，飄著小雨，沒有機會仰望花蓮的星空。我和朋友沿著山下路散步到山下烤魚晚餐，一間自家養魚的鄉下小店，魚池就在門口，池水引自路過吉安田野的吉野圳。第一道菜，來花蓮一定要吃的鹽烤臺灣鯛，海鹽適當入味、肉質細嫩，沒有泥土的腥味。來到山下路打尖過夜，一定要吃吃有家常味道的山下烤魚。

山下路散步很舒服，城市嘈雜都成了心中的過往雲煙，蛙叫和蟲鳴習慣在夜裡出現，陪伴昏暗燈光下的腳步。回到屋前大草皮，昏暗燈光的夜色中奔跑、踢球，或躺在草皮上數風的聲音，看星星移動，一個人或一家人都是最美好的回憶。想看書，山下漂書的書房開放到晚上九點，文字的溫度讓我沉溺一整個晚上。回到房間裡，躺在只剩安靜的空間，心裡想的躊躇事情、踟躇難解的問題，說不定一下子就想通了。躺著，不知不覺的睡去，再睜開眼睛，又是另一個吉安南華村子的清早。一整夜，窗門未關，冷氣未開，真的是在沒有聲音的鄉間溫度中醒來。

聽朋友說，很多人心裡有事，來這裡住幾天，跟著吉安南華村子裡的步調生活，安安靜靜的想事情，心裡的結便開了。

過山下清早的生活

清早天沒亮，我騎著單車到村子裡去逛，逛到山上的楓林步道，看見霧裡的蘇花公路、雲下的花蓮港外海、山嵐飄移的木瓜溪。回到山下Stay，桌上擺著朋友特別跑去市區買回來的在地味道花蓮米線。看見窗外陽光露了臉，吃完早餐，我也拿起彎刀、割草機，到院子裡除草、砍芭蕉樹，過一天鄉間的生活。

當我坐在回臺北的自強號上，才想起，和依蓮一起砍下來的芭蕉，忘了拎回家。不過這也好，下次就有機會再來花蓮當幾天農家的人了。

吉安鄉一畦畦芋頭田，憶起被我忘記的花蓮芋，一種兒時初嚐的滋味；小村子沒有聲音的夜晚，想起生活中我要時時停下來，用空白重整心緒；吉安南華村的生活，不就是我的「茶花小屋。」

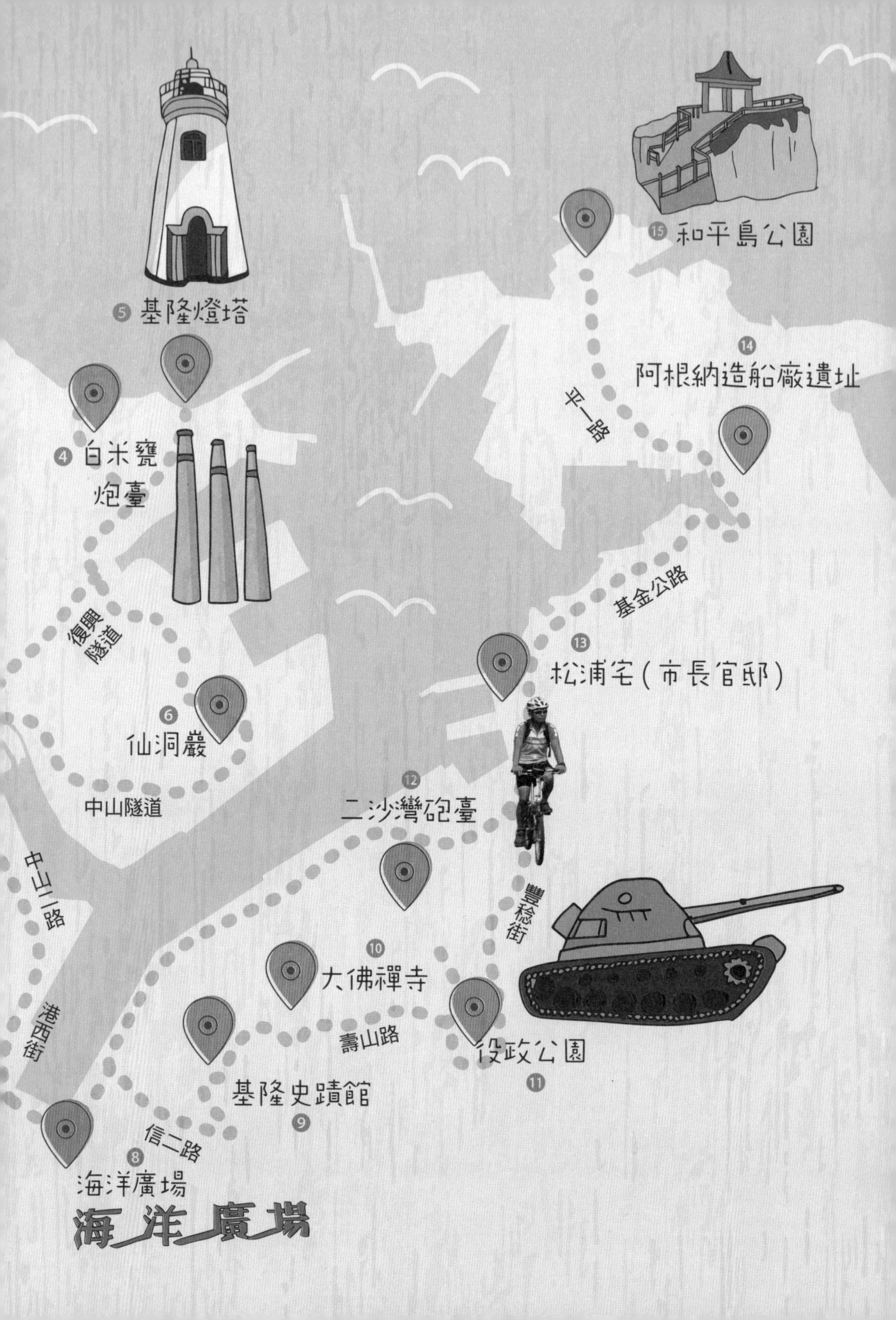

5 基隆燈塔
15 和平島公園
14 阿根納造船廠遺址
平一路
4 白米甕炮臺
基金公路
復興隧道
13 松浦宅(市長官邸)
6 仙洞巖
中山隧道
12 二沙灣砲臺
中山二路
豐稔街
10 大佛禪寺
港西街
壽山路
役政公園
11
基隆史蹟館
9
信二路
8
海洋廣場
海洋廣場

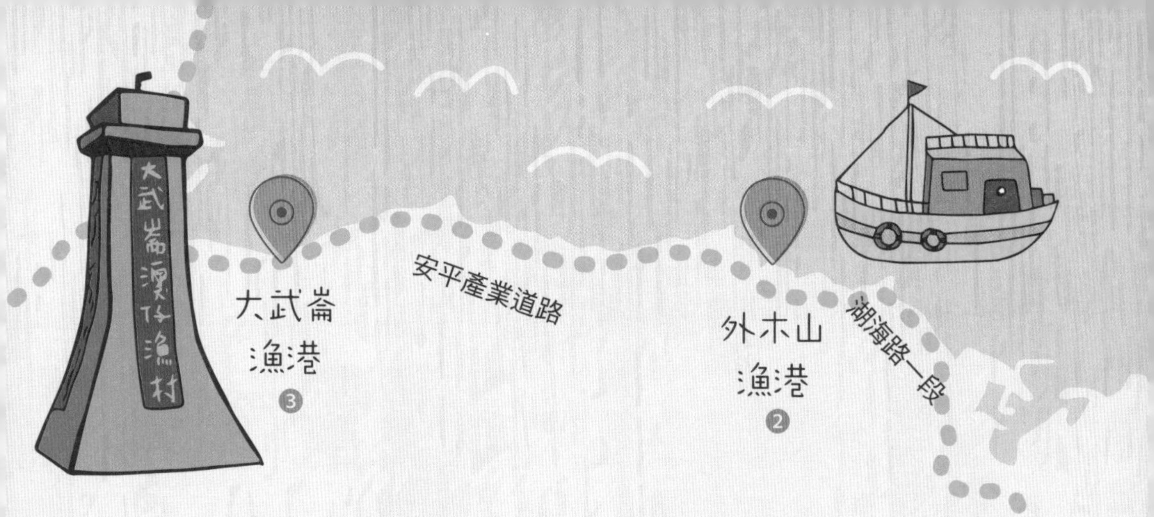

01

基隆港灣

Keelung City

騎乘重點及行程資訊

路況	平坦及包含山坡路況（中正公園壽山路部分），但山路大多不長，若是體力不佳可以牽行方式上山，再享受下滑的樂趣。
景點	人文及歷史如砲臺、日式宅；自然景觀如外木山日出、和平島地質景觀。
補給	市區路線補給還算方便。

交通資訊

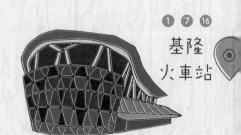

大眾運輸	搭乘臺鐵於基隆火車站下車，出站即為基隆市區。
開車	可以外木山或大武崙為出發點，建議由國道 3 號接上基隆港聯絡道，於德安路出口下達市區。右轉德安路再左轉文化路，轉進文明路直行可達外木山或大武崙。

01 基隆港灣

大海邊的歷史慢遊

里程　38.5公里
旅行時間　一天
路線難度　★★☆☆☆ 進階
旅行分類　■漫遊／■深度／□運動

基隆離臺北很近，但感覺上自己卻很少往這濱海的城市移動，回想往事，人生第一個基隆印象還停留在懵懂的兒童時代，陪著爸爸媽媽到基隆找朋友，恍惚中火車在陸上行走、岸邊寄居蟹在手中搔癢。成長的歲月裡，斷斷續續在基隆寫人生故事，青澀的高中年紀搭藍白火車到八斗子看海、夜市吃鼎邊趖，一直到用單車寫日記，年輕歲月都已遠去。

基隆火車站讓單車旅行很方便，從清朝時期就是臺灣縱貫線鐵路起點，車站面對著基隆港，鐵路、公路、海運交錯使然吧！這海邊城市

① 基隆火車站
② 外木山漁港 3.7K
③ 大武崙澳仔漁村 8.4K
④ 白米甕砲臺 14.4K

02 | 01

01 旅程從外木山日出開始，沿著金黃色邊緣尋找基隆歷史。02 以前守著基隆港，現在守住一顆念舊的心。（白米甕炮臺）

的馬路車輛密度極高，市區道路大多是單行道。不過離開不太大的市區，人和車都不知躲到哪去了，淡淡的濱海小鎮氛圍很舒心，旅行的腳步不由得愈走愈慢。

騎著單車追日出

搭乘第一班火車六點多到基隆，繞過西港區那些還沒醒來的輪船，單車貼著海岸，從外木山一路騎到大武崙澳仔漁村，這段路大約有四公里長，日出景色也足足燦爛幻化四公里，單車旅程就從基隆最邊緣的澳仔漁村開始。清早，漁村冷清得只有海潮聲響，村子裡的沙灘剛好面對朝陽，基隆嶼靜佇在基隆港外海，每次到基隆騎單車，我都會順便繞到這裡，看日出灑落波光粼粼，數著輪船進出港彎。出發！騎單車追日出，沿著海岸公路往外木山騎，千變萬化的海蝕岩岸總是有意想不到的潮汐高低起伏、顏色濃郁淺淡，最扣人心弦的金黃色朝日，常把外木山海岸染得高貴又無價。

海洋廣場	基隆火車站	仙洞巖	基隆燈塔
8	7	6	5
22K	21.5K	17.2K	15.5K

旅行的樂趣在於意想不到的驚喜，看過日出的心還在沸騰，慢慢的騎進外木山漁港，大多冷清的漁港今天特別熱鬧，漁貨一箱一箱往碼頭下，大豐收的清早時分，看起來有朝氣、活力。經常冷冷清清的小港灣裡，一下子豐富不少，漁人的話多了，大海的味道也更濃了，抬起頭仰望，三根大煙囪外的藍天白雲也開朗笑著！

外木山邊的三根大煙囪是協和火力電廠，其實臺北很多地方都能看見它們，五分山上的基隆風景裡少不了它，遠在新店獅頭山上也能隱約瞧見。在基隆，白米甕砲臺的視覺角度，看起來特別清楚。穿越隧道往港區騎，大約十分鐘轉進一處山路陡峭的小聚落，太白社區在基隆港邊的山腰上。古早的年代，西班牙人與荷蘭人都占領過，因為那段歷史，這裡也有荷蘭城的稱謂。從荷蘭人到清朝再到日治，久遠的歷史都在海風吹拂

03 | 01
02

01 要登上白米甕砲臺，得騎過一段超級挑戰陡坡。02 白米甕砲臺靜靜的佇立山頭，綠草茵茵，海風徐徐。03 拾級而上，綠蔭掩映著別有洞天的仙洞巖。

二沙灣砲臺 ⑫ 26K
役政公園 ⑪ 25.6K
大佛寺 ⑩ 24.7K
基隆史蹟館 ⑨ 23.6K

下，在日治時期留下四座砲臺裡，為時光流轉做見證。帶著小折單車旅行，要騎上白米甕砲臺裡得花些力氣，掠過氣味濃厚的油毛氈房子，某些轉彎處眺望整個基隆港，過去歷史在歲月中消逝，不太遠的舊日子，倒是能讓人懷念山坡上矮房子的生活光景。砲臺下方有一間與砲臺同時期的附屬廁所建築古蹟，可以方便、洗臉，清清爽爽慢步走上白米甕砲臺，左手邊指揮所天天等待日出晨曦，右手邊觀測站望成了有名的「米甕晚霞」四座半圓型砲臺面向大海，以前守著基隆港，現在守住一顆念舊的心，望向大海，海與天交接在一線間。開闊的視野適合戍守，更適合擁抱大自然寫下朝朝暮暮。

往市區騎，拾級而上，綠蔭掩映著別有洞天的仙洞巖，天然涼意如冷氣般充滿整個洞內，往內深入天然成形的海蝕洞穴，供奉著觀音及三寶佛祖神像。從清代至今再經過日治時期，滄海桑田，留下許許多多石刻。洞中深裂的一線天，只能容下一人低身而過，這種地形與情境大部分在電影裡才能看見。溼漉漉的洞內更是有股深入地心的感覺。一旁還有個佛手洞，裡面的洞窟四通八達，好似迷宮之旅。繞了些路，大自然的手印留在抬頭仰望處，說是佛留下的印記，是傳說或是一場邂逅？夏日炎炎，走過古老的仙洞巖佛手洞，清涼與悶熱竟只是洞內與洞外幾步之隔。

回到曾經是臺灣第一大港的基隆港區，老邁的日治時期大樓（基隆港合同廳舍）依然努力工作，站在港邊看大船，心裡想著遠走他鄉的美好情境，微笑了，我的基隆旅行。

02

01

01 基隆燈塔 1899 年建造，隱藏在港西小山頭上。02 從中正公園，眺望大船進港。

旅行基隆，心裡就想著
登上中正公園。

登高遠眺基隆港

旅行基隆，心裡就想著登上中正公園，回憶起以前大家都會把小山上的眺望當成必遊之地的年代。沿著壽山路往上，遇見基隆史蹟館，不趕時間就進門參觀。美軍招待所、市長官邸的日子都過去了，現在夏天房子裡有冷氣，有基隆的歷史展覽，我發現剛才山下街道經過一些老建物出現在展場照片中，也書寫著屬於早年的故事。還有基隆最多的古蹟砲臺位置模型，二沙灣、大武崙、頂石閣，我早上駐足望海的白米甕砲臺也在上頭。中正公園在更高處，記得以前從山下能看見山上的觀音像，城市擁擠了，天際線拉得更高，非得站在高處，方能一窺過去腦海中的記憶。望著山下，基隆被城市包圍，想走出重重水泥森林，唯有邁開步伐，登高望遠之外也回到初心。再往上騎一點，就是二沙灣砲臺，單車停在路邊，慢步走進森林，正午的陽光灑落下來，砲臺隱藏在綠意圍繞的林子裡，以前的軍事基地現在像登山休閒步道，一八四一年到一八八五年基隆戰爭往事，輕描淡寫在被遺忘的解說牌上。山下基隆港異常繁忙，透過林隙一個個貨櫃整齊交疊，巨大的聲響有若緬懷那年基隆兵家必爭的動盪與不安。

走出山丘上的二沙灣砲臺，回到市區邊緣一幢日式老房子，我這五年級生的成長過程有太多日式建築印象，所以駐足停車。

前身「基隆關稅務司官舍」的「松浦宅」，建築及環境特徵大致保有當年大沙一帶遊憩勝地建築美感，曾經是市區內少有可見基隆港全景的日式宅第。

靜靜地座落在中正路旁，從一九三二年興建至今已過了八十幾年歲月，跨過日式門廳前，就好像走進時光轉換的大門一樣，一腳踩進和洋建築型式老屋子裡。市長官邸漫著木香，因為大部分用木材修建，不論走到哪裡都有淡淡的木材香氣陪伴。方格窗

二沙灣砲臺有若緬懷那年基隆兵家必爭的動盪不安。

01 02

01 建築及環境特徵大致保有當年大沙灣一帶遊憩勝地建築美感，曾經是市區內少有可見基隆港全景的日式宅第。02 前身「基隆關稅務司官舍」的「松浦宅」。

櫺映著院子老樹，視野與思緒也一起被切割在這棟老房子裡。坐在榻榻米上，清茶、樂曲、基隆港，還有故事主角依窗欣賞落日。官邸修復對於古蹟生活與建築藝術細心保留，屋外的沓脫石依然健在。「沓脫石」在日式房舍中是內外空間串連及區隔功能，暗示著轉換涵意。年紀已是爺爺級的市長官邸，是否，也是古往今來的沓脫石？

離開市長官邸，單車與我一起掠過基隆港邊遠颺的氛圍，輪音輕響時大海的味道也染遍全身。看見海門天險指標（被我忘記的二沙灣砲臺），這個時候想起的是，三十年前基隆和我年輕用機車走馬看花的狂奔。

基隆市區一路走來不過十來公里，如果只是奔馳而過，頂多幾十分鐘時間就靠近海了，在大海的味道裡游移，慢慢也感受逝去的繁華、回味自己留下的腳步。早上爬山路去白米甕看海，遙想荷蘭村與西班牙占領著一大片面向大海的美麗；陽光下市區港口的輪船讓心想乘風破浪；史蹟館裡和解說員聊著基隆海港的種種；中午慢步二沙灣聽港口繁忙的日子，再次翻閱歷史，沒有戰事激昂嘶吼，只有樹蔭下輕吹哀愁；這十來公里單車走了快一天，輕輕地回溯時光，輕輕地打開心門，感性、知性、回憶都有了。最後騎進和平島，路口的阿根納造船廠遺址滿布歲月痕跡，我不曾在基隆單車慢行，今天是第一次，仔細閱讀基隆的過去，並且書寫自己的旅行日記。

03 01
02

01 站在港邊看大船，微笑了我的基隆旅行。02 看見海門天險指標（被我忘記的二沙灣砲臺），這個時候，想起的是，三十年前的基隆和我年輕用機車走馬看花的狂奔。03 平常冷清的外木山漁港，豐收的清早特別熱鬧。

坡度圖

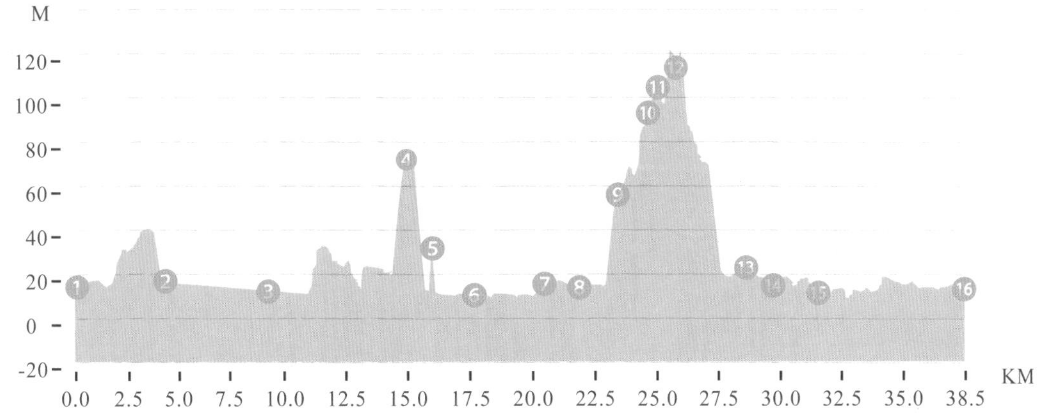

❶ 基隆火車站　N25 07.943 E121 44.362
❷ 外木山漁港　N25 09.939 E121 42.387
❸ 大武崙漁港　N25 09.627 E121 43.989
❹ 白米甕砲臺　N25 09.329 E121 44.620
❺ 基隆燈塔　N25 09.295 E121 44.843
❻ 仙洞巖　N25 08.725 E121 44.904
❼ 基隆火車站　N25 07.943 E121 44.362
❽ 海洋廣場　N25 07.872 E121 44.444
❾ 基隆史蹟館　N25 07.920 E121 44.948
❿ 大佛禪寺　N25 08.000 E121 45.067
⓫ 役政公園　N25 08.111 E121 45.544
⓬ 二沙灣砲臺　N25 08.253 E121 45.456
⓭ 松浦宅　N25 08.677 E121 45.691
⓮ 阿根納造船廠遺址　N25 09.227 E121 46.156
⓯ 和平島公園　N25 09.658 E121 45.773
⓰ 基隆火車站　N25 07.943 E121 44.362

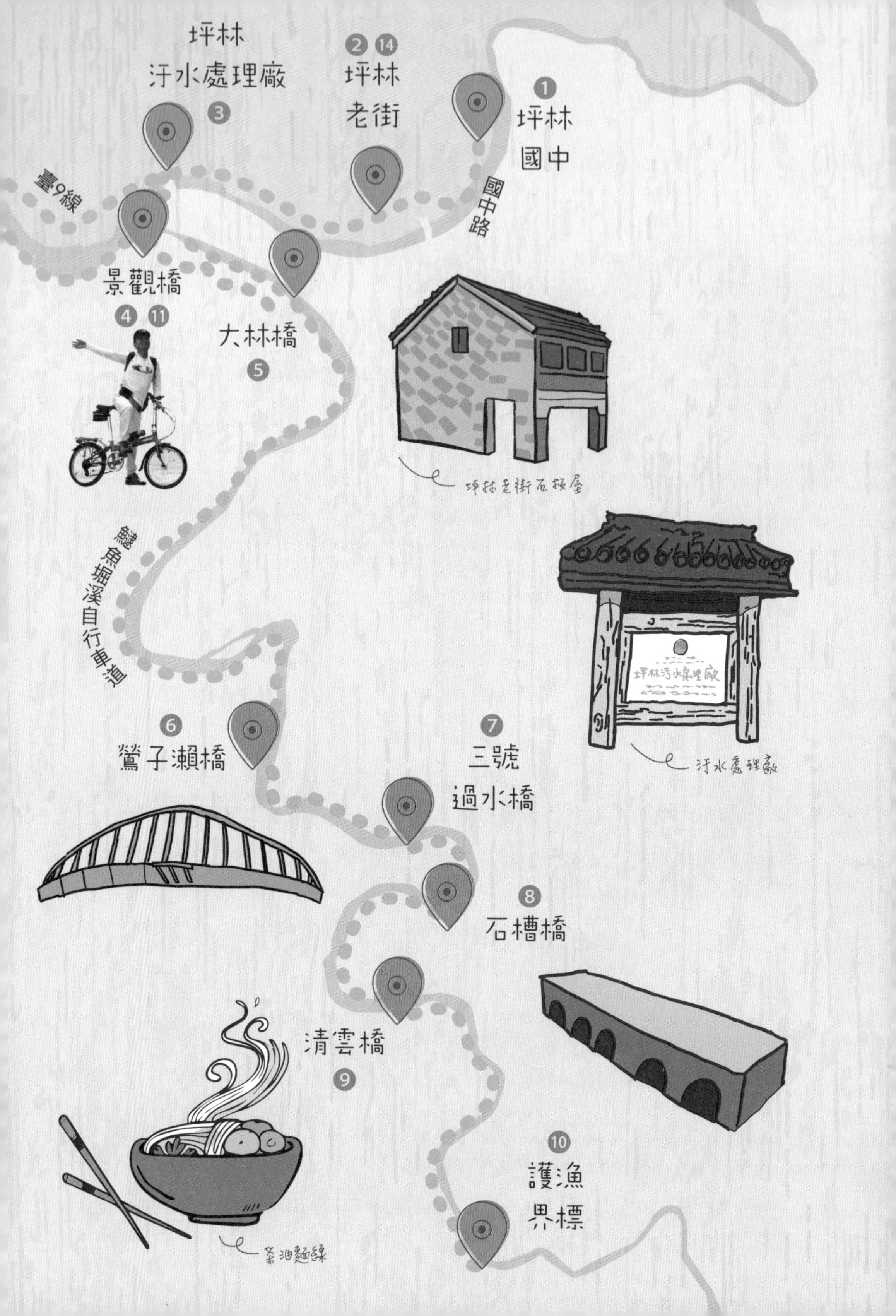
坪林
汙水處理廠
3
2 14
坪林
老街
1
坪林
國中
國中路
臺9線
景觀橋
4 11
大林橋
5
坪林老街石板屋
坪林污水處理廠
汙水處理廠
鰱魚堀溪自行車道
6
鷺子瀨橋
7
三號
過水橋
8
石槽橋
清雲橋
9
10
護漁
界標
茶油麵線

02

鰱魚堀溪

Pinglin Dist.

騎乘重點及行程資訊

路況　山溪及山間產業道路形成的自行車道，並且有部分一般公路，大部分的坡並不太長，也不是很陡。但山路有點複雜，注意方向及指標，以免迷路。

補給　請在坪林市區做好一切補給，進入自行車路線後，沒有任何補給。

交通資訊

大眾運輸　
1. 新店客運 923 公車（5 高），平日一小時一班，假日約半小時一班。
2. 捷運接駁綠 12 公車（北宜），平日假日一小時一班。

開車　行駛國道 5 號，於坪林下交流道，至坪林國中前停車或於坪林市區立體停車場停車。

02

鰎魚堀溪

寧靜山水的大自然饗宴

里　程　23.2公里
旅行時間　一天
路線難度　★★☆☆☆ 進階
旅行分類　■漫遊／□深度／□運動

這天我開車來，因為想擁有多一點時間，慢條斯理悠遊山溪清心之美。隨意停好車，打開車廂裡的小折，大約就從拱橋附近出發，走過老街、一小段臺九線，清清淡淡的小聚落，山鄉風情還是沒什麼變。遇見汙水處理場左轉，越過景觀橋，就是鰎魚堀溪自行車道了。

剛吹起夏日的風，我踩著小紅折疊車，牽著我最愛的回憶，憂愁留給過去，一路走過鰎魚堀溪，我與回憶在溪畔，都笑了。

坪林溪畔小鄉景色

鰎魚堀溪隱身北勢溪某個上游支

① 坪林國中
② 坪林老街　0.6K
③ 坪林汙水處理廠　1.9K
④ 景觀橋　2.4K

流，每每想把身心託付於寧靜的大自然，就會想起這條溪流旁的自行車道。去年秋天騎過秋色篇篇，今年入了春，在綿綿春雨裡找到放晴的日子，再次踩上單車，走過只有大自然之美的綠意與溪水聲。

坪林以前很熱鬧，往宜蘭一定要經過這山間小鄉。那個年代，我也很喜歡到坪林露營、釣魚，一放假，就往溪水潺潺魚蝦豐美的北勢溪跑。以前騎機車，找到某個北宜邊的小路，順著滑到溪邊，黃櫸皮寮、鰱魚堀、闊瀨，釣滿裝魚的小盆子，趁著黃昏日落前趕回家。非假日的坪林溪畔，只有水聲和一些大自然演奏的天籟之音。放假的日子一到，城市喧囂便會占據一些露營區夜晚。現在雪隧通車幾年，坪林河域有稍許改變，不過最大的改變是人車漸少，寧靜濃了、繁雜淡了。

02 | 01
03

01 山頭那些嵐氣更添幾許詩意。02 雨天，才能享受過水橋下澎湃的溪河樂音。03 臺9線坪林汙水處理廠入口，可以連接逮魚堀溪自行車道。

三號過水橋 ⑦ 7.6K

鶯子瀨橋（鶯子瀨）⑥ 6.8K

大林橋 ⑤ 3.2K

越過坪林汙水處理廠前的玻璃景觀橋，便沿著鱇魚堀溪而行。茶田與鄉村聚落是溪畔最美麗的風景，茶樹在山谷裡整齊畫線，檳榔樹搖曳撐起湛藍色天空，田邊小屋子一身黑瓦、水泥牆，一派山居歲月生活，是這裡最迷人的所在了。大部分的人步行只能到此為止，接下來的路程適合單車，路面高度漸漸趨近於河床，深入坪林角落，安靜散布四處，除了溪澗流水與大自然蟲鳥啁啾，只剩下我們對風景讚嘆與單車踩踏的機械聲響。

04 | 02 03 01

01 景觀橋上河岸眺望，自行車道沿著鱇魚堀溪而行。
02 能住在有茶有花相伴的山間小屋，一定舒服極了。
03 一些野花生態，在城市裡絕對看不到（哈哼花）。
04 杜鵑花季騎單車賞花，多了幾分愜意。

護漁界標 ⑩ 10.9K

清雲橋 ⑨ 9.3K

石槽橋 ⑧ 8.2K

景觀橋上鋪著透明地板，視線直達溪澗，不過沒有城市建築的地方，隨意停車，放眼望去山青水綠填滿視野，腳下溪水淙淙就不再特別了。下遊通往金瓜寮，大約兩公里吧！要沿著鰎魚堀溪走，得先繞過一個小聚落，高高的檳榔樹撐起一片春日淡色藍天空，樹腳下茶田穩穩抓住美麗的幾何線條，縱然沒有弧度的直線，也顯得是數學公式算不出來的農家傑作。我最喜歡那些斜屋頂的小山屋天生一派悠然，木門前再種幾株小花，清早陽光躍過深紫色石竹花朵。每天推開窗門，鰎魚堀溪的負離子，輕飄飄的滲進家裡，這種山居生活不就是心裡尋尋覓覓的日子。

茶田山川綠意盎然

自然風貌是鰎魚堀溪最迷人的地方，寂然入山林，自行車道突然深入綠林，木棧道與原始森林為伍，架空在溪谷山壁腰際，曲折蜿蜒，跟著河谷畫弧，刻畫出美妙的曲線，每一次轉彎都會出現令人驚嘆的景色。再次回首來時的足跡，只見猶抱琵琶半遮面，車道隱隱約約穿梭在溪床山林綠意裡。乘著夏日微風徐徐慢騎過，舒服極了。

前半段的自行車道已經精彩非常，後半段的路程更加擄獲人心。由產業道路騎進不太明顯的入口，一邊是鰱魚堀溪的清水山澗，另一邊是山坡老樹，有點蜿蜒又不是太崎嶇。沿著車道騎行，樹蔭大多遮住陽光，山櫻剛成新葉，上一季的奼紫嫣紅，寫成今天停在樹下我的想望，明年一入春，準備來看山櫻花飄落滿地。然後，用單車輪跡跟著溪畔在山與河的交界畫線，這條線很自然，婀娜多姿，眺望或回眸，自己擺動的曲線特別美。有時是帶著一點歐洲水岸風情，有時又回到茶鄉恬靜心情，偶爾從樹林子打開的窗口望去，綠樹亂石層層疊疊，瀨灘靜靜佇在溪床，平潭黑水映著山林深淺有致，沒有人車吵雜，略有開闊風景，寧靜致遠、淡泊名利，自然意涵於山水之間。

路過鶯子瀨橋，河道往平坦開闊伸展，山風輕掠慢騎的心，我往坡坎上頭的茶田漫步，茶壠整齊排列卻不交錯，茶綠油亮熨貼著山勢，鋪成舒心的毯子。此時，無需言語附注，只要靜靜地站在坡坎上，聆聽溪水沉默輕吟，簡簡單單留住夢一般的良辰美景。

在這充滿自然美的自行車道裡呼吸、吹風，漸漸地陽光灑落，鶯子瀨橋一身藍衣橫過亂石溪澗，深入上游地帶，不經意想起年輕時在橋下淺水溪石裡釣魚的回憶，無法回溯往日時光，敷紮著跌落溪澗的愁！遠眺山水，潺潺流過時光河流，更添加鶯子瀨幾許想起年少的憂傷美感。深入山林，很難能有什麼相對位置參考，騎越過水橋，往左有個地名叫石槽。附近護漁開放垂釣時間有限制，自己的釣魚時光已然不在，二十幾年後，護漁一直是地方政府生態及環境指標工作，對

01
03 02

01 寧靜 × 優美 = 鱧魚堀溪流域的美景。02 路過產業道路，留下一片綠意。03 一公里長的木棧道，沿著山勢，在綠林中穿梭。

來時路看不見這角度，回程時候，才發現自己騎過的路是多麼驚險又美麗。

旅行坪林茶鄉，特別來了一碗茶油拌飯，有別於茶油麵線，以五穀飯加上當地茶油拌出好味道。

逮魚堀溪洗滌身心，一定要來一餐坪林的清爽在地美食（梅汁豆腐）。

03 02 | 01

01 鶯子瀨橋，隱身山林野溪裡的美麗弧度，只有單車與行人享有。02 除了騎單車，再也找不到其他方法，讓自己成為風景裡完美的畫面。03 鯉魚堀溪自行車道起點，位在往金瓜寮的渡南橋頭。

於我而言，淙淙流水，永遠都帶不走一段曾經陪伴我的年輕日子。

自行車道終點大約在石槽過水橋，溪畔騎車吹風，穿越山村聚落，樹林山蔭為伍，登上茶田歡迎的行列，沿著原路重溫怎麼看都美麗的風景回程，意猶未盡是心底最深的遺憾！再度走一段臺九線，回到坪林小鎮，隨意找了一間餐廳，來上一碗茶油拌飯、茶油清炒高麗菜，配上清爽順口的梅汁豆腐。滑過舌尖的味道，就像鯉魚堀溪之旅，山水拌著寧靜滑進心裡。

坡度圖

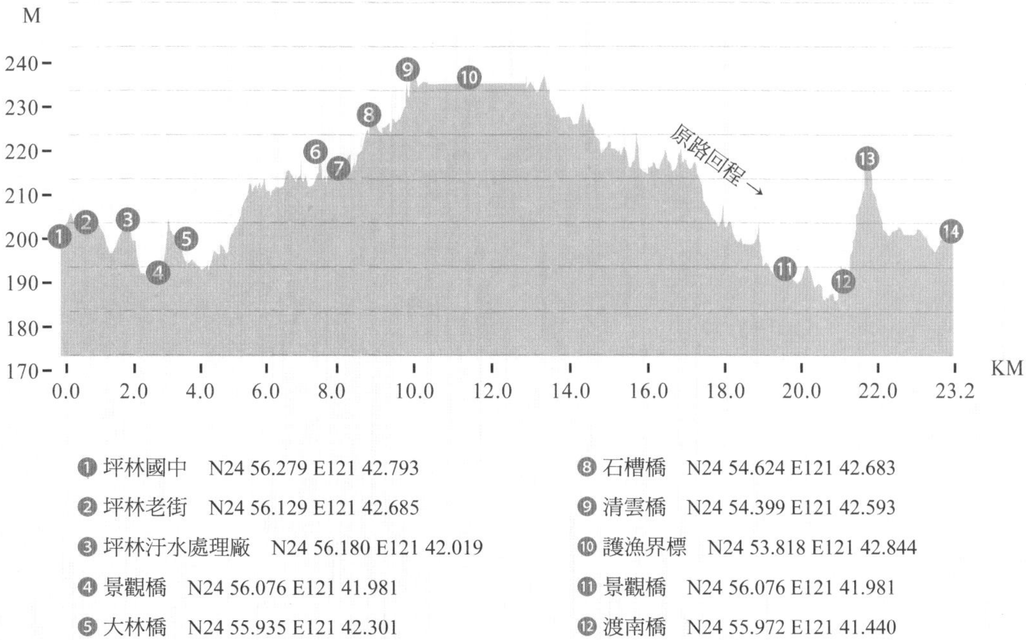

❶ 坪林國中　N24 56.279 E121 42.793
❷ 坪林老街　N24 56.129 E121 42.685
❸ 坪林汙水處理廠　N24 56.180 E121 42.019
❹ 景觀橋　N24 56.076 E121 41.981
❺ 大林橋　N24 55.935 E121 42.301
❻ 鶯子瀨橋（鶯子瀨）　N24 54.945 E121 42.279
❼ 三號過水橋　N24 54.771 E121 42.597
❽ 石槽橋　N24 54.624 E121 42.683
❾ 清雲橋　N24 54.399 E121 42.593
❿ 護漁界標　N24 53.818 E121 42.844
⓫ 景觀橋　N24 56.076 E121 41.981
⓬ 渡南橋　N24 55.972 E121 41.440
⓭ 萬金茶行　N25 09.227 E121 46.156
⓮ 坪林老街　N24 56.129 E121 42.685

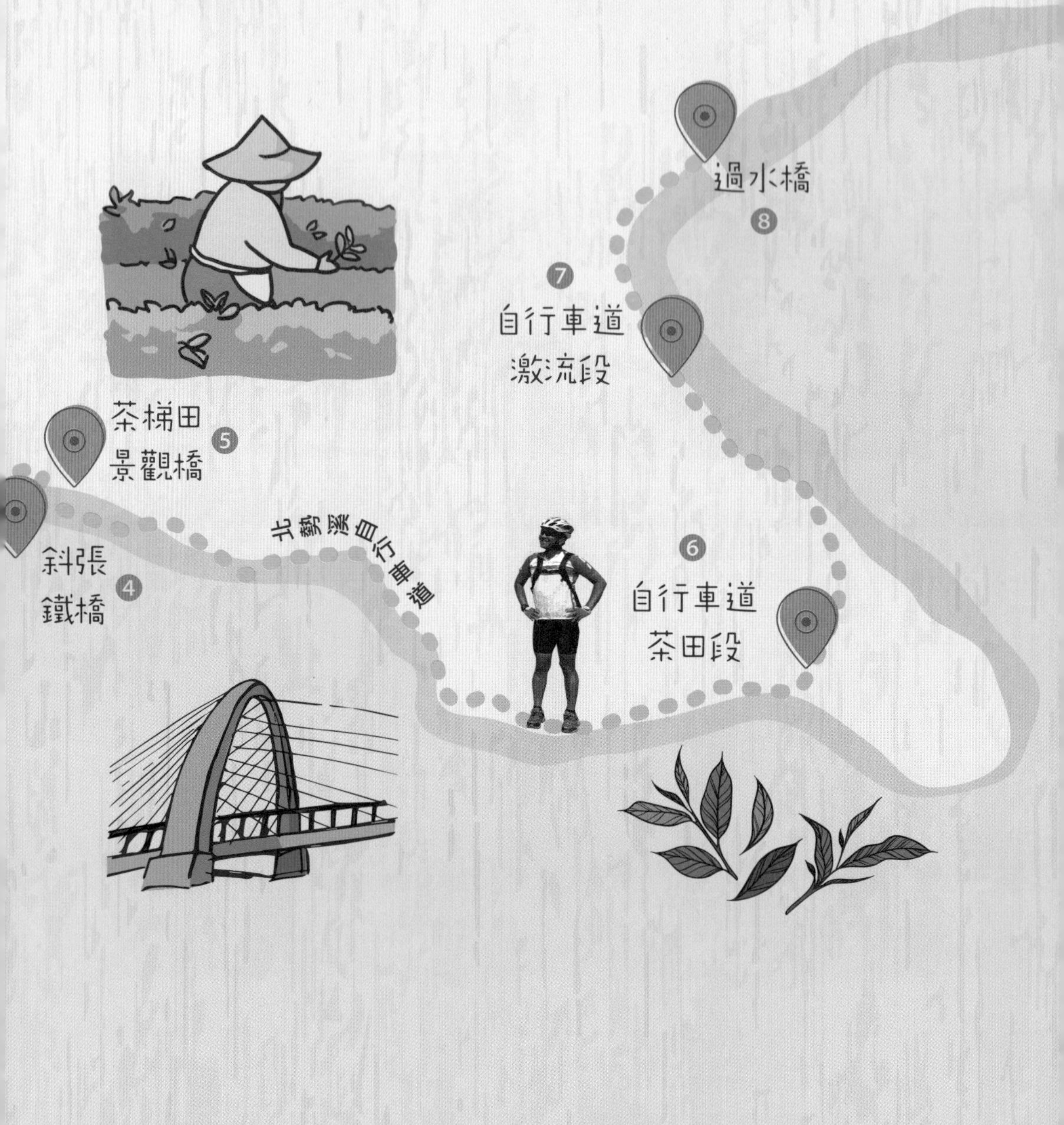

過水橋
8
7
自行車道
激流段
茶梯田
景觀橋
5
北勢溪自行車道
6
自行車道
茶田段
斜張
鐵橋
4

03

北勢溪自行車道

Beishi River

騎乘重點及行程資訊

路況	山溪及山間產業道路形成的自行車道，有大部分是高架方式架設於茶田或溪流峭壁上，略有起伏的車道路況，務必小心騎乘。
補給	請在坪林市區做好一切補給，進入北勢溪自行車路線後，沒有任何補給。

交通資訊

大眾運輸	1. 新店客運923公車（5高），平日1小時1班，假日約半小時1班。 2. 捷運接駁線12公車（北宜），平日假日1小時1班。
開車	行駛國道5號，於坪林下交流道，至坪林國中前停車或於坪林市區立體停車場停車。

03

北勢溪自行車道

看見坪林百年珍藏

里程 7.8公里
旅行時間 半天
路線難度 ★☆☆☆ 輕鬆
旅行分類 ■漫遊／□深度／□運動

現在的臺北人很少去坪林，因為大部分都往雪隧塞車，排隊到宜蘭度假。坪林位在北宜公路臺九線，三十八公里處，往宜蘭還有四十二公里，搭公車來很方便，自己開車來也不塞車。臺北人應該至少要來坪林騎一次腳踏車，聽水聲透心涼、看茶田綠到心眼裡，最重要的，這裡是大臺北的水源地，小小的單車旅行，會打從心裡感恩飲水思源。

隱蔽的深山茶香

用汽車接駁來到坪林，可以在臺九線市街上租一輛單車，往有點坡度的金瓜寮或逮魚堀溪自行車道

出發，或是以隱身山林水間的北勢溪為目標，品味珍藏多年的茶鄉風情。直接從臺北或宜蘭騎腳踏車來坪林更棒，林蔭茂密、北宜公路蜿蜒幾十公里，處處都是美景陪伴，不管是臺北宜蘭縣界，還是石碇風露嘴，五百多米海拔都能讓踩單車的勇士流一身健康汗水。

起源於一百五十年前的文山包種茶享譽國內外，大文山地區以坪林的包種茶品質最佳。地處水源保護區，對於施藥管控特別嚴格，加上氣候涼爽、水氣豐厚滋潤，包種

02 03 | 01

01 自行車道藏在北宜高下北勢溪流域間，這座單車專用的斜張橋在樹林裡躲了好久。02 來到坪林先別急著逛老街，輕掠老房子的石牆留下深刻記憶。03 不只有斜張橋喜歡躲貓貓，坪林的文山包種茶田，隱身山腳水邊。

茶梯田景觀橋 ⑤ 2.1K — 斜張鐵橋 ④ 1.9K — 北勢溪自行車道入口 ③ 1.6K

茶品質優良，茶鄉風景更舒心怡情。坪林交流道下方的北勢溪流域，隱藏著一條遺世獨立的自行車道，由市街中心騎單車過來，沒什麼高深的大坡，只有一些輕運動效果的小短坡。春夏秋冬，不論哪個季節前來，都是一片綠油油茶田與山林合而為一的自然景色。山腳下就是北勢溪，溪水終年碧綠清澈，淙淙水聲隨著季節變換，有時輕聲低吟，有時澎湃雄壯，白浪水澗的負離子，乘著陣陣山風飄向自行車道每一方吋之間。

中秋很適合北勢溪自行車道騎單車，氣溫二十來度，天氣微微乾爽，剛過了夏日雨季的溪流，山與水的交響樂響遍山谷，美音繞著茶壠踏步、起伏、奔

自行車道
激流段
7
3.6K

自行車道
茶田段
6
3.1K

02 | 01
03

01 臺灣唯一的茶田自行車高架橋，只有自行車可以在上面奔馳。02 珍藏千百年的山川美景，飛奔真的太可借了，在這裡，並肩齊步的感覺特別美好。03 溪水終年碧綠清澈，淙淙水聲隨著季節變換。

坪林市街
10
7.6K

坪林老街
9
7.2K

過水橋
8
3.9K

馳，有時在轉彎處，也來個餘音繞樑的小技巧，這些心曠神怡的氛圍，不過是輕輕地閃身經過翠綠大樹腳下而已。任意騎在河邊，一個轉彎、一次起伏，可能會遇上突如其來的醉心景色。文山包種茶不僅好喝，更是絕世好景，兩公里長的北勢溪自行車道，穿越恬靜茶園，有的是綠海向溪水延伸，也有不少是順著地形畫出只有茶農

02

01

01 包種茶是大文山地區的主要經濟作物，而坪林出產的包種茶，品質最優良更是其中之最。02 從遠處觀看，才知道自己是多麼渺小。

張開雙臂、大口呼吸，
享受綠色舒心的能量。

才懂的數學幾何。自行車道很聰明，架高在終年清心嫩綠的茶田上，騎自行車就像是在茶田綠海上飛行，比起在天上飛行，這裡可以隨時停下腳步，挑選感動的畫面放在心裡，再帶回家裡好好品味茶香裡的茶鄉。去年車道被颱風大雨沖毀了一小段，很快在今年修復完成，自行車專用高架道路，直達坪雙路粗坑口步道附近。駐足終點回眸來時路，才知道剛騎過的絕美景色，其實是來自於特別架設在北勢溪上的自行車道，有些地方貼著驚險岩壁，不過絕對安全而且有驚無險，盡覽北勢溪畔大自然珍藏。

水量少的時候，可以慢步走過這小小的過水橋，跨越北勢溪負離子中心。

茶鄉的老街風味

除了秋天，每一個季節來都是沁入心海的美景，說不上來是什麼原因，每次經過北勢溪自行車道淡藍色鐵橋，心底會很平靜，微微的悸動是來自於被茶田和綠意包圍，還有來自深山遠谷不斷奔流的溪水。自行車道上總是會突然來個驚喜，有一次春天來騎車，一整群臺灣藍鵲飛過身邊，然後停在不遠處，好像擺好了姿勢，讓我把牠美麗的身影收藏。不同的季節茶田的綠也有著不同的深淺，剛採完茶，縱橫在山坡上的綠是深色的，如果碰上採茶前幾天的新葉，調和淡黃的嫩綠特別清心

如果在自行車道上看見坪林的在地原住民臺灣藍鵲，記得打聲招呼。

舒暢。這些茶田佇在水邊，北勢溪的水域上游特別自然漂亮，有時平緩、有時奔放，有了茶田佐注，荒野溪流有一種詩意的人文溫暖。

雖然北勢溪自行車道只有短短兩公里長，單車風景騎完一定不過癮，不過用慢騎的心，放心體會與感動，一個不小心會驚訝時間過得很快，大半天還不夠駐足接二連三的傾心風景。

除了轉彎有驚喜，一個回眸也看見紫嘯鶇滿身驚艷。

01 走在北勢溪自行車道，看見臺灣藍鵲是很平常的事情。02 茶壠行進在翠綠間，體驗完茶田，是否想來一杯清涼的文山包種冷泡茶？

坪林老街上的福長商號，月娥老板娘煮的茶油麵線，特別附上一小塊甘甘甜甜的米醬腐乳，麵線的味道又多了一道層次。

原路回到坪林老街，找茶油麵線、茶油拌飯、茶葉饅頭填肚子，也填補意猶未盡的坪林茶鄉之旅。老街上有信仰中心保坪宮，鋪上石板的街道，老有年紀的街屋沿著街道戶戶相連，好幾年來，看著老街從落寞到現在有點起色，心裡其實是五味雜陳。希望坪林保有原來的純樸又希望它能繁榮，為地方帶來經濟收入。我常常到一間月娥小吃店喝茶、吃茶油麵線，時間久了，自然和老闆娘月娥姐熟識。若是與朋友一起騎車旅行坪林，一定都會前來吃道地的坪林茶油拌麵，順便聽在地人的坪林故事。還有大大方方喝到飽的坪林冷泡茶，單車水壺也灌滿了清涼解渴的茶水和人情味。

坪林好玩得很，每每心裡想了就馬上出發，開車、搭公車或單車直攻北宜都好，好風景、好山水、好人文要走得慢，北勢溪自行車道小旅行，一天剛剛好。

01

01 坪林老街上的福長商號，月娥老闆娘有空時，會和遊客聊聊坪林在地文化。

坡度圖

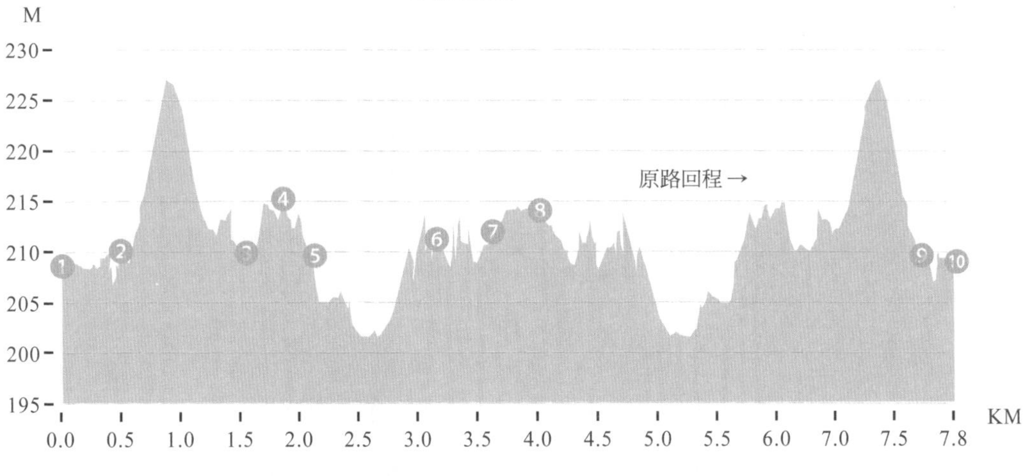

❶ 坪林市街　N24 56.279 E121 42.793
❷ 坪林老街　N24 56.129 E121 42.685
❸ 北勢溪自行車道入口　N24 56.520 E121 42.790
❹ 斜張鐵橋　N24 56.547 E121 42.888
❺ 茶梯田景觀橋　N24 56.553 E121 42.972
❻ 自行車道茶田段　N24 56.458 E121 43.437
❼ 自行車道激流段　N24 56.629 E121 43.334
❽ 過水橋　N24 56.749 E121 43.360
❾ 坪林老街　N24 56.129 E121 42.685
❿ 坪林市街　N24 56.279 E121 42.793

04

金包里山與海

Jinbauli

騎乘重點及行程資訊

路況

1. 路況大多平坦，偶有地形性的小緩坡，經過臺 2 線濱海公路段需特別注意交通安全。
2. 萬金自行車道內大多為木棧道及小路交錯，而且人煙稀少，請注意行進方向以免迷路。
3. 往李芑豐古厝的鄉間小道比較偏僻複雜，雖然車輛不多，但因道路狹小，騎行時請小心對向來車及會車。

補給

金山市區為發展成熟的濱海小鎮，可先行於金山市區補給，其他景點補給較少。

交通資訊

大眾運輸

於臺北轉運站搭乘 1815 國光號臺北金山路線，在金山站下車。

開車

開車以 4+2 方式接駁，請行駛國道 3 號於萬里下交流道，再接臺 2 線往野柳、金山，即可進入金山市區。汽車可停放於人潮較的磺港漁港。

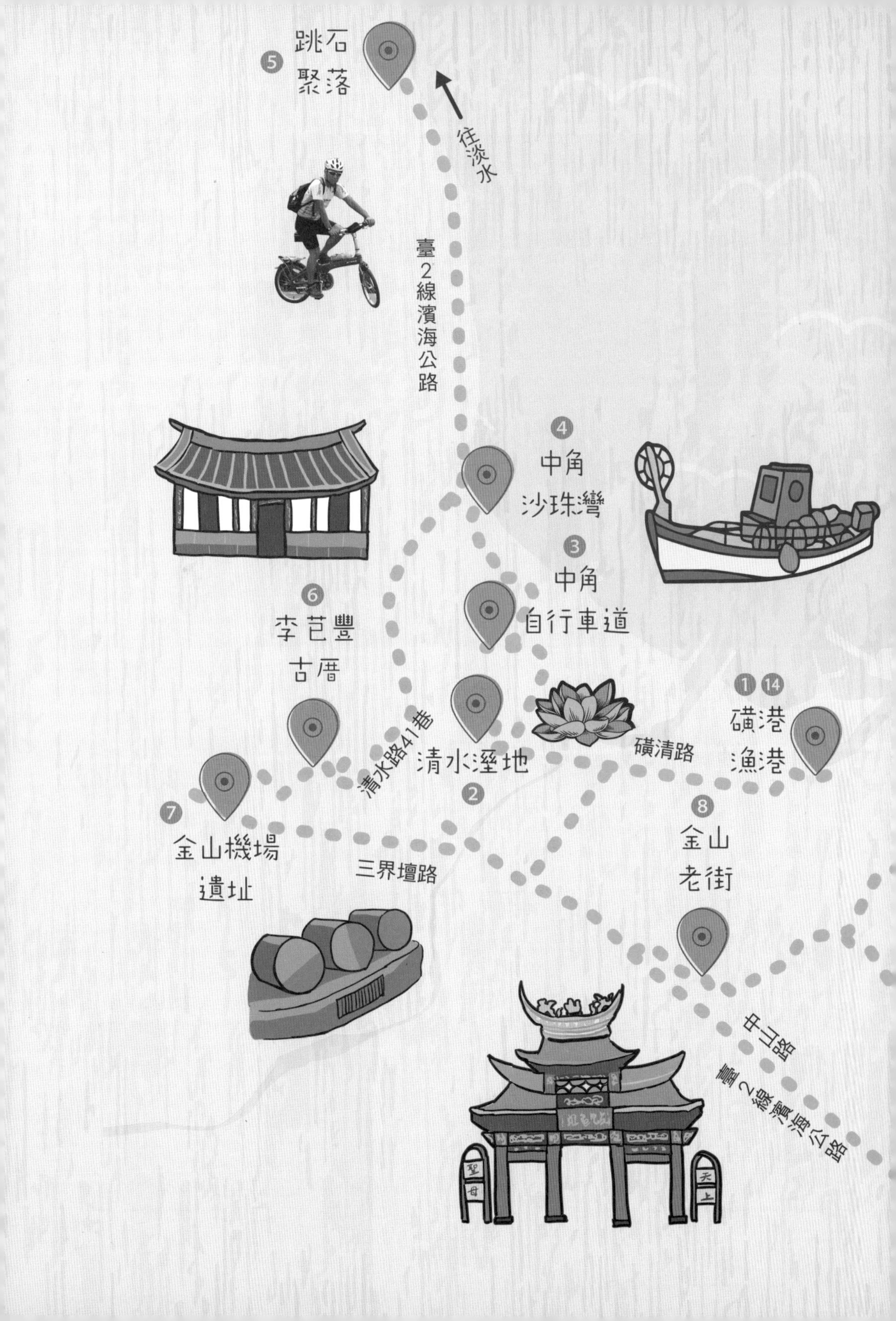

5 跳石聚落
往淡水
臺2線濱海公路
4 中角沙珠灣
3 中角自行車道
6 李芑豐古厝
1 14 磺港漁港
清水路41巷
清水溼地 2
磺清路
7 金山機場遺址
8 金山老街
三界壇路
中山路
臺2線濱海公路
聖母
天上

04 金包里山與海

仲夏慢騎行

里程 26.1公里
旅行時間 一天
路線難度 ★☆☆☆ 輕鬆
旅行分類 ■漫遊／■深度／□運動

臺北轉運站五點四十分國光號，帶著小折來到金山早上七點左右，濱海小鎮的一天剛要開始，非假日的市街看起來多了一份悠然。

金山有幾處盛名景點，獅頭山步道看燭臺雙嶼、溫泉、老街，遊客大部分都會往這些地方看美景找美食。單車騎士也大多只是路過金山老街，吃頓鴨肉補充熱量和營養，再度往旅程出發。有一輛單車，機動性強，假日不用煩惱小鎮人滿為患沒車位，慢慢地在濱海小鎮裡閒逛，吃足了甜頭也占盡了便宜，隨心所欲騎車彷彿是自由的小天使。

① 磺港漁港
② 清水溼地 1.2K
③ 中角自行車道 2.4K
④ 中角沙珠灣 3.4K

搭乘國光號來省錢又省時，不用翻越陽明山海拔一千米的山巔，或是掠過好幾十公里的西濱。下了車，把小折組一組，有好多時間可以濱海小鎮任遨遊了。

組好小折從市區騎往清水溼地，八點都還不到呢！停好單車，抽出背包裡的單眼相機，我在溼地的田埂上，擷取今夏最美的牡丹蓮花容顏，雖然單眼相機有些重、天色雲多略暗，但能在這一季漫步恬淡花香中，一切都值得。以前常常錯過金山荷花季，今天終於得到一點自己心裡救贖，把過去只是在臺二線上對金山花田漫步的想念，一次釋放。磺清大橋邊的清水溼地這幾年特別漂亮，夏天盛開牡丹蓮，多重花瓣富貴之氣又不失高雅清新，與其他品種荷花比較，花期比一般品種花田長。或許遠從北方而來的小白鶴也感受到金山地靈人傑，在此住了好幾年。沿著清水路六十巷往中角沙珠

02 | 01
03

01 金山蓮田分布各處，騎單車遊走才能發現隱藏在四處的荷花田。02 小田溝畫過荷田中央，慢步走過，直達美麗境地。03 除了荷花池，附近溼地的生態也很精彩。

金山機場遺址 7 11.23K

李芑豐古厝 6 9.6K

跳石聚落 5 5.8K

灣騎行，遇見另一方荷塘，老阿伯正在田裡採蓮子：「這攏免去管啦！明年還是一樣盛開。」問了好一陣子，專心採蓮的阿伯沒正確回答我的問題，不過他對我的吆喝，如盛開的蓮花一樣燦爛！

中角沙珠灣和跳石

轉進一般人不會走過的小路，往中角，天人菊開得笑盈盈！這是一條自行車道，行進在低矮樹叢裡，小岔路上鋪滿黃色海沙，通往海邊的沙珠灣。看見路邊開滿天人菊，這我才想起來，夏天時分也是天人菊的季節。整天埋首工作與奔跑的生活中，連最喜歡的自然輪替都忘記了，還好，旅行的移動能喚起被丟棄的記憶。我和單車騎在濱海木棧道上，一處沒有任何人煙，景色如詩如畫的木棧自行車道，我被一些木麻黃和黃槿包圍，鳥兒的歌聲缺少定律卻如浪濤悅耳。遠山輕輕舉起多雲的天空，然後又輕輕的放

02 | 01

01 往中角的路上天人菊開滿一整個夏天。02 停下單車，攬住金山不一樣的風景。

中角這一片海灘鋪上黃沙，延伸到金山小鎮不遠處，漂亮極了。

下，中角自行車道放眼望去，一切都很慢、很緩、很靜心。接上臺二線前，回望金山市區，沙灘拉得好長好長，海埔姜、馬鞍藤、散落的漂流木，金山邊境有一種回到初心的自然況味。中角騎出來是臺二線，附近有好多咖啡店，不過時間還太早又非假日，大多把安靜與空盪留給海岸。往北，貼著海岸線，天氣不太好但有點悶熱，大海的聲音、亂石的海岸，沉雲的暗淡其實有另一種美感，站在岸邊，可以很靠近很靠近大海，野柳岬、基隆嶼、燭臺雙嶼的影子交疊著，直到跳石海岸。走上依山而建的跳石聚落，我想沿著濱海公路而行的人很少會走進來，小山腰上的住家，家家戶戶望海，成天與大海為伍，心會很開闊很清朗吧！

磺港漁港 14 26.1K

核二停車場 13 2.0.3K

員潭水壩 12 18.3K

山邊的金山

快中午了，雲還是多，陽光從雲隙露出一點笑，離開山腰上的跳石，想山了，往金山鎮上騎一點，再往山邊小路尋幽訪古。

清水路二十一巷往山邊，小路讓人擔心是否會走到某個死胡同裡，掠過一間又一間隱居在田野的鄉居，心裡這才踏實一點。小路鋪著柏油，不過只有一輛汽車寬度，看起來不會有汽車開進來。蜿蜒的田間小路好似為單車而開，二個輪子的踩踏盡情放膽，聞著快要成熟的稻香、看著隱藏在綠田中的荷塘、茭白筍迎風搖擺，不同以往的金山印象，驚覺失落的不是金山而是自已每日渾渾噩噩的日子。田疇沃野不遠處李芑豐古厝安靜佇立，前有半月風水池，生態池裡的南美水竹芋花朵交映著古老屋舍，美麗的老屋子很自然的與鄉間風景合而為一，更沒有突兀的古今重疊，像乘著時光機，回到金包里的過去了。鄉間小路還有更多美麗精彩，稻海淹沒小村路，將熟的稻穗讓這個季節的水田輕綠淡黃。我想，開車一定

03
02 01

01 跳石小聚落依山而建，可以安靜看海，村子的名字很動感也很有意思。村子外的海邊大石滿布，跳石一步一步踩向大海。02 李芑豐古厝前的生態池，水竹芋盛開。03 李芑豐古厝完美保存，騎車到這裡，留點記憶吧！

三個水泥大滾輪是金山舊機場留下的印記。

不會迷路，因為路實在太小；而走路也不會逛到山邊，因為太遠。單車的速度和機動性，剛好適合，被幽靜的夏綠擁抱。突然間，心裡甜甜的，像擺了一顆兒時的糖果，畫過輕綠淡黃的田村小路，比過分渲染的伯朗大道、天堂路來得舒心而喜悅。旅行的樂趣在於發現自我的風景，朝聖、跟隨，只不過是流行時尚，走自己心裡的小路，日子才會豐滿。

跨過清水溪離開小田村，遇見三個不小的水泥圓柱，細看下方解說，原來金山在日治時期曾經建過機場，一段歷史因為整地而被再次翻找出來。深埋地底的故事，是金山的內心事，擺在美麗的綠田曠野間，停車，坐下來，彷彿還能看見飛機下降輕掠遠山的畫面。

神秘海岸與萬金自行車道

騎著單車繞過大半個金山，大約也到了中飯時間，回到金山小鎮，牽車漫步金包里老街。這裡靠海，隨意用大海的想望來上一大碗海鮮麵，嘴裡含著大海的味道繼續往水尾漁港前進，港外的黃槿花朵落下一地瑰麗，夏天，看見黃槿開花時候，離秋天也不遠了，記得這黃花會一路開到秋天，直到秋末涼風吹起。漁港堤防邊有個小小的梯子，跨過海堤，那頭住著一大片綿長海岸，一線天海蝕洞守著門口，大大方方走進大海的家門吧！天然景色一直等待著有緣人來坐坐。坐定奇幻岩石上，眺望大海，好舒服好舒服，心整個都開闊了。岩岸間夾著一彎十來公尺大小的沙灘，神秘海灘特別為訪客準備天然泡腳池子，想親近風平浪靜的海水，請自便。因為地形關係水尾海岸看不見燭臺雙嶼，今天騎車，不走太多路、不爬山，風景就隨緣了。離開水尾時看見萬里加投指標，跟著走，一個不小心騎進萬金自行車道。

萬金自行車道靠近萬里區，先是一段寬大冷清的馬路，後來好像是下社，我也不知怎麼騎的，就迷迷

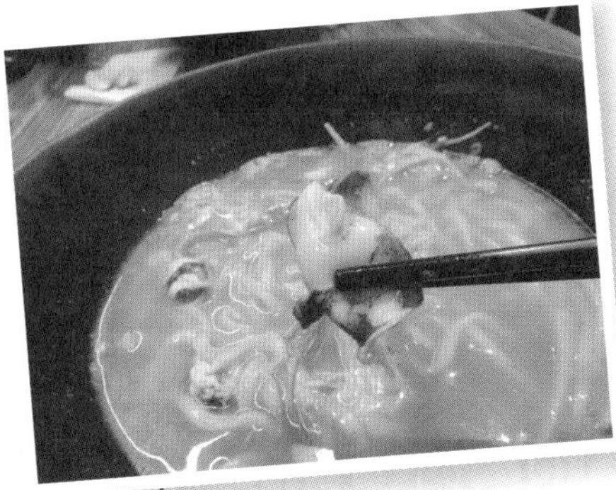

回到金山市街，來一碗有大海味道的海鮮麵。
小卷很鮮，讓美味留在心裡。

糊糊站在下寮海岸邊了。沙灘很長，好似延伸到了野柳、金山，燭臺雙嶼看得很清楚，這個視野角度幾乎和金山岬陸地連接在一起，事實上，古早時候，燭臺雙嶼和陸地相連，滄海桑田哪有不變的道理，分開以後，還是可以天長地久上演淒美故事，或許它們一直沒分開過，無論如何，多點想像，旅行會更動人。下寮沙灘上有些漁網、舢板，有人說了：「漁具和小船是金山萬里界線處的牽罟啦！」很想看看古老的捕漁方式，也感佩早年聚落一起工作分享的情操，想一想，齊心協力牽罟老行業，那些城市生活的被剝奪感，能少一點平衡一點。

01

03 02

01 老街的慈護宮，金山媽祖廟，一直守護著濱海小鎮 02 跨越堤防、穿越海蝕洞，神秘岩岸用特別的地質景觀迎接旅人。03 坐在海邊望向大海，舒心、靜心、愜意。

很擔心找不到小村子林間的萬金自行車道，不過說起來也怪，完全沒來過，只憑著感覺騎車，不知不覺就在很漂亮很舒服的自行車木棧道上踩踏板乘風了。林間小道比神秘海岸更神秘，靜謐的色彩從遠山向近處潑灑，簡單中有豐富的感覺，綠意包圍深褐色木棧道，安靜散落在每一個樹腳下，木麻黃撐起的綠意透著天光，黃槿手牽手肩並肩搭起隧道。附近還有一條員潭溪，自行車道大概沿著流域而行，很少人會走進員潭溪畔，少了人煙，多了一分清幽，騎單車來就可以好好的把心沉澱。

騎出萬金自行車道，大約在核二廠碼頭附近的國聖埔海灘。早上天氣不太好，午後，陰雲後的陽光在笑了，北海岸也沒下雨。謝謝你夏天，再次牽起你的手，一起捧著整天美麗豐富的金山旅行。

萬里員潭溪
小水壩

03 01
02

01 沿萬金自行車道，不知不覺騎進下寮海灘。金黃色沙灘上佇著古老的下寮牽罟。02 往萬里的自行車道，像掉進畫作裡。03 金山小鎮往萬里海岸，很難想像有如此隱密的自行車道。

坡度圖

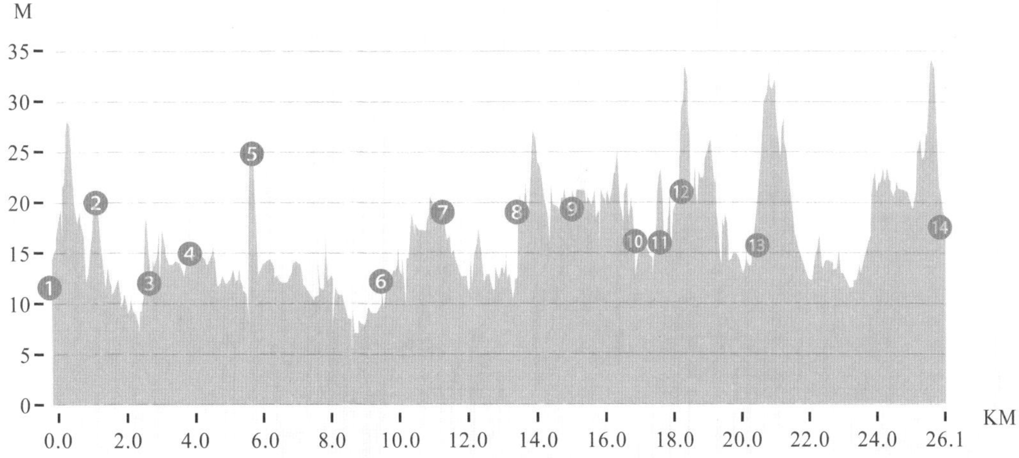

❶ 磺港漁港　N25 13.654 E121 38.731
❷ 清水溼地　N25 13.850 E121 37.971
❸ 中角自行車道　N25 14.065 E121 37.987
❹ 中角沙珠灣　N25 14.368 E121 37.995
❺ 跳石聚落　N25 15.481 E121 37.969
❻ 李芑豐古厝　N25 13.831 E121 37.596
❼ 金山機場遺址　N25 13.804 E121 37.262
❽ 金山老街　N25 13.260 E121 38.372
❾ 水尾漁港神秘海岸　N25 13.564 E121 39.081
❿ 下寮牽罟　N25 13.080 E121 39.124
⓫ 萬金自行車道　N25 12.904 E121 38.954
⓬ 員潭水壩　N25 12.690 E121 39.157
⓭ 核二停車場（自行車道出口）　N25 12.390 E121 39.829
⓮ 磺港漁港　N25 13.654 E121 38.731

雙溪蓮花園
(林家古厝)
2
臺2丙 雙柑公路
平林溪
1 9
雙溪
火車站
5 連舉人
古厝
6
7
8
茶花莊 4
(莊貢生古厝)
茶花莊
雙溪
太平路
牡丹溪
6
三忠廟
大同街
7 林益和堂
堂和益林
雙溪老街
周家古厝
雙溪渡船頭遺址
8
雙溪

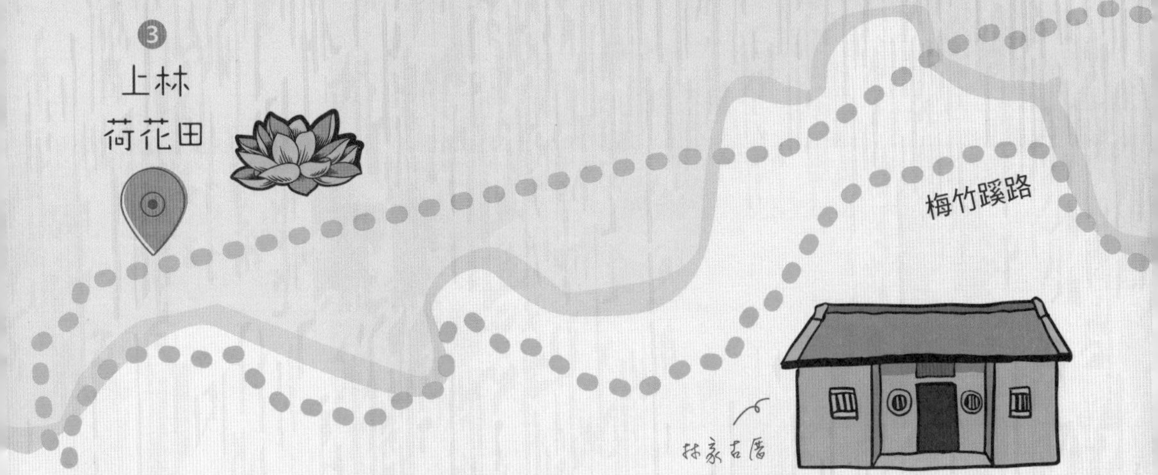

05

雙溪小鎮尋幽訪勝

Shuangxi Dist.

騎乘重點及行程資訊

路況	1. 路況略為起伏，偶有地形性的小緩坡及短坡，一般腳力大多可以輕鬆克服。 2. 臺 2 丙偶有車輛疾駛而過，騎乘時盡量靠邊。梅竹蹊路沿山邊行進，短坡及轉彎較多而且路幅較窄，請放慢車速注意對向來車。 3. 若是夏天騎行，臺 2 丙沒有任何遮陰處，需注意防曬及散熱，以免中暑。
補給	雙溪小鎮市街上，便利商店、飲食小吃齊全，請以小鎮街上為主要補給點。其他路程中，於臺 2 丙有上林派出所及雜貨店，不過目標不明顯，容易錯過。

交通資訊

大眾運輸	搭乘北迴線火車於雙溪站下車。
開車	行駛國道 1 號，於暖暖下交流道，接臺 2 丙後經過基平隧道，續行基福公路過平雙隧道，即可抵達雙溪。

05

雙溪小鎮尋幽訪勝

仲夏荷花香了

里　程　12.1公里
旅行時間　半天～一天
路線難度　★★☆☆☆ 進階
旅行分類　■漫遊／■深度／□運動

六月仲夏，荷花香了。新北市雙溪臺二丙路邊有一大片荷花田，青山綠水環繞，小鎮風情動人。我騎著單車在此駐足，漫步田埂上，淡忘了夏日時光。

常有人聽見雙溪騎單車，腦海裡浮現的便是臺北市的外雙溪；位在東北角的山間小村，老是被遺忘在某個記憶角落，群山環繞、溪水輕流，新北市雙溪小鎮彷彿世外桃源，顯得閒情逸致。近年來我愛上雙溪賞荷花及腳踏車騎行，在安安靜靜的山間小鎮，用不疾不徐的速度，體驗雙溪山城人文風情與好山好水。

老街　百年光影

搭火車到雙溪，走出火車站，略顯冷

① 雙溪火車站

② 雙溪蓮花園（林家古厝）　2.3K

清的市集馬上讓人掉入小鎮氛圍。生活機能具備，卻又不過分繁華，漫步十幾分鐘，市街聚落差不多就走遍了。我喜歡帶著小折在火車站前展開一場兩鐵小旅行。輕踩踏板，四處閒逛，擁抱空氣中片刻閒散味道。雙溪市街有幾處人文景點，老街上的三忠廟、百年藥舖、雙溪舊渡船頭、周家古厝，還有雙溪國中旁，歷經百年的連舉人古厝。腳踏車很方便，把小鎮的歷史連在一起，只消踩動幾下踏板，上百甲子史頁，一一被翻閱記憶。其實來到這種與城市有些距離的小地方，隨意漫步，也能發現屬於心裡感動的角落，我沿著站前主要街道騎車，發現街角轉彎處有間打鐵店。紅色磚牆上披著低矮油毛氈屋頂，它老邁的外表硬是比一旁的老屋子更有說服力。而且還能找到別處找不到的五

02 | 01
03

01 離開雙溪小鎮市街，幾公里處的林家古厝前，荷塘小而美。馬路對面就是雙溪蓮花園了。02 有舊房子陪襯的花田特別有人味。03 盛夏，稻穗快熟了，臺 2 丙公路二旁，有粉紅花朵也有稻香。

連舉人古厝 ⑤ 10.9K — 茶花莊（莊貢生古厝）④ 9.2K — 上林荷花園 ③ 5.1K

金工具，談起打鐵年歲，店家阿伯總是用：「六十年了。」簡單回答遊客好奇的眼光。

雙溪的名字來自於平林溪與牡丹溪交匯的傳奇，雙溪渡船頭當年船行至此，上了岸，便是周家古宅與那條被漸漸淡忘的老街。老街上還留存著古早生活剪影，林益和堂第四代傳人把百年前留下的珍貴藥鋪細心經營管理。走進來，觸摸百年時光雋永痕跡，像一本歷史傳記，值得仔細閱讀。漫步老街，古厝、三忠廟，光影掠過心海，然後，我走進雙溪的歲歲年年。

林益和堂 7 11.3K

三忠廟 6 11.3K

03 02
01

01 街角的打鐵鋪子，陳舊低矮的紅磚牆裡，想起往日泛黃的時光。02 站在小田埂上賞花，後面佇著一根根筆直的檳榔身子，影中的靠山很沉穩，花看起來很幸福。雙溪，荷花有千變萬化的背影陪伴。03 微雨輕飄中，沿著梅竹蹊路，騎進幽靜夏日時光。

從雙溪火車站走出來，回想著那些雙溪老街上的動人過往，掠過有些人氣又不太長的市街，我便騎著單車往平林溪去找尋一份寧靜美麗。最近騎車老是遇上下雨，週末的雙溪一樣是微雨輕落，失去陽光的平淡添上幾分詩意。微涼天色中，擁抱身邊清淡幽靜，不知不覺已經沿著平林溪右岸的梅竹蹊路騎行。平林溪少有人為開發，放眼望去青山環繞、溪水悠悠，很幸運地，今天雲雨漫過山林深處，山嵐層層疊疊畫出詩人句子裡的風雅平淡；蜿蜒小山路上畫有單車專用道標幟，夏日小雨輕飄著幾分涼意，身邊山綠失去陽光、沒有汽車呼嘯後煙塵四散，鄉間小路上騎單車，每一次踩踏都是身心舒徐感動湧上心頭。

雙溪
火車站
9
12.1K

周家古厝
（雙溪渡船頭遺址）
8
11.4K

茶花莊　有生態的春夏秋冬

乘夏風、沐小雨，幽美雙溪山河陪伴，不知不覺中遇見茶花莊隱居山林，靜佇平林溪畔。夏天遊玩至此，自是錯過每年十二月到三月茶花花期，但茶花莊裡還有自然生態引人入勝。剛巧主人莊大哥從一片綠意中走來，帶著我逛進他用心栽培的二十公頃園區，輕輕地走上一圈，匆匆而過，像打開一本數不盡的自然生態百科全書一樣豐富。從入口處各品種茶花開始，每年花季慕名而來的遊客不計其數。漫步園區，琳琅滿目的臺灣及世界各國植物才是夏日主角，臺灣原生紅檜、二葉松、五葉松、香杉，低海拔地區竟可以看見高海拔植物生長得如此健康；來自美國的水杉影子映在生態池子裡，彷彿來到異國森林。莊大哥：「六七月正是賞蝶時候。」才說著，水池裡的青斑蝶翩翩飛過，黑脈樺斑蝶、紫斑蝶，都是茶花莊裡的住民。遊玩雙溪，一定不能錯過茶花莊的春夏秋冬。

跟著莊大哥腳步走上對面小山路，我們一起拜訪莊貢生古宅，原來這座百年石頭屋是莊大哥家

03 | 01 02

01 雙溪茶花莊，冬春賞茶花，夏日看生態賞蝶。02 莊貢生古厝靜佇在茶花莊大門對面小山路上，以原石為材料建成。牆上的浮雕年代久遠，大多風化，訴說莊貢生百年歲月。03 當天由莊貢生古厝的主人莊大哥帶領解說參觀，其實莊大哥是茶花莊的莊主。

光葉水菊上的青斑蝶，為茶花莊的賞蝶季展開序幕。

的祖厝。有著臺灣傳統建築外表，歷經風霜仍維持它原有樣貌，屋牆以原石搭建，壁面浮雕也是同樣石材精刻出喜上眉梢和花開富貴的象徵。有莊大哥這位屋主帶路，遙想一九〇一年莊家先祖莊縫燦先生遠赴漳州考中貢生的歷史，如此栩栩如生與我同在。莊大哥從小在此長大，老屋子裝滿了難忘的童年回憶。

沿著梅竹蹊路騎單車，好山好水孕育百年人文，與平林溪水一起蜿蜒，聽山林唱大自然的樂音，學山嵐在轉彎處飄移，自然氛圍一路不曾間斷，把自己融入清新，就真正體驗了雙溪的美好。

臺二丙旁荷花香

路過清水橋，橋下有兩戶玩水烤肉人家，歡樂聲把溪床塞得滿滿，沾染著溢出橋下的笑聲，轉進了那條有些過客的臺二丙，淡淡的荷花香漫過馬路，對面山腳下的雨中霧氛看起來香氣迎人。荷花池靜佇雙溪上林村，靠山邊幾戶鄉居人家，為滿夏荷塘景色增添幾分人味，不至於粉紅幽香處處而獨缺人氣。我相信不期而遇的驚喜，更勝過特別安排的計畫性行程，停好單車慢步荷花田埂，荷葉水珠子點點晶盈，綠葉撐起一朵又一朵雨中粉紅荷花，夏雨稀落的荷花景色，讓人放棄光彩豔麗，歡喜擁抱眼前平淡舒心微雨花香。雙溪這裡有幾處荷花田，分布在臺二丙沿線，山城鬱鬱蒼蒼幾分寂寥，或許說是清新杳然入心扉的離世秘境。入了夏，陽光燦爛來訪，得以抱回朵朵明艷熱烈的夏荷。涼夏雲雨霏霏，騎單車步入雙溪上林村荷塘，尋得一份寧靜花香韻致。

漫遊荷花香、自然風光，回到雙溪市街裡還有更精彩的歷史（連舉人古厝）。

突然又想起市街不遠處的連舉人古厝、街角的打鐵店，還有難忘的雙溪老字號美食。滿懷花香騎上單車，我再去尋找雙溪街上寧靜的美麗。

來到雙溪小鎮，一定要停車慢步雙溪老街，拾起落盡鉛華的幽靜。

琉球紫蛺蝶。

坡度圖

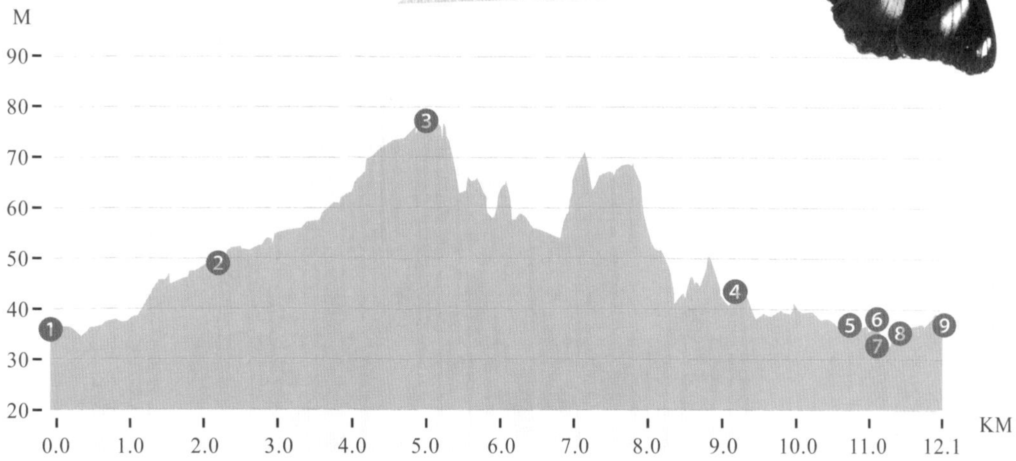

❶ 雙溪火車站　N25 02.315 E121 51.983

❷ 雙溪蓮花園（林家古厝）　N25 02.084 E121 50.701

❸ 上林荷花田　N25 01.537 E121 49.395

❹ 茶花莊（莊貢生古厝）　N25 01.882 E121 50.794

❺ 連舉人古厝　N25 02.143 E121 51.712

❻ 三忠廟　N25 02.088 E121 51.891

❼ 林益和堂　N25 02.077 E121 51.875

❽ 周家古厝（雙溪渡船頭遺址）　N25 02.058 E121 51.862

❾ 雙溪火車站　N25 02.315 E121 51.983

06

牡丹山村慢車限定

Shuangxi & Gongliao Dist.

騎乘重點及行程資訊

路況

1. 北 38 鄉道略為起伏，有一些不太長的坡，具備輕運動效果，一般腳力大多可克服。
2. 此路線車輛不多，但有時會有汽車通過，因路況空蕩車速較快，車輛經過時需注意安全。
3. 貢寮老街在車站後方，搭火車前來可先漫遊老街後，再往北38鄉道出發，接續追火車及雙溪行程。
4. 如果在貢寮或雙溪租單車，可在牡丹或其他車站搭火車回到原租車站點還車；若是自行攜帶單車，可直接上 車回程。

補給

1. 貢寮車站前有小雜貨店可補給。2. 北 38 鄉道七公里長沒有補給點。
3. 雙溪小鎮為中途最佳補給點。4. 牡丹村落內只有一間雜貨店。

交通資訊

大眾運輸　搭乘北迴線火車於貢寮站下車。

開車　行駛國道 1 號，於暖暖下交流道，接臺 2 丙後經過基平隧道，續行基福公路過平雙隧道，抵達雙溪。由雙溪市場前接續北 38 鄉道，即可抵達貢寮車站前。

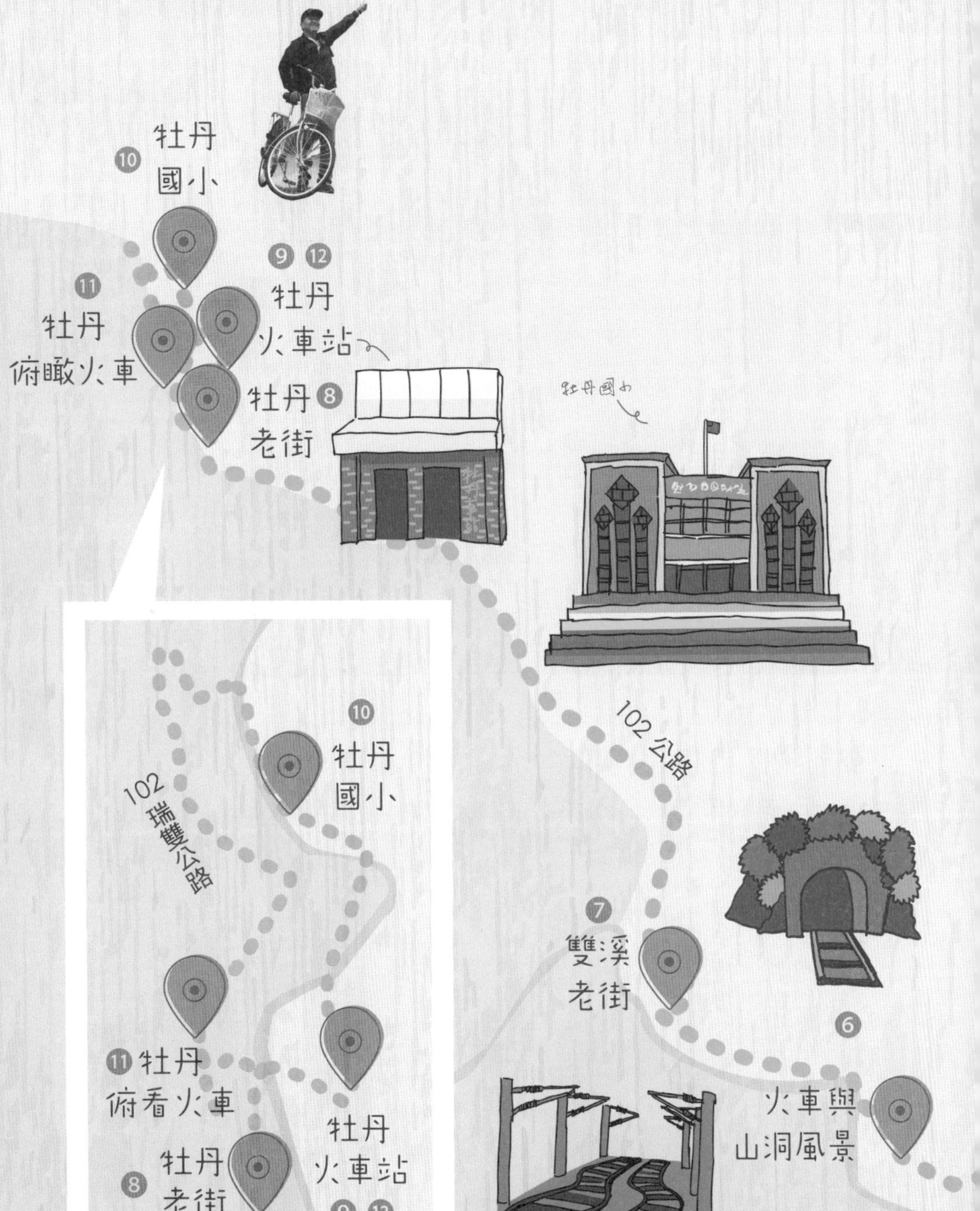
10 牡丹國小
9 12 牡丹火車站
11 牡丹俯瞰火車
牡丹老街 8
牡丹國小
102公路
7 雙溪老街
6 火車與山洞風景
102 瑞雙公路
10 牡丹國小
11 牡丹俯看火車
8 牡丹老街
牡丹火車站 9 12

06

牡丹山村慢車限定

雙溪貢寮追火車

里程 14.2公里

旅行時間 半天～一天

路線難度 ★★☆☆☆ 進階

旅行分類 ■漫遊／□深度／■運動

北三八鄉道沿著雙溪蜿蜒，連接雙溪及貢寮二處新北邊緣小鎮，在地人不常利用，遊客更鮮少做為交通要道。山河風景保留自然原始況味，山水相映在安靜氛圍裡，只有七公里略為起伏路況，是一處以休閒伴隨輕質運動的單車路線。

就是因為鮮少人知，所以我很喜歡沿著這條鄉道騎單車，來過次數不算多，但漸漸地發現山河間隱藏著掠溪河、過山洞的臺灣鐵道風景。

搭火車到貢寮真的很方便，早上一〇五次PP自強號可以攜帶打包好的單車免費載運，通勤電聯車也很便捷，北迴線上移動一個多小時，貢寮

就為我敞開大門了。大約在上班時間出門，從雙溪火車站走出來，像進入一處世外桃源辦公室，用美好的心情打個卡，九點不到就能徜徉臺灣東北角好風光了。不想帶單車也無所謂，車站附近有單車租借店家，各式各樣單車都有，淑女車逛街、越野車運動、童車親子遊滿足不同騎法的旅人。不過自己的單車總是比較熟悉，它跟著我南征北討，感情豐富，志同道合心手相連的回憶，怎麼抹也抹不去。

01 由貢寮火車站騎單車出發，走北 38 鄉道往雙溪和牡丹，遇見許多北迴線鐵路美麗的曲線。02 貢寮車站附近鐵道與山路緊貼並行，只隔著短牆或水泥柱子，鐵馬與鐵路在此相遇。03 穿越貢寮拱橋半天高的雄偉之姿。

幽靜的鄉間與鐵馬

貢寮車站最近剛整修完成，嶄新外表失去斑駁年紀該有的成熟味道！車站前有一排老房子，表情略顯冷漠如逝去的日子。往前轉個彎，跨越雙溪河道，火車站後面有一條貢寮老街依然故我，老房子中間夾著舊街道，抬起頭看見的都是斑駁和歲月痕跡，那些陽臺上的花磚和欄杆，疊出過氣的美感。雖然沒有特別瞭解它的過去，失落在繁華城市的心，讓我覺得連騎車都太快，於是我牽著單車，往長巷深處慢步。騎過老有故事的貢寮老街，我回到車站斜對面的阿生便當，菜色一樣於福隆便當，或許是沒有商業人潮的老街為飯菜注入一點懷舊溫度，便當聞起來更香更濃。我提著便當又走回貢寮車站，坐在空盪冷清的大廳裡，等火車、聽鐵軌聲音，便當吃起來特別有味道，一種屬於北三八旅行中的美味。

搭火車穿山洞、過鐵橋，是許多人的童年回憶，這些情景歷歷在目，掀起心底被成長現實覆蓋的煙塵。北三八鄉道騎車往雙溪，那些與家人、

同學、朋友一起搭車旅行的溫暖畫面漸漸地浮現。

會喜歡貢寮到雙溪間的小鄉道，是因為全長七公里左右完全保持幽靜清心舒暢，一離開貢寮小聚落，便馬上落進青山綠水的懷抱，溪

03 | 02 01

01 北 38 鄉道與雙溪肩並肩，說著河與鐵道的美麗風情。路況略有起伏，有點難度但一定能騎完，只是流點汗而已。02 貢寮往雙溪這條小山道，可以各種角度欣賞火車。03 搭火車穿山洞、過鐵橋，是多少人童年的回憶，這些情景歷歷在目，總是會掀起心底被成長現實覆蓋的煙塵。

牡丹火車站 ⑫ 14.2K

牡丹俯看火車 ⑪ 13.7K

牡丹國小 ⑩ 12.5K

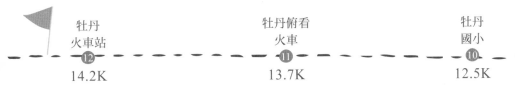

停下單車或高處俯視或路旁仰望，活生生的火車博物館，既生動又真實。

水川流、山影傾落，鐵道在綠意中忽隱忽現。一個小上坡往河心望去，火車路連結山谷、溪水上畫線，遠遠地聽見汽笛聲夾雜著轟隆奔馳聲響，不久火車就會用優雅姿態輕掠過如畫風景，靜止的一切，一下子活了過來。這段路有些上坡，不過都不長，而且停車不是因為累壞了，是因為遇見很漂亮的河水上搭著鐵橋，只能說不由自主想停下來，等下一列火車奔走過溪流的畫面。可能是太魯閣，也可能是普悠瑪或是慢條斯理的電聯車，要不然就是掛著十多節黑色半高的貨運列車，每種火車用不同的姿態構築鐵道與雙溪山河的不解之緣。

貢寮車站前鐵道更是與山路緊貼並行，只隔著短牆或水泥柱子，鐵馬與鐵路在此相遇，迎風踩踏有火車的味道。除了月臺，這一段路反而能清清楚楚仔細欣賞火車身上的細節。TEMU2000 傾斜式列車有著現代外表，疾駛而過一點也不留情；EMU800 通勤電聯車的車頭像一道黃色微笑；有點年紀的柴油機車頭猶如歷經風霜的老爺爺。停下單車或高處俯看或路旁仰望，活生生的火車博物館，既生動又真實。

雙溪歷史小鎮

騎完北三八，雙溪小鎮豐富的在地文化早等在那裡，全臺灣唯一供奉文天祥的三忠廟，不禁讓人想起正氣歌中的千古絕唱：「風簷展書讀，古道照顏色。」安靜小鎮彷彿如輝煌歷史，事實上騎進不怎麼長的老街，座落著百年藥鋪與周家古宅，不一會兒雙溪碼頭當年行船風光，留在街底落寞而充滿懷想如溪水閃爍的雙溪河畔。古時候留下來的石頭牆、紅磚樓房，簡單的造型與線條，有著不隨時光流逝的美感。北三八鄉道從老街口經過雙溪國小前的紅色拱橋邊上，開始與雙溪河道並肩旅行，時而相遇、時而分開，若即若離的感覺，談出一場不論晴時多雲或陣雨都能傾心的鄉村單車情感。

雙溪還有個遺世獨立的小聚落牡丹，牡丹以前的名字叫武丹坑，早年拉煤運的鐵道折返站，位置在雙溪區牡丹溪上游，這是個很尷尬的立足點，從各地前往瑞芳、雙溪、濱海，都不需經過此處，人車、遊客稀落，安靜清閒倒成了牡丹的特色。

我想去小鎮裡的小村子探探，離開雙溪市區，踩著一○二公路往牡丹出發。

貢寮車站最近剛整修完成，嶄新的外表失去斑駁年紀該有的成熟味道！

TEMU2000 傾斜式列車有著現代的外表，疾駛而過一點也不留情。

牡丹老街的回憶

騎出市區，腳都還沒熱，水田在路旁畫出美麗線條，雙溪到牡丹比想像中近，沿著一〇二公路往不厭亭方向，單車騎個十幾分鐘，就看見往牡丹車站指標了。跟著指標牽引前進，掠過幾幢油毛氈老房子，充滿歲月微痕的牡丹老街悄悄地靜臥牡丹溪旁。縱然是假日期間，略有弧度無法一眼看透老街道，街上冷冷清清，兩邊是透天厝，沒有章法的整齊感夾雜在缺少遊人腳步的日子裡。少了被店家占領的街道走起來特別有味道，有一種往日時光濃濃舊意。我在這停下單車，牽車走過幾年來心裡念著的旅程，好喜歡隱藏在山野裡的小村子，清清淡淡的陌生讓我莫名感動。

或許，安靜的老街，是牽動記憶深處的力量。

老街裡還存在著念舊雜貨店，店內陳設擠滿古早味，看見門口高處掛著公賣局的菸酒專賣憑證，記憶會不斷的往小時候奔跑，媽媽帶著我，打油、退瓶的那個時代。回想起來，四十幾年光陰轉眼即逝；買了瓶礦泉水，走出店外，巷子口的高架橋上，突然掠過火車轟隆聲響。催促心念回溯呼喊：「我記得以前萬

華老家某個巷子口，可以看見火車在頭上轟隆轟隆走過，那是我想念的兒時光景，旅行到牡丹，小時候的巨響又再次凌空飛越，只是，記憶早已斑駁。」

看見這些住家，就讓人嚮往簡簡單單的山居生活。

03

02 01

01 火車從街底通過，列車天橋上行走的景象，帶領我，又回到四十幾年前的萬華大理街。02 仲夏，我卻在牡丹遇見楓紅。03 牡丹車站裡的扇形月臺，列車進站都會彎腰畫弧。

走出老街再轉個彎，牡丹火車站拾級而上。村子的假日很悠閒，火車站也不開張營業，賣票窗口跟著週休二日。其實非假日，開不開張，牡丹都一樣安靜空盪。月臺隨意進出，搭火車刷悠遊卡，不然憑著良心上車，再補票出站。牡丹車站月臺真的是弦月狀，列車進站都會彎著腰，用最優美的姿勢掠過像天上月亮的美麗弧度。對號車不停，只有通勤電聯車有權利在美麗的月臺停下腳步。我帶著貢寮月臺便當，坐在月臺角落，等火車一列又一列，再送走規律的鐵軌音。貢寮便當吃起來有種特別香味，很簡單、深入味蕾，屬於山村月臺記憶的味道。

03 01 02

01 逛進月臺，真的像弦月有著美麗弧線。我沿著弧線漫步，仔細與山裡的線條聊心事。02 雙溪河道流過貢寮歲月，不經修飾的自然顏色，美麗極了。03 走過牡丹聚落，想找個人打問聊天，落空後，坐在山梯上，聽安靜、看山綠，心都會笑呢！

牡丹村子很小，散步、騎腳踏車卻剛剛好，我慢騎著，期待在寂寥小村子裡能遇上什麼在地故事。繞經牡丹溪上游，路過小橋，溪水岸邊羊蹄甲或是紫荊？花季時節一定盛況空前。經過牡丹國小又接上一〇二公路，翻越山路可通往瑞芳、九份，不過我沉浸在牡丹山靜氛圍，怎捨得浪費分秒。這次火車在腳下轟隆而過，山路上清楚看見列車與鐵軌一起畫弧，而且是彩繪列車。原本只有山綠與斑駁房舍的牡丹村，突然亮眼起來。

走回村子裡，一路上沒遇見什麼傳奇故事，找了一處山梯坐下，聽安靜唱歌、看山丘打坐，等下一班火車晃過。很美、很靜、很簡單，然後，我閉眼，微笑了。

坡度圖

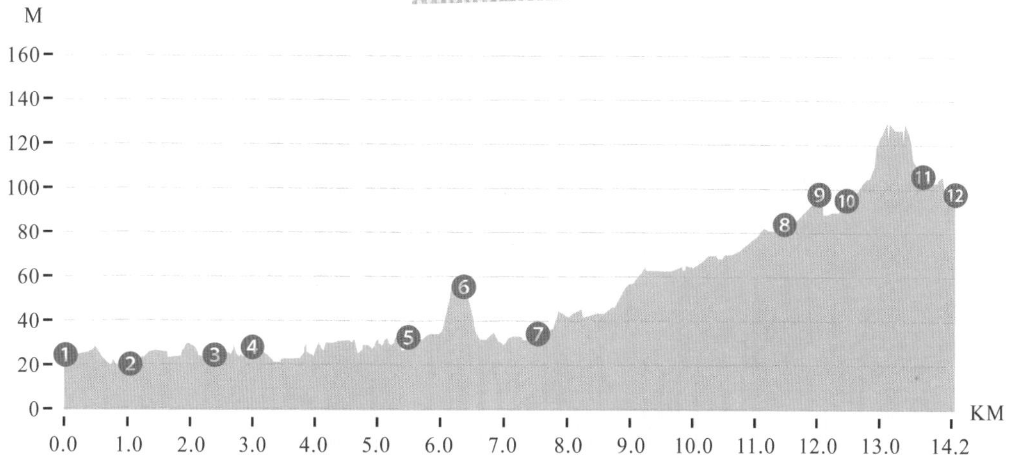

❶ 貢寮火車站　N25 01.324 E121 54.518
❷ 貢寮老街　N25 01.180 E121 54.531
❸ 貢寮火車站　N25 01.324 E121 54.518
❹ 火車同行風景　N25 01.441 E121 54.183
❺ 火車過溪河風景　N25 01.582 E121 52.878
❻ 火車與山洞風景　N25 01.644 E121 52.461
❼ 雙溪老街　N25 02.088 E121 51.891
❽ 牡丹老街　N25 03.430 E121 51.049
❾ 牡丹火車站　N25 03.526 E121 51.119
❿ 牡丹國小　N25 03.736 E121 51.080
⓫ 牡丹俯看火車　N25 03.548 E121 50.999
⓬ 牡丹火車站　N25 03.526 E121 51.119

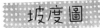

交通資訊

大眾運輸	搭乘臺鐵在福隆站下車，出站後右轉，即可前往舊草嶺環線自行車道。
開車	行駛國道 1 號，於暖暖下交流道，接臺 2 丙後經過基平隧道，續行基福公路過平雙隧道，沿臺 2 丙經雙溪貢寮至臺 2 線濱海公路右轉，大約一公里後即可抵達福隆。

07

舊草嶺
環狀線踩風

New Taipei City

騎乘重點及行程資訊

路況

1. 由福隆車站往舊草嶺隧道方向大多是平路，有些略為起伏的小緩坡。這段路可通行汽車，而且遊客眾多，必須小心騎乘。
2. 舊草嶺隧道內光線微弱，單車遊客不少，請特別注意騎行安全。
3. 石城開始沿著臺 2 線濱海公路騎行，單車道與汽車道雖分離，但有不少高低起伏的緩坡，注意體力調配。
4. 主要上坡：三貂角燈塔上山道路 1 公里為陡坡。自行車可停於山下，循步道上山。

補給　雖然沿途有小雜貨店，但不一定營業，建議在福隆火車站帶足補給及飲水。

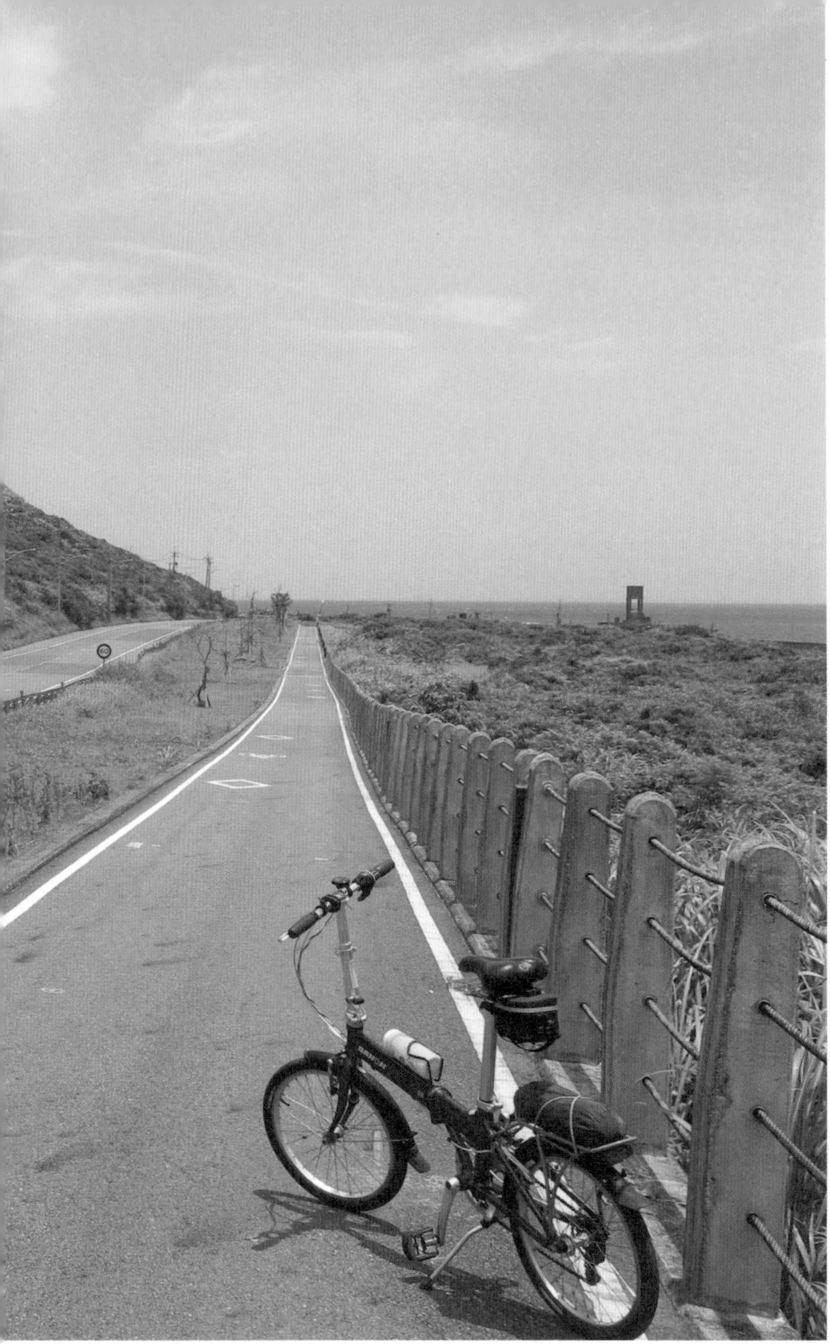

07

舊草嶺環線踩風

騎遇濱海漁村歲月靜好

里程　24.5公里

旅行時間　一天

路線難度　★★☆☆☆ 進階

旅行分類　■漫遊／□深度／■運動

1. 福隆火車站
2. 吉次茂七郎紀念碑 2.2K
3. 舊草嶺隧道（新北端） 2.4K
4. 舊草嶺隧道（石城端） 4.7K

自行車道沿著貢寮海岸線畫出美麗風景，山海相映，美麗極了。

卯澳漁港	三貂角燈塔	馬崗漁港	四角窟觀景臺
8	7	6	5
17.7K	15.2K	12.9K	11.2K

清早陽光灑了下來，想必今天是個藍天白雲好旅行的日子。背起小折，從板橋搭上七點十五分PP自強號，一個多小時，我在貢寮福隆火車站月臺上回首，淡淡的雲抹在藍藍的天空上，一方趕著腳步去旅行的雲淡風清催促著我，往東北角海岸線，尋訪被城市遺忘的海岸小漁村。

走過鐵道前世今生

不到九點，福隆火車站前盪著寂寥，旁邊大排長龍的福隆火車便當門都還沒打開。這時間，真的不用太過匆忙，當個慢郎中把單車小旅行前的一切都打點好。再把水壺裝滿，循著舊草嶺環狀線指標前進，山上滑下來的風順理成章掠過身旁，綠意開道、陽光加油，大約兩公里多，十來分鐘就可以遇見舊草嶺隧道了。

草嶺隧道完工前，現場工事監督員吉次茂七郎不幸病逝，他的紀念碑位在舊草嶺隧道北口不遠處，冷落的山風與歲月在那塊石碑寫下斑駁，路人眼光卻很少投影代表草嶺隧道的歷史故事。

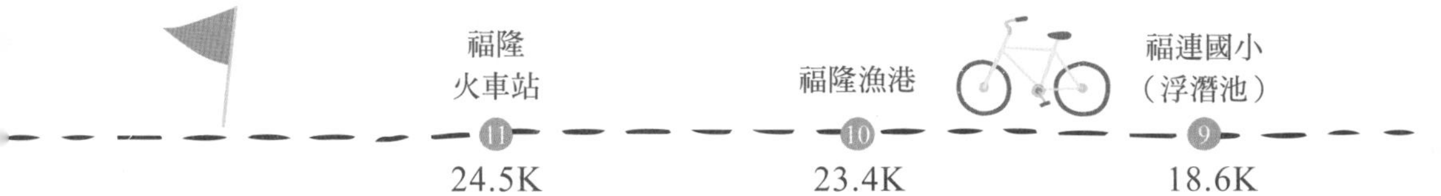

這天我停下單車，緬懷東北角悠悠日子裡被遺忘的故事。古老的隧道口滿是時光痕跡，樹梢落下幾道光影，篩過涼暖交織的前世今生。兩層樓高的山洞上方，寫著「制天險」一門額，筆觸行雲流水，遙想一九二四年貫通至今，多少歲月洗禮，終究幻化成今日迎風踩踏的自行車專用道。隧道二千一百六十七公尺長，穿越新北市與宜蘭交界線，當離開福隆炙熱的夏日陽光，倏地，一陣天然涼意，沿著老邁的紅磚牆，直達宜蘭縣境。

有著懷舊氛圍，舊草嶺隧道現在是熱門單車路線。

03 | 02 01

01 被綠意包圍、寫著斑駁痕跡，舊草嶺隧道現在只剩單車迎風而過。隧道口上的制天險和白雲飛處提字，也只能用心緬懷。02 隧道連接新北貢寮及宜蘭石城，全長 2167M，途中經過縣界，只要一步，跨過新北和宜蘭。03 一出隧道，龜山島大海中沉浮，開闊海景迎面而來。登上觀景臺，視野更是無垠。

石城望海

迎著舊草嶺隧道涼風騎向光明，沒想到從新北市穿越兩公里舊日火車路線，石城這小地方的海岸風景一下子就展現眼前。龜山島浮沉湛藍大海，從幽閉走向豁然開朗，瞬間奔向大海擁抱心曠神怡，只有在舊草嶺隧道才找得到。

騎出隧道，離開兩公里幽涼，投入夏暖懷抱，坐在面向龜山島大海藍色調中，我輕笑著，如浪花揚起的嘴角。

四角窟這裡也是
眺望龜山島的好地方。

舊草嶺自行車道徜徉美麗海岸

離開石城望海處，經過一處濱海小聚落，黑瓦、石牆、門窗面向大海，不知不覺接上舊舊草嶺環狀線自行車道濱海段。沿著臺二線前進，分隔島路外的卡車狂嘯，自行車道在海岸畫弧、起伏，熨貼著海岸蜿蜒、池邐。看山又看海，有海藍也有山綠，一次又一次掠過海灣，山海相連的景色一重又一重，這條海岸自行車道，美麗極了。我每次來這騎車，都會停留在一處名喚四角窟的觀景點上，只要稍微偏離車道，便走進大草原展望大海。絢爛陽光從山頂滑下來，落在單車一路走過的綺麗風光，站在略高小山丘上，眺望大海與海岸線，海水洶湧拍岸撩動心弦，開闊常住心海。

02 | 01
03 |

01 自行車道沿著貢寮海岸線畫出美麗風景，山海相映，美麗極了。02 沿途有壯觀的自然風情，緊緊貼著海岸騎行，連續二十公里不間斷，是新北市最美的單車道。03 穿越曠野、蒼綠起伏，騎自行車就像在不知名的遠處旅行。

馬崗漁村海浪裡的石頭村

騎著騎著，海風徐徐，我好喜歡走進沿海的小漁村。看見三貂角燈塔時，大約就接近馬崗漁港了。轉進一個小下坡，濱海小村的寧靜和海味一樣濃重，真的不必有什麼景點特寫，只要在村莊街上漫步，就是最好的身心之旅。小村子裡大多是黑瓦石牆古早建築，有些改建的新式水泥房子，也只是二層樓高度。夏天來，常見門前曬石花菜，有暗紅也有淡黃，聽在地的阿伯說，淡黃色的石花菜已經曬第五天。一碗現做的石花凍，只要三十元，就可以坐在漁村人家門口，天南地北的聊，聊

03 | 01 02

01 馬崗街上，海邊小村顏色簡單就像它的生活一樣。02 馬崗漁村裡充滿寂寥，大部分的老房子都有這種石頭牆。03 街上正是曬石花菜的季節。

到海枯石爛都可以。

騎單車閒逛攬得一身舒徐，小村子裡怎麼騎都是閒散氛圍。馬崗街上留存許多古老瓦房，屋前大多建有二人或一人高石牆，厚約二尺到四尺。石牆、石屋看起來抹上一層黝黑，特別有討海人況味，那些石材來自門前大海。「較早時，馬崗沒有漁港防波堤，大多是舢舨小船，得用絞鍊機沿著曾是小溪的馬崗街，拉到離濱海公路較高處。海邊住家，常被海水侵入，所以家家戶戶門前築起防浪牆。」村子口的阿伯說著。又興沖沖指著山頭的三貂角燈塔，要我上去看看大海。

馬崗村子口大約三百公尺處，步道、車道都可以登上三貂角燈塔，一公里左右上坡有點小挑戰，但山上一望無際，大海映著純白色燈塔，一路流汗喘息都顯得如此值得。這才明白，為什麼村子口的阿伯催我上山看看，俯視馬崗漁村與大海交接，一派悠然神往與海同住，我這城市過客也能體會，深藍處的討海生活。

卯澳的濱海小村日子

貢寮海岸的小漁村，依著山、面向海，淡淡的寂寥在村子裡街道上閒逛，離開時，甚至忘記大海的聲音，寧靜幾乎蓋過一切。騎在自行車道上，遠遠地望見卯澳漁村佇立山腳下、大海邊，一種令人嚮往有山有水的漁村特質。跟著舊草嶺環線指標走，不經意便滑進卯澳小村子裡。

小漁港迴盪著城市缺少的清靜，卯澳的信仰中心利洋宮前一排 New Bike 等待主人，踏進廟門向廟祝打聲招呼，這輛 New Bike 便是旅行村子裡的旅伴了。村子不太，很多石頭搭建的屋子，堅硬的工法堆壘濱海生活記憶；聽里長說，村子裡只有這一小間已成歷史的理髮店，學校檢查服裝儀容時，面對大海的理髮廳，是他小時候難忘的排隊時光。對我而言，這是個秘境，坐在堤防上看海半晌也不嫌厭煩，海風吹來暖暖的，穿過人去屋空的石牆縫隙能留住多少過去繁華。二層樓的石頭厝，半傾著，當年漁獲豐富景象已然逝去。

03

02 01

01 小村子的小漁港，曾經繁華，只是我們都錯過了。02 步行走過花徑，一方廢棄九孔池，水質清澈適合玩水浮潛。03 馬崗街外的山頭上就是三貂角燈塔，山上攬盡大海風情。

小村子裡四處都可以看見，不同時間曬下的石花菜，呈現不同顏色。在地人手工製作的石花凍，充滿天然大海香味，慢遊至此，找一找這味美食吧！

好，搭上火車再次回味，
一路走過的點點滴滴。

03 | 01 02

01 日暮時分，港灣水天相映，淡淡的天色，好美。02 搭 PP 自強號，人車同行，8：41 福隆下車，仲夏給我藍天白雲好時光。03 自行車道貼著大海和臺 2 線繞過東北角。

伴著海，自行車道從福連國小下經過，停好單車，走過一小段「海埔姜」藍色花徑，一方海水清澈淺灣約略二十五米泳池大小，看起來是廢棄九孔池，海浪經年帶進石塊，形成可浮潛的內池。隔著巨石滄浪，外側海灣又是另一處自然浮潛秘境。站在水邊，我突然想起小學旅行，在海邊撿貝殼、追浪的笑聲，那日子好久好遠，泛黃斑駁。

騎過貢寮的海風，再次回到福隆漁港，入暑前，福隆沙雕的季節將至，隔著金黃色海灘，遠處人潮絡繹不絕。行至福隆火車站前，人多聲雜，想起幾公里外剛走過的漁村顯得歲月靜好，三貂角上的眺望湛藍於心。捧著這些美好感受搭火車回家，再帶上鄉野小味火車便當，才稱得上心滿意足。

坡度圖

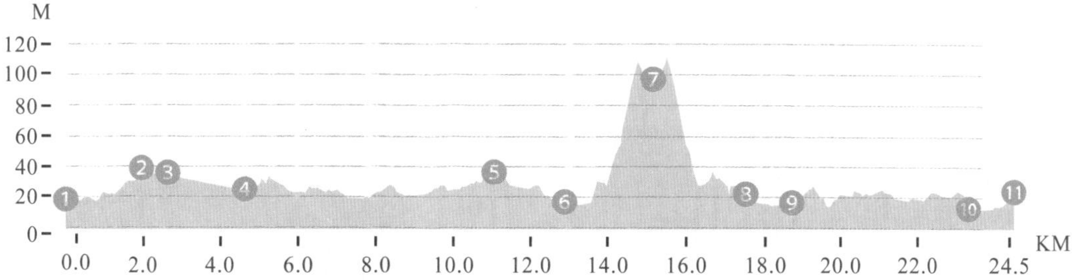

❶ 福隆火車站　N25 00.955 E121 56.687

❷ 吉次茂七郎紀念埤　N25 00.303 E121 57.490

❸ 舊草嶺隧道（新北端）　N25 00.221 E121 57.502

❹ 舊草嶺隧道（石城端）　N24 59.036 E121 57.329

❺ 四角窟觀景臺　N25 00.238 E122 00.125

❻ 馬崗漁港　N25 00.818 E122 00.126

❼ 三貂角燈塔　N25 00.467 E122 00.077

❽ 卯澳漁港　N25 00.729 E121 59.494

❾ 福連國小 (浮潛池)　N25 01.000 E121 59.369

❿ 福隆漁港　N25 01.278 E121 57.041

⓫ 福隆火車站　N25 00.955 E121 56.687

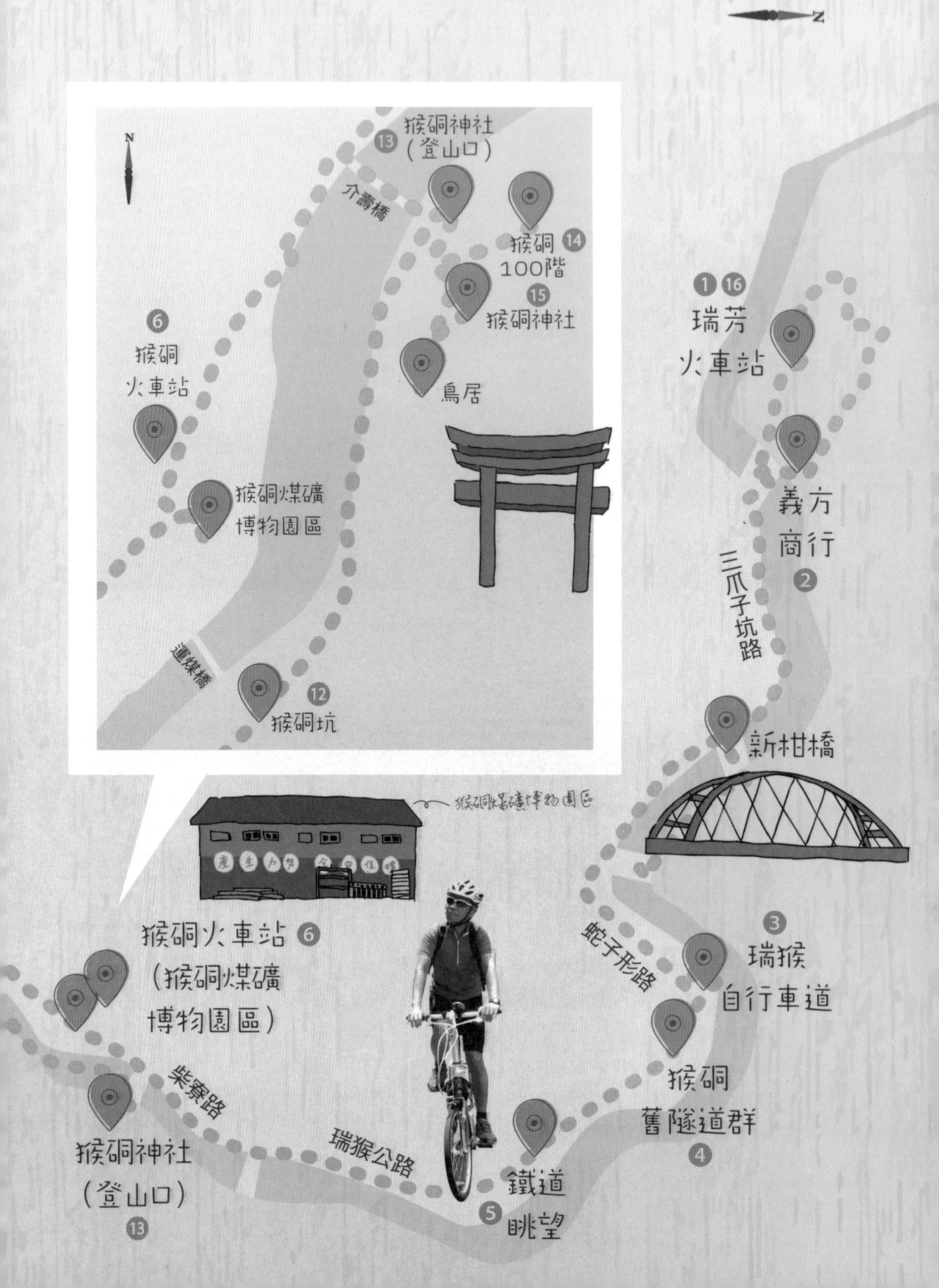
N
13 猴硐神社（登山口）
介壽橋
猴硐 100階 14
15 猴硐神社
6 猴硐火車站
鳥居
猴硐煤礦博物園區
運煤橋
12 猴硐坑
N
1 16 瑞芳火車站
義方商行 2
三爪子坑路
新柑橋
猴硐煤礦博物園區
猴硐火車站 6（猴硐煤礦博物園區）
蛇子形路
3 瑞猴自行車道
猴硐舊隧道群 4
柴寮路
瑞猴公路
鐵道眺望 5
猴硐神社（登山口）13

08

騎遇瑞芳礦城老去

Ruifang Dist.

騎乘重點及行程資訊

路況

1. 瑞芳市區街道略窄，騎行時注意交通安全及號誌情況。
2. 瑞猴自行車道由蛇子形路底引道連接，目標不是很明顯，請注意入口。隧道群較為陰暗，有些沒有照明設備，騎行時須特別注意路況。
3. 猴硐神社位在山坡上，單車需停在山下，經由300公尺長的登山步道前往。
4. 碩仁小聚落未設車站，火車直接穿越小村，鐵軌與小路交錯並行，沒有圍欄隔開，行進時須特別注意火車動態。

補給

除了瑞芳市區與猴硐車站附近，沿途少有補給點，請預先準備好熱量補給及飲水。

交通資訊

大眾運輸　搭乘臺鐵在瑞芳站下車，出站後左轉，即可租借 Ubike。

開車　行駛國道1號，接臺62萬瑞快速道路，於瑞芳交流道駛出，沿明燈路行駛，即可抵達瑞芳市區

08 騎遇瑞芳礦城老去

依山傍水舊日微痕

里程 24.8公里
旅行時間 一天
路線難度 ★☆☆☆ 輕鬆
旅行分類 ■漫遊／□深度／□運動

搭火車走北迴線，老是喜歡在瑞芳過後往窗外探頭探腦，這時候的山洞特別多，咻一聲！關上窗簾，外面一片黑暗，再見光明的一瞬間山崖河谷、靜鄉小屋，像走進另一個世界。這段路火車開得比較慢，普悠瑪、太魯閣、自強號都得慢條斯理通過，因為行駛在山谷間必須特別小心。沿著山腳有幾個小站，猴硐、三貂角，最後在碩仁小村子前北迴線和平溪線分道揚鑣。十幾公里窗外景色不斷往後奔走，我想只有單車可以慢慢的品味收藏，於是找了輕閒的一天，從瑞芳小鎮出發，沿著火車軌跡探險去。

① 瑞芳火車站
② 義方商行 1.2K
③ 瑞猴自行車道 4K
④ 猴硐舊隧道群 4.5K

與列車並騎過鄉間歲月

其實瑞芳並不常來，頂多是騎車往五分山、一〇六，會在此轉乘火車。走出瑞芳車站，小鎮樣子好像來過千百回了，那份眼熟讓人有若回歸年少初心。遠離了城市繁雜，心情就有空間來裝下更多平凡中的吉光片羽。往後車站騎，路過小鎮老街逢甲路，看起來像過氣的迪化街，新舊房舍交雜在略有曲度的街道上，街邊保持比較完整的一棟老房子「義方商行」洗石子牆上點飾著巴洛克浮雕，木窗外的鐵窗上落定歲月鏽蝕。「竇燕山，有義方，教五子，名俱揚。」義方二字，出自三字經，義方商行也是當年瑞三礦業的企業總部。沿著老街看盡那年繁華落盡，林牙科、廖建芳商行，都已經老去。

02 | 01

01 來到瑞芳，逛過後站老街，一處被人遺忘的市街，像冷清的臺北迪化街，建築有古老美感，只是少了人潮佐注，義方商行舊意立面曾經是當地礦業總部。02 沿著基隆河三爪子坑路，跨過拱橋（新柑橋），秋日送上輕盈天空。

壺穴眺望	礦工宿舍	猴硐火車站	鐵道眺望
8	7	6	5
9.8K	9.1K	7.8K	5.6K

小鎮的清早特別有古老味道，跨過基隆河，一下子就闖進人車杳然的河邊。沿著蛇子形路（一個很有地方與環境特色的路名）往前，房子、人煙退去，田園、綠樹、溪流聲占據大多數視野和聽覺，悶熱的夏末秋初時分，感覺卻有幾許舒徐成分。我喜歡從華麗回到簡單的感覺，放眼山巒溪谷處只有樹綠與藍天交接，有時候冷不防出現火車聲響，載來一次又一次驚喜。遇見火車也代表著我的旅程將與鐵路肩並著肩，一起走在基隆河畔山谷裡，未改建前的北迴線幻化成自行車道，新建的鐵路（目前的北迴線）就貼著舊路行進。這段路特別安靜，隔著水泥欄杆，鐵軌上的設施、號誌看得一清二楚，當我錯過紅白相間的普悠瑪掠過身旁，突然間，更期待下一班列車駛進視線裡。因為路上的山洞特別多，不經意猜想著，下一列從山那頭駛過來是白衣花布的

01
02
03

01 綠野中突然畫過火車聲響，蛇子形路裡的傳奇故事到底有多少！02 看見南來北往的光明與黑暗，北迴線二個山洞景觀，只有這條自行車道看得見。03 早年的北迴線單線單軌，留下一段隧道群落。

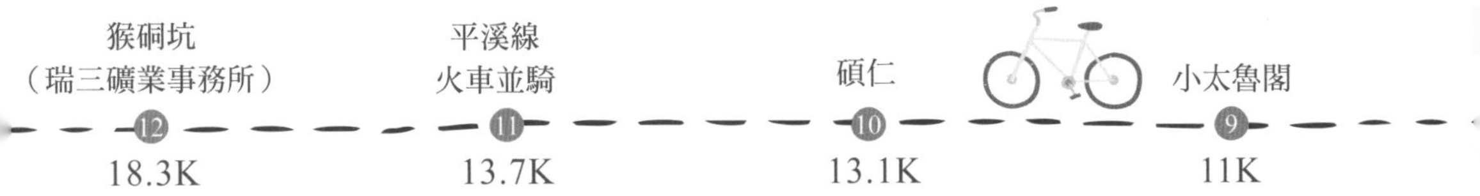

太魯閣或是鐵灰藍領的電聯車。以前車窗裡凝望風景，今天我在風景裡欣賞車窗移動，一百多年來，鐵路歲月就是有一股難以抵擋的吸引力。

早年的山洞比較低矮，換上自行車穿越足足有餘，一個又一個那年火車快飛的回憶，喚醒現在回憶兒時的無憂無慮。連續三個古老山洞，來自光明跌入黑暗，最後卻是期盼重見遠方亮起希望。騎單車走在接二連三的山洞間，終於可以仔細體會火車是如何在光明與黑暗間來來去去，這些山洞沒有名字，聽說在地人給它們取了個很鄉土又很貼近現況的稱呼叫「三也磅空」。騎出隧道遇見光明，靜靜的鄉間小路住在鐵路邊，草綠、樹青擁抱一天又一天奔馳而過的轟隆聲。這段

瑞芳火車站 16 24.8K
猴硐神社 15 19.3K
猴硐100階 14 19K
猴硐神社（登山口） 13 18.7K

路騎車吹風真的好舒服，簡單景色中畫上淡淡鐵道風情，即將入秋的山林樹色層次漸濃，深綠、淺綠、黃綠到淡褐色，如果沒有接下來的採礦遺跡，實在想不到，自然顏色多變的瑞芳山谷裡，曾經因為採礦而風光一時。逝去的就讓它遠去，現在想要的只是一分緩慢輪轉的平淡舒心而已。緩緩的上坡帶領，想望著過去黑金日子，不經意來到一處小小高點，鐵路在腳下輕掠而過，畫過順暢的線條，繞過山勢轉了一個小彎，沒有人車吵雜，火車經過時偶爾擾動幾十秒，山城偏鄉的況味讓人想伸手捧著回家。山風說話、溪水唱歌，高點望見猴硐在不遠處。

那年是火車身影，現在幻化成單車剪影。

02 | 01

01 瑞猴自行車道最精彩的畫面，就是可以看盡各種火車，而且可以並肩而行。02 整煤廠過去曾經有臺灣最先進的選煤設備，簡單外表、工業風格和對面的猴硐車站心心相連。

歷史遺留下的礦城小鎮

早秋還漫著夏末餘熱，猴硐車站前的冰店生意興隆，隨意走進小店吃冰消消暑氣。老闆說：「曾祖父留下車站前的房子算起來也將近百年了。」我走出店門，仰望沒有人會注意的老房子立面，招牌後面掩著古老建築造型。物換星移後的光芒總是容易遮掩逝去的暗淡，以前猴硐產礦，住民多是與礦產有關的搬運工。現在遊客來看貓、懷舊，礦鄉的今天賣起芒果冰。中年老闆的記憶，還連結著已然消逝的過往。瑞三礦業遺跡與站前不怎麼寬大的馬路連成一氣，騎上單車，吹著古往今來況味濃郁的山風，一切都鋪陳得恰到好處。老礦坑、舊工寮、破敗的工人宿舍，不再工作的老牆上抹了幾句提醒話語，老去的場域可以是悠然神往的單車風景，也可以是黑金歲月老成凋謝的傷感緬懷。

採礦工業留下冷硬建築，如今，留駐夢一般的靜謐神采。基隆河從一旁川流，被遺忘了大半世紀的山與水，等每一次火車哐啷畫過。也只有單車適合走走停停，拾起這些時空遺忘的美麗。

路過復興橋，又回到基隆河右岸，眺望礦工宿舍、壺穴地形、三貂嶺車站，還有一列又一列彩妝山水的平溪線和北迴線列車。

往碩仁路上，山壁、河谷頗有太魯閣氣勢，就是比較秀氣一點。這段路騎起來特別舒服，自然原味十足，山林野味豐滿，想用力奔馳或放心慢行都好。來到路尾小聚落，幾戶人家的平溪線旁，以前蒸氣火車加水的地方。碩仁就位在路底，遠遠的看過去，兩座吊橋柱子遺跡，好像捧起現在的火車橋。走進村子裡，人家幾戶，可能用眼光就算得出來。那橋，火車走的，行人也可以走，從河這頭到河那頭，過了橋，有機會和平溪火車一起並肩而行。我為什麼喜歡到碩仁旅行，可能是滿到裝不下的靜謐，還有過村不停的鐵支路，帶來短暫巨響，卻留下帶不走的安靜。村子尾涼棚下坐著，點一杯假日開張營業的酸梅湯，看河裡的臺灣湖，

04 | 01 02 03

01 三貂煤礦，一路上的礦坑見証早年風光。02 路尾的小聚落，幾戶人家的平溪線旁，以前蒸氣火車加水的地方。03 一路上火車是最熟悉的風景，穿越礦工宿舍和基隆河，形成一種時光交錯的感覺。04 如此貼近火車騎自行車。想起以前此地生活，日日伴著車聲，聲音老去時，鄉愁便濃了。

再等火車拖著慢條斯理的速度滑過碩仁，就這樣子，心滿意足了。走過鐵路橋，山腰上的碩仁國小早已經廢校，雜草叢生後，又開出生命的花朵。拾級而上，裡頭藏著平溪線上的綠光寶盒，三貂嶺文史工作站。小學生的桌椅整整齊齊的排隊等候，只是歲月讓教室空盪盪的，青青校樹的驪歌一唱就是三十幾年。風光過後的礦城小鎮，失去為蒸汽火車補水、添煤的功能，散了一地落寞，只留下不遠處火車加水塔，還有三十年來家鄉的愁。

我坐在學校旁邊油毛氈房子前的板凳上，這戶廖阿嬤家裡有山泉水石花凍，山裡面吃到海味，神清氣爽。屋後是三

貂嶺登山步道，騎單車來唯一不方便就是想沿著步道與山林為伍，爬山去。不過我坐在樹下，陽光灑下閃閃爍爍的亮麗，等鐵支路狂響敲醒碩仁的安靜，就會有一種莫名興奮，掠過心底。

回瑞芳之前，順道繞去猴硐神社看看，停下單車爬爬小山，往事腳下蹬音輕響，空谷回音一整天，能記得如神社留下老邁鳥居一座，就夠了。

04 | 01 02 03

01 單車聲空谷回音一整天，能記得如神社留下鳥居一座，就夠了。02 停下單車，走上猴硐一百階。03 山林裡的猴硐神社，遠眺整個猴硐村子。04 運煤橋來自舊日子，現在一道最美的弧跨越基隆河。

坡度圖

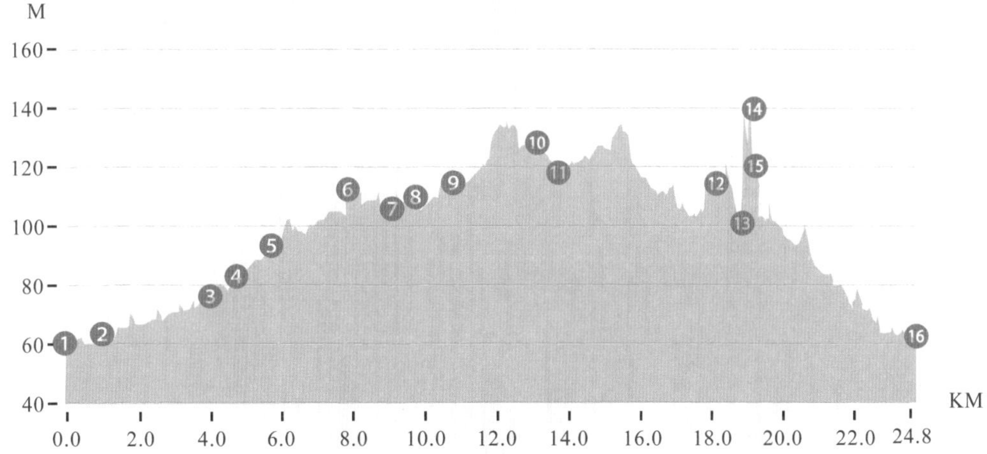

❶ 瑞芳火車站 N25 06.512 E121 48.362
❷ 義方商行 N25 06.531 E121 48.557
❸ 瑞猴自行車道 N25 06.342 E121 49.569
❹ 猴硐舊隧道群 N25 06.284 E121 49.710
❺ 鐵道眺望 N25 06.047 E121 49.895
❻ 猴硐火車站 N25 05.228 E121 49.650
❼ 礦工宿舍 N25 04.757 E121 49.497
❽ 壺穴眺望 N25 04.786 E121 49.522
❾ 小太魯閣 N25 04.187 E121 49.442
❿ 碩仁 N25 03.478 E121 49.183
⓫ 平溪線火車並騎 N25 03.676 E121 49.341
⓬ 猴硐坑（瑞三礦業事務所） N25 05.131 E121 49.690
⓭ 猴硐神社（登山口） N25 05.310 E121 49.765
⓮ 猴硐 100 階 N25 05.309 E121 49.766
⓯ 猴硐神社 N25 05.274 E121 49.758
⓰ 瑞芳火車站 N25 06.512 E121 48.362

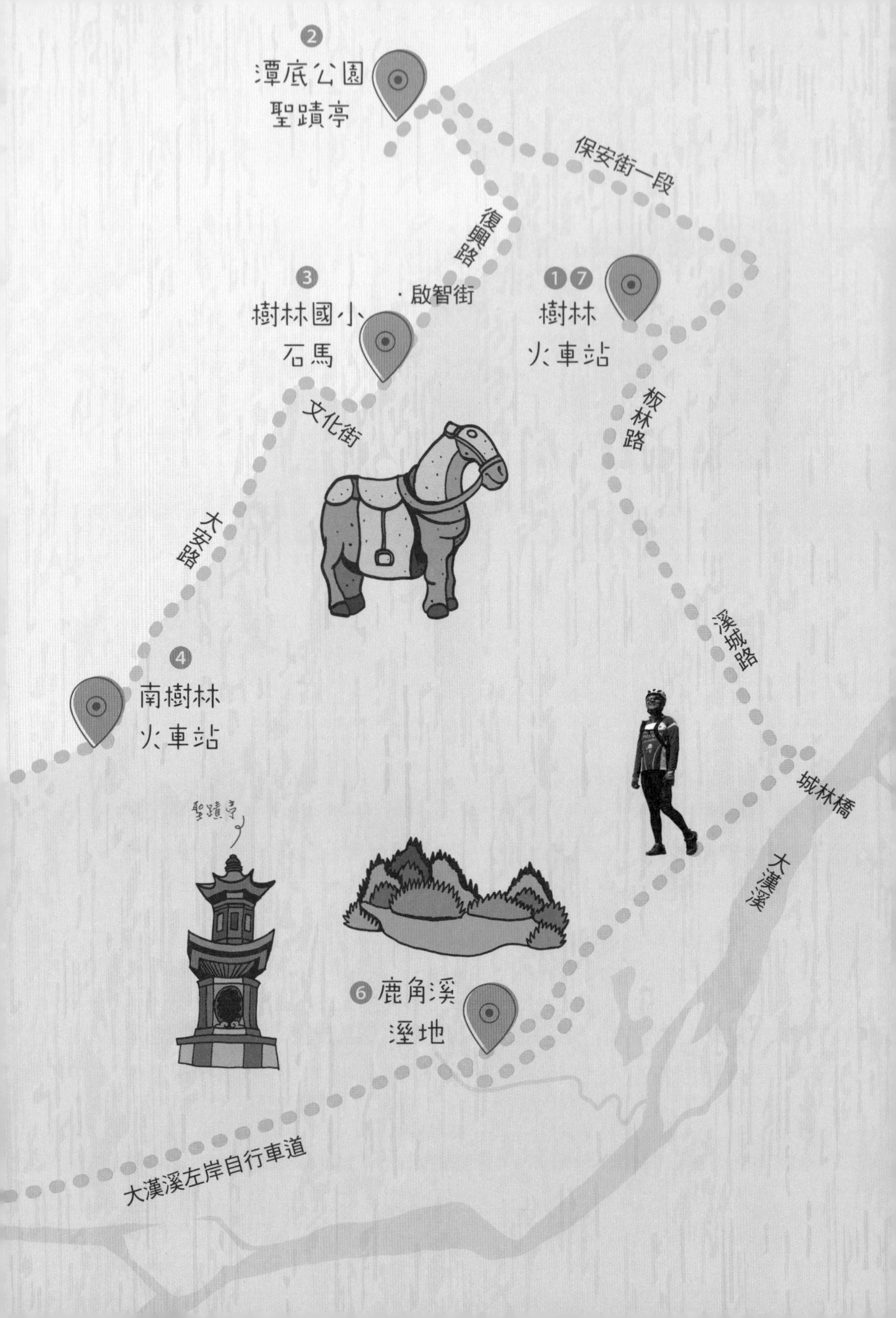

2
潭底公園
聖蹟亭
保安街一段
復興路
3
樹林國小
石馬
·啟智街
1 7
樹林
火車站
文化街
板林路
大安路
溪城路
4
南樹林
火車站
聖蹟亭
城林橋
大漢溪
6 鹿角溪
溼地
大漢溪左岸自行車道

09

山佳車站百年風華

Shulin Dist.

騎乘重點及行程資訊

路況	1. 樹林市區人車較多，騎車時特別注意安全。大安路連接中山路，須經地下道，小心慢行。 2. 鹿角溪溼地位於堤防下方，可借道自行車坡道下滑至高灘地。 3. 大漢溪自行車道與城林橋建有單車引道，回程若是往樹林車站，可直接由往樹林方向引道上橋後右轉，即可再次回到樹林市區。
補給	樹林市區補給方便。要注意的是大漢溪及鹿角溪路段，大約四公里左右，位在河道內沒有補給商家。

交通資訊

大眾運輸	搭乘臺鐵在樹林站、南樹林站、山佳站下車， 均可串連路線。
開車	行駛國道 3 號，在土城交流道接臺 65 快速道路， 連接城林橋往樹林方向，經板林路直行，即可抵達樹林市區。

09 山佳車站百年風華

苦楝花香樹林慢旅行

里程 14.7公里
旅行時間 半天～一天
路線難度 ★☆☆☆ 輕鬆
旅行分類 ■漫遊／■深度／□運動

山佳車站，臺北僅存的水泥建築日式車站，二〇一七年二月十八日整修完成重新開放。

我好喜歡這座小小的日式車站，十幾年前騎腳踏車經過，發現自己經常搭乘火車過而不停的山佳小站已經有一百多歲了。那天清早夜色還在，小站點著微弱燈火，旅客身影依然遊移廳廊與月臺間，時空光影彷彿在那一瞬間都凝結了。

星期六清早，也沒特別的事情，想起樹林街道和山佳車站的燈火，收拾一身輕裝，往樹林單車小旅行。

1. 樹林火車站
2. 潭底公園聖蹟亭 1.7K
3. 樹林國小石馬 3.2K

不顯眼的樹林歷史

對樹林很陌生，除了石灰坑山上的美麗風景，印象大多還停留在二三十年前的樹林市街，還有好幾年來對山佳車站重見天日的等待。火車與鐵路是一個小鎮繁榮的中心點，我選擇從樹林車站前出發，手握著單車握把，心裡捧著自由自在，踏上小鎮土地，發現一些不期而遇的驚喜。樹林車站前佇立著兩棵老茄冬樹，抬頭細看，樹梢遮起半邊天，無意間發現雜亂街道間的解說牌，猛然發現茄苳樹爺爺已經一有一百一十五歲了，它伴著樹林成長、蛻變，站在馬路對面觀望，高大的身軀幾乎快和車站同高了。一八九三年建造臺北新竹縱貫線鐵路完工當時，居民種下的小樹苗，歷經變遷、車站改建，樹林人生活的影子依然在老茄苳樹下生生不息。有百年老樹陪伴的火車站真好，每天通勤搭車，走過樹蔭下鬱鬱蒼蒼，日子來來往往，總是容易記得清楚。今天第一次見到老樹與車站共生，平常的畫面中有動人的光影。

02 | 01

01 百年歷史的山佳車站，整修完成，又回來了。一旁的木棉正開著花朵，如果全樹綻放一定很美。02 樹林車站前兩棵茄苳，伴著樹林與縱貫線一起成長，如今已有一百多歲了。

樹林火車站	鹿角溪溼地	山佳車站	南樹林車站
7	6	5	4
14.7K	10.5K	7K	4.9K

離開車站穿越市街，不如大城氣派，顯得現代又有點小鎮氛圍，來到一處位在戶政事務所邊的潭底公園。若是問起一些朋友或路人，樹林有什麼歷史古蹟，大多不知所以。其實，大漢溪邊的小鎮依山傍水，身世一定精彩過。公園裡有一座惜字亭，一八七二年所建，算一算也有一百三十幾年，過去的文人將字紙於亭內焚燒，紙灰稱作聖蹟，收集後再放流四海，稱作送聖蹟，所以另一個名字就叫聖蹟亭。讀書寫字古人看來是大事，文化與生活又是息息相關，穿街走巷來到樹林潭底，也看出當時樹林在地的書卷文化。城市單車漫遊很有意思，想停車、想補給都很隨興，便利商店、小吃、飲料隨手可得，連水都可以不用帶。過了長壽公園，在樹林國小內有一匹石馬，一八五三年新竹人林家看中樹林風水，林祥雲修墳於山子腳橫坑子山附近，因為漳泉械鬥，華麗的墳飾被埋沒於溪底，一九一五年樹林公學校訓導主任發現石馬露出，幾經轉折又回到樹林國小保存。

樹林在臺北地區顯得默默無聞，但大臺北的歷史，它從來都沒缺席過。

樹林的文人，把字紙用惜字亭焚燒，珍惜每一個文字的價值。三級古蹟，一百三十幾年歷史的樹林在地文史。

仲春騎過樹林的花香

看過老樹爺爺、見過惜字亭、想著石馬過往，沿著大安路穿越地下道，以前通往鶯歌的重要道路，一一四縣道邊出現嶄新的南樹林站。外牆有著樹林意象，深褐色樹幹當窗櫺、綠葉散在天花板上，看起來很舒服，也很有在地味道。門口還有一間小小的餐廳，麻雀雖小五臟俱全，很溫馨、很自然。如果想騎Ubike，搭火車在這裡下車，往鶯歌騎個一公里，就可以到百年山佳車站了。鐵路邊安靜沉寂的山佳街，很適合單車騎進來，短短一兩百公尺，街道貼著鐵路而生，房子都老有年紀似的，火車經過，很像走到某個礦鄉小村。山佳車站在路底，剛整修好，回

新竹人在樹林的漂亮墳飾，細說樹林也不能避免漳泉械鬥的歷史故事。

臺北唯一的水泥建造日式車站，與新站並肩守護山佳的交通。

到往日風華，木窗、洗石子牆、舊意新瓦，不太長的廊柱也能拉出時代留下的延伸感。不久前，售票口的木欄杆天天送往迎來，比起現代化車站裡的紅絨柱，怎麼看，都覺得好看多了。車站辦公室以前進不來，現在大大方方參觀也不用怕，售票櫃被歲月磨得光滑，看起來油亮，打開抽屜，古老的木香依舊保存在那些開開關關日子裡。以前的卡式車票櫃，擺在一旁，車票空了，車站的故事永遠不會消失。

山佳車站舊名字叫山仔腳，臺語念起來還真像是山佳諧音，早年鐵路繞過山腳，後來打鑿山洞截彎取直，空出來的地方現在是鐵道公園。停好單車，往裡面漫步，淡淡的幽香瀰漫整個鐵道園區，是苦楝開花了，淡紫色的小花滿樹綻放，樹梢鋪上有點紫灰色的雪白，美麗極了。山洞前有不少苦楝樹，沉浸在花香中，等待火車經過，揚起的風陣陣清香，這應該是最美又

最香的鐵道風光。

仔細慢騎樹林，時間過得特別快，或許這本旅行書太過精彩吧！一早六點多就出門，都已經中午，隨意找一間可以消暑的冰店（仲春，有時候也會莫名悶熱），不小心喝到超濃郁木瓜牛奶，問過在地人都說沒什麼特別好吃的東西，不過我接過阿伯手上的木瓜牛奶，腦子裡晃過一個想法：「在地人覺得平常，我們路過的旅人可是初嘗香濃美味呀！」

滿樹苦楝，白與紫相間，煞是好看。

04 | 03 01 02

01 老式卡票的票箱，讓人想起搭火車的情景。02 舊票口裡的座位，抽屜清空了，但那些伴隨日子老去的木香仍在。03 幾年前，這裡還有旅客進進出出，木製的售票口欄杆，古老的感覺不能散去。04 山佳車站邊的苦楝與火車，是最美、最香的鐵道風景。

坐看風起時，吹皺一池花影，花香仍濃。

旅行樹林一定要騎大漢溪自行車道，仲春又是苦楝的季節，從山佳柑園橋自行車引道推過十幾階階梯，再騎個一兩公里，鹿角溪溼地的花香迎接懂花的人。往河灘地下滑，灘地上到處都是苦楝花開，坐在樹下大石頭上，聞花香、聽鳥唱歌、看溼地生態，是春天最舒服又幸福的事情了。樹林鹿角溪的汙水，部分經過沉澱和溼地生態分解及過濾，再排放至大漢溪。走進鹿角溪溼地，具有淨化功能的水生態池，保留最天然原始的生態環境。碎石路鋪上綠草、荷花池、原生樹林，不同季節有著不同自然景觀，用心體會，時時刻刻都能感受到生態之美。

今天，慢慢騎，細細品味，樹林一點都不無聊，百年字號的歷史還來不及閱讀，苦楝花香讓我流連忘返，忘了樹林的礦業也風光一時。沒關係，等苦楝花季輕輕離去，我再來重啟樹林的旅程。

03 | 01
02

01 賞鳥愛好者，在溼地等待美麗的畫面。02 等苦楝花季輕輕離去，我再來好好的體會，另一種樹林旅程。

坡度圖

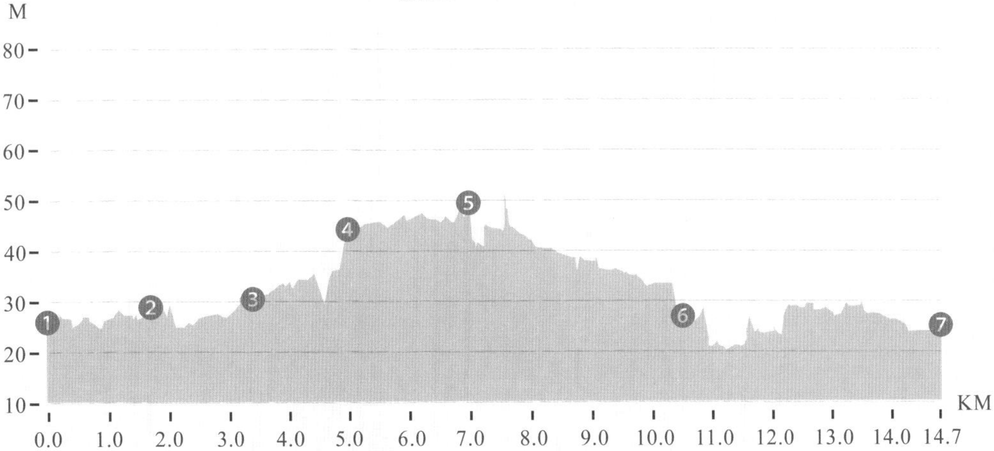

❶ 樹林火車站 N24 59.474 E121 25.497
❷ 潭底公園聖蹟亭 N24 59.775 E121 25.106
❸ 樹林國小石馬 N24 59.378 E121 25.084
❹ 南樹林車站 N24 58.822 E121 24.542
❺ 山佳車站 N24 58.356 E121 23.563
❻ 鹿角溪溼地 N24 58.363 E121 25.255
❼ 樹林火車站 N24 59.474 E121 25.497

臺61西濱公路
106縣道
5
大古山
眺望
4
大古山
看飛機
產業道路
108縣道 海山路
桃3桃4道路
2
坑口
彩繪村
山鼻橋.
坑子溪
機捷
山鼻站
3
德馨堂&
室善居

10

桃園蘆竹 吉光片羽

Luzhu Dist.

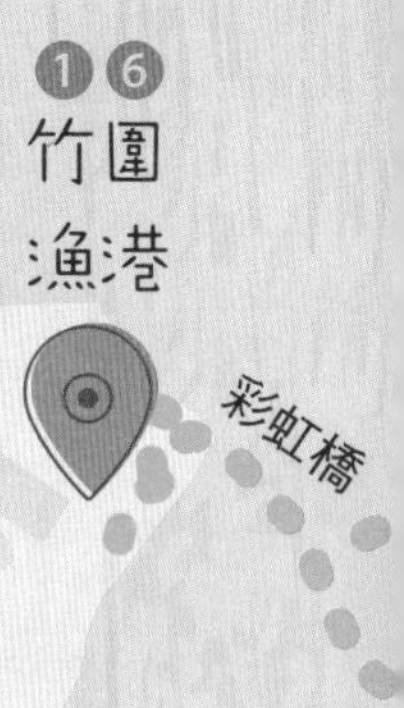

騎乘重點及行程資訊

路況

1. 竹圍漁港為出發點，騎行 108 公路，因路況位於郊區，車速較快，須小心騎行。
2. 大古山為 1 公里左右短上坡，因附近均為產業道路，沒有道路編號及路名，容易迷路請小心。
3. 蘆竹濱海因地處偏僻，請特別注意路況及騎行安全。

補給

竹圍漁港內有便利商店及餐廳。108 公路上沿途便利商店不少，不必擔心補給問題。

交通資訊

大眾運輸

搭乘機捷在坑口或山鼻站下車，現場可租借 UBike。

開車

行駛臺 61 西濱公路，蘆竹下交流道，即可抵達蘆竹及竹圍漁港。

10 桃園蘆竹吉光片羽

慢讀依山濱海小村鎮

里程 21.2公里
旅行時間 半天～一天
路線難度 ★★★☆☆ 輕度挑戰
旅行分類 ■漫遊／■深度／■運動

日子總是過得匆忙，好些時候不再經過一〇八公路，它位在桃園蘆竹，大約從竹圍漁港林口臺地山腳下，緩緩的往高地上升。路邊有很多工業區，也有很多鄉村、農田迎來舒徐微風。很喜歡它被城市放在角落的些微冷清感，偶爾生活太過紊亂、心多煩悶時，沿著淡水河再繞過林口臺地北邊，騎行在開闊的西濱曠野之情和閉月羞花的小村子，心被緩慢氛圍洗濯後，日子便多了一點美好依靠。

仲春，吉野櫻盛開時節，趕著賞花，不如拾得一份心靈依靠。清早天才剛亮，巷口的陽光乾淨如新，

1 竹圍漁港

2 坑口彩繪村 4.3K

3 德馨堂&室善居 8.5K

這時間出門旅行滿心神清氣爽，依照那條習慣的路線，我往濱海小鎮出發，尋得一點豐盛的春天時光。騎單車往蘆竹，大多會以竹圍漁港為目標，位置在林口和桃園交界處，交通像西濱的荒涼一樣遙遠。除了開車前往，不然就是騎單車，經過漫長寂寥和獨一無二的蕭索山海，遠遠地看見林口電廠煙囪或是一道跨過南崁溪的紅色拱橋，目標就不遠了。

02 | 01
03

01 八里挖子尾等待出航的小船。02 一方潔淨天空，竹圍漁港彩虹橋紅豔豔地依靠在天空的懷抱。
03 從臺北單車騎行至竹圍漁港大約 50 公里，停駐港邊，總免不了凝望出航的等待。

竹圍漁港 ⑥ 21.2K

大古山眺望 ⑤ 12.1K

大古山看飛機 ④ 11.5K

淡然平實的坑口村

淡水河自行車道和西濱剛好可以串成單車路線，河岸景點不勝枚舉，兩三次旅程一定沒辦法細讀水岸豐厚的歷史和四季變化的美麗。往西濱，淡水河岸也一定是單車最好的路線，自行車道不必與城市車水馬龍爭道，更不用擔心太多吵雜和難以抵擋的空氣汙染，而那些陪伴度過歲月時光的回憶，永遠是我選擇伴水而行的理由。

這一天往竹圍，剛好是春天，苦楝花含苞將開的季節，花香呼之欲出的仲春，朝陽金黃閃亮，薄薄的霧氣濾掉那些刺眼的銳利，晨光軟綿綿地散在退潮河灘地上，新店

01
03 02

01 看見誠聖宮，坑口村就到了，村子口的大廟，百年歷史。02 坑口村家家戶戶畫上美麗的彩繪。03 山鼻村的路邊也有一些過去回憶彩繪。

溪依然舒心，散步的人猶如走在金黃大道裡，新北橋下的灘地鋪上珠寶店買不到的黃金貴氣。水漾公園草皮上白三葉草悄悄地冒出了頭，點點雪白，預告春色濃了。停下單車眺望挖子尾，淡紫色苦楝花，細數出海口舢板每天航向藍白雲有多少日子？今天，我的單車出航，雲淡風輕、天色湛藍，好久沒遇上通透的漸層藍，竹圍漁港的彩虹橋特別鮮紅。臺北出發，大約五十公里，竹圍落定腳步，蘆竹的旅程，從這裡開始。

一〇八公路起點就在竹圍漁港不遠處，與臺十五線舊濱海公路交接，附近叫海湖，因為林口臺地西北端的山凹處，三面環山，面向大海的平地。沒有湖水卻以湖為名在臺灣常見，只是這裡靠海，總是讓人有其他連想。我很喜歡沿著一〇八公路往林口，離開海邊，先是一些散落的大型工廠，不過這些廠房間距大，不怎麼擁擠、視野好，也就少了壓迫感。工業區過後有一些聚落和農業味道濃郁的鄉村，稻田或季節性作物，分散、交錯出現，有一種遠離城鎮，又不是太遠的感覺。路邊有不少便利商店，對騎單車的旅人來說，往前邁進多了一份安心。機場捷運通車以後，隱藏在海湖四周的村落，漸漸被發現。坑口村最近遊人多了一點，因為捷運帶來不少人潮。我喜歡這個小村子，不是因為彩繪，而是十幾年來，村子口有一些

與水田相伴的紅磚厝，從一〇八公路上眺望，鄉村的樸實味道一陣陣飄向駐足凝望的心。現在村子裡家家戶戶把農村記憶畫在自家門牆上，小橋流水、炊煙、雞鳴，牽著單車走過窄小巷子，特別能感覺到在地居民想與外地人傳達的過去和現在。秋風吹起時，村子邊的農田處處花朵盛開，以前是當綠肥用，現在則是與觀光相輔相承。不管什麼季節來，都會有不一樣的收穫。這幾年假日人車多了一點，村子口的紅磚厝也不見了，但依舊不失它城市邊垂的淡然和平實，我還是很喜歡專程跟著季節輕風而來。

02 | 01

01 秋冬時節，108 公路周邊的農田，美不勝收。02 屋主敞開大門，讓我坐在舊時光景裡，享受今天的陽光。

訪三合院登大古山制高點

坑口隔壁是山腳和山鼻村，捷運在此設山鼻站，從一〇八公路轉進來，市街有一點小繁榮，賣店不少，生活機能挺不錯的，紅綠燈口略為擁擠，不過倒不致於讓人心煩。騎單車過來，也不用太多等待，還有一條很漂亮的坑子溪眼前川流而過。站在平凡無奇的山鼻橋上望去：「好美呀！」我心裡不由得喊了一句。青綠色草皮鋪在溪水裡，放牧人和幾隻黃牛淺灘慢步，這情景像期盼與世無爭的日子。

屋子裡日治時期
留下來的壁磚。

美麗的人事物總是會聚集在一起，坑子溪邊佇著一間很漂亮的三合院「德馨堂」，屋頂正脊燕尾形式的閩南建築，斗子砌磚牆上烙黑燒紋點綴出整間紅磚屋簡單又華麗的美感。這天我踩著春日時光而來，牆垣前的吉野櫻正好開得燦爛，淡淡的花色為老宅子抹上季節芬芳。德馨堂大門敞開，歡迎遠到而來的每一位遊客，跨過門檻，古樸的磚色讓人一下子掉進它一八九八年建成的風光時代，小門樓、燕尾翹、拼貼彩磚，每一處細節各自獨立卻又整體感十足。

一百多年來的老屋子被歲月侵蝕，因時光斑駁，要維護如新、撥去時光的塵埃和痕跡，真是一件不容易的事情。往前走一點，隔壁還有一幢漂亮又古意盎然的三合院「室善居」，我這不請自來的客人，在門前觀望，主人陳

老牆上的斗子砌。

大哥從牆邊板凳上走過來：「歡迎你進去參觀。」真好，和主人聊聊老房子的故事，順便到老屋子裡坐坐。泉州南安縣人的陳家，清朝雍正年間來臺，這棟三合院已有八十幾歲（一九三七年建），陳大哥用心盡力維護他長大的老家，修修補補，讓成長的回憶常保如新。坐在老屋子的廳堂裡，感覺得到一股冬暖夏涼的家室溫度。離開前陳大哥說：「下次有空再來，我好好的幫你說明導覽。」期盼下次來聽聽老房子的老故事。

02
03 | 01

01 古典紅磚牆，漂亮極了。主人花了好多心思，自費整修家業，分享給每一位遊人。02 這天，吉野櫻開得燦爛。03 老房子的美來自於它悠遠的歷史（室善居）。

蘆竹濱海、伴水也依山，山鼻村桃三鄉道通往大古山，山路不太陡、不太長，標高大約百來米海拔。一早騎單車小鄉慢遊，到山上的時間大約也是午後時分，找一間咖啡廳，眺望桃園都市數不盡的高樓、算不完的繁華，山另一頭的大海和天藍，更顯得平淡而旖旎。我來到吉野櫻綻放的季節，路旁滿樹粉紅往遠方延伸，那一份淡然的美感拉得好長好長，一直到大古山上，一班又一班遠颺的飛機，載走我一次又一次的目送。制高點視野好，桃園機場的飛機怎麼起飛、升空、轉彎，一清二楚呈現眼前。坐在山頂上，靜靜地看海天交接、飛機凌空，想心裡的事，一整個下午都嫌不夠呢！繞過山頭，鳥瞰高爾夫球場和大海連接，視野開闊又獨一無

03 | 02 01

01 花徑好長好長，一直延伸到大古山上。02 駐足大古山上，等飛機一班班遠颺，旅行的心，也同時起飛。03 繞過山頭，綠和藍在海邊交接。高爾夫球場、大海、天空，畫成一幅美麗的蘆竹風情。

二，這段路下滑到另一側山谷，一〇六公路的下福，田莊、小溪依然故我。

西濱海邊的小村子，隱藏在城市邊緣，它平凡無奇，卻很豐富，適合慢慢地走過春夏秋冬。

坡度圖

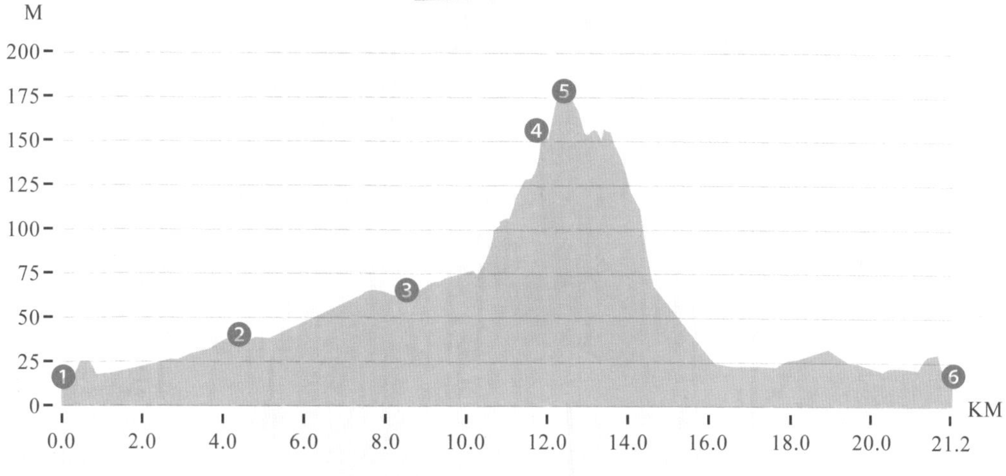

❶ 竹圍漁港　N25 07.053 E121 14.703

❷ 坑口彩繪村　N25 05.450 E121 16.016

❸ 德馨堂 & 室善居　N25 04.759 E121 17.156

❹ 大古山看飛機　N25 06.047 E121 17.435

❺ 大古山眺望　N25 06.192 E121 17.667

❻ 竹圍漁港　N25 07.053 E121 14.703

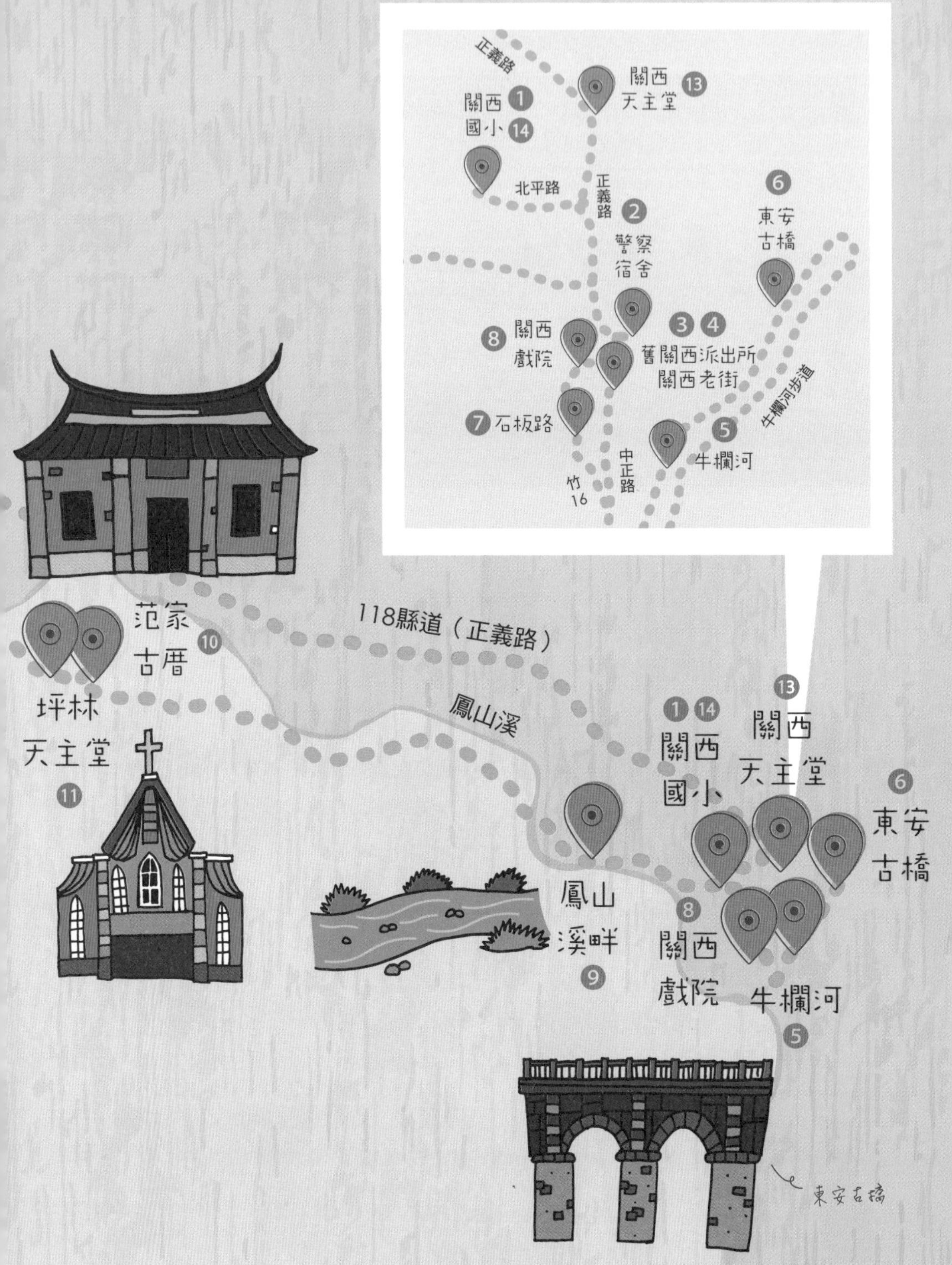
正義路
關西天主堂 13
關西國小 1 14
北平路
正義路
2 警察宿舍
6 東安古橋
8 關西戲院
3 4 舊關西派出所 關西老街
牛欄河步道
7 石板路
5 牛欄河
中正路
竹16
范家古厝 10
118縣道（正義路）
坪林天主堂 11
鳳山溪
13 關西天主堂
1 14 關西國小
6 東安古橋
鳳山溪畔 9
8 關西戲院
牛欄河 5
東安古橋

11

關西秋旅

Guanxi Township

騎乘重點及行程資訊

路況
1. 關西警察局長宿舍位於市場攤商後方，位置不明顯，可參考地圖前往。
2. 牛欄河兩側築有步道，路面鋪上石磚，因不是很平坦，騎行速度不宜太快。
3. 竹 16 鄉道沿鳳山溪而行，路沿略有起伏，但不長也不陡。
4. 新埔竹 13 鄉道旱坑路上坡略陡。
5. 新埔回程關西，118 縣道看似平坦，卻是緩上坡，踏板踩起來特別重，注意調節體力。

補給 竹 16 與 118 公路補給不多，尤其是竹 16 伴水而行，大多經過小村落，補給點很少。建議在關西及新埔小鎮內做好補給。

交通資訊

大眾運輸 搭乘臺北轉運站至竹東 1820 或 1821 國光號，在關西下車。

開車 行駛國道 3 號於關西下交流道，左轉正義路即可抵達關西市區。

11 關西秋旅

從小鎮歷史踩進鳳山溪畔

里程 33.8公里
旅行時間 一天
路線難度 ★☆☆☆ 輕鬆
旅行分類 ■漫遊／■深度／□運動

關西自行車旅行，大概從一碗豆漿和一盤炒米粉開始。一大早，搭乘國光客運在小鎮的邊緣下車，慢慢地輕踩每一條巷道，哪家早餐店看對了眼（沒有眩目的招牌和誇張的餐點名字），假裝是個熟稔在地人，靜悄悄的走進店家，然後發現這是一個客家莊，隨著空氣飄來的聲音字符，沒有一個能停留於腦子語言資料庫。剛起鍋的炒米粉和用碗盛、湯匙舀著喝的熱豆漿，讓人一下子就掉進淡淡的古早味道裡頭。

新竹關西這個客家小鎮，記憶中沒有好好的在此地停留，找尋一些讓心感動的題材。小鎮好像很遙遠，但又是如此接近自己的生活，旅行中的記憶大多來自國光號轉乘，以前很喜歡挑戰羅馬公路，一連串山路操練後，關西鎮

① 關西國小
② 警察宿舍 0.5K
③ 舊關西派出所 0.7K

02 | 01

01 散步河畔，眺望東安古橋，幾許清悠上心頭。02 有若迪化街的百年古樓房，鉛華落盡後，徒留斑駁滄桑，對面的大哥說：「這以前是布莊，房子下面有個走廊可通到市場。」在地人最瞭解在地故事。

裡小雜貨店前的國光客運站牌，彷彿是體力衰退後的救贖。從此以後，關西大多是單車旅行中的一個接駁點。除了國光客運直達關西，搭火車竹北下車，再沿著一一八縣道騎個十幾公里緩上坡，不知不覺進入關西，也是很棒的方式。

牛欄河畔小鎮風光

既然搭車來，有很多時間可以緩慢度過一場關西秋日，老街底的牛欄河畔秋風送爽，是個很不錯的單車散步長廊。往老街必定經過菜市場，本來想享受一下逛市場的悠閒，不過在攤販後面隱約佇著一間有草皮庭園的舊房子。閃過市場人車和攤子間隙，舊時代的日本警察宿舍大門深鎖。不得其門而入，只好緬懷那年光景，來到老街遇見立面斑駁又有著巴洛克風的古老街屋，抬頭仰望、拍照的時候，對面店家操著客家口音的國語：「這間以前是布莊，老闆姓吳。磁磚很漂亮，現在都看不到了！」

石板路 7 3.6K
東安古橋 6 2.1K
牛欄河 5 1.5K
關西老街 4 0.8K

一開了話題便天南地北聊起來，得知剛才的警察宿舍近日才整修部分完成，還未全面開放。老屋子下面開了一道走廊，好讓行人能方便進出後方市場。市場經濟相輔相承，有捨才有得的道理隱藏在老房子的腳下。不遠處有一間白色外表，略顯古典人去樓空的派出所，騎不到五十公尺，因為漂亮的舊建築而停下單車。一九二〇年建成的關西分駐所，身穿白衣、頭頂藍瓦，興亞式建築並不常見。坐在老房子大門前的階梯上，想著那年關西老街的榮景是如何繁華，秋日上午的陽光斜斜地傾落下來，街上的拱廊紅磚屋子往遠處延伸。好喜歡古早時代留下來的老街道，每每路過穿越時光微痕，古典美感比現在的新式建築多了一點溫暖。「關西老街以前有三間照相館、戲院等生活店家，輕便車沿軌道從山錦礦區一路滑下來，經過關西再到新埔，接上縱貫線，難以想像羅馬公路與關西小鎮是如此密不可分。」停在紅磚老街的亭仔腳，聽在地人說故事。好似我又乘著輕便車，掠過老街，輕越牛欄河往山錦上工去了。

老街底是牛欄河，以前輕便車木板橋由此跨河而過，現在木橋、推車像被風丟棄的涼意，秋日光景掉落

03 02 | 01

01 很美的客家老街，整齊古樸的紅磚長廊一直沒變過。02 老街路底是牛欄河，河心的石板路讓在地人可以跨河而過，洗菜洗衣，好一幅鄉村風景。秋天也是欒樹的季節。03 美人樹也在河邊與藍天共享秋日風光。

范家古厝 10 9.9K

鳳山溪畔 9 5.3K

關西戲院 8 3.8K

滿地，沒有燈火輝煌，卻見河畔欒樹火紅高掛。十月了，欒樹也到了結果的時候，河風吹過來舒服極了，樹下騎車、伴水迎風，大嬸提著菜籃踩過輕映藍天水面的大石頭，扯開嗓門吆喝：「這邊才漂亮。」一聲熱情的呼喚，真的沒錯，從河心望向岸邊順光又開闊，擁有整個牛欄河的秋天。關西鎮上騎到牛欄河畔，沒多少路，一、兩公里吧！客家鄉親的熱情讓單車旅程很慢很慢的來到東安古橋下，一九二七年建造的石砌橋有五個拱座，怎麼看都是一抹抹微笑，傻傻的彎起一世紀喜悅心情。聽說以前牛欄河是亂石激流，近年整理後煥然一新，一池又一池的新竹河水映著天、收攏湛藍和白雲，水丁香開遍岸邊，東安古橋的日子一點都不寂寞，花開花落、洗衣洗菜，還有單車的風和我的笑來做客，東安橋的影子落在水裡，秋天的光影也笑了。

小鎮上很豐富，故事怎是一天讀得完，看見街上的茶廠、老診所、舊戲院，不想用速食

關西國小	關西天主堂	衛味佳柿餅	坪林天主堂
14	13	12	11
33.8K	33.4K	20.2K	10.2K

文化囫圇吞棗，還是多來幾次，細嚼慢嚥牛欄河畔的風光。許下了再來做客的想望，下午的風略有溫度，離開小鎮市街，往鳳山溪畔騎車吹風乞清涼。

竹十六鄉道沿著鳳山溪畔而行，關西小鎮的外圍地帶過客不訪，在地人也少來，濃濃的自然原味出脫關西的美。不怎麼寬的小馬路，有時貼在溪畔、有時看山雲飄移，山下水邊一畦畦田園往遠方平鋪。秋天二期稻作還在想念盛夏的綠意，千萬片稻葉閃爍著秋日才有的光彩，那光彩帶了一點秋日金黃成分，不知是秋風揚起稻浪或是騎車迎風畫過漣漪，一波又一波的綠海讓人想放聲大喊。小路的景色很簡單，卻藏著千變萬化的內涵，撐起一片天的檳榔林子花香四溢，停車漫步跟著花香漫過仙草田，看見一叢又一叢剛採收的新鮮仙草。騎單車很自在，喜歡找個田埂上，就可以和仙草農家天南地北的聊：「我家有存了八年的仙草！可以來我家裡看看順便帶點回家。」這才知道，仙草放愈久愈值錢愈好喝。還有，七八月的仙草田最漂亮，留著仙草花準備採

04 | 01 02 03

01 這條小巷子以前是石板路，從水岸不遠處通往市場。02 戲院上的大看板，讓人一下子跌進往日時光。03 范家古厝，一起在坪林村子裡寫出關西角落之美。04 關西坪林天主堂，靜靜的在竹 16 的小村子裡。

秋日時節還能看見關西採收仙草的過程。

收種籽，聊著聊著又把下次前來的時間都擺在心裡了。竹十六最後連接新埔，沿途分布著許多小聚落，老厝、教堂、舊商店，其實也能用探險的心遊歷其間。秋風起，驕陽暖，想奔馳出汗也很適合，略有起伏的路況放輪踩踏，小路像一條世間少有的風景線，平凡卻有著空盪明晰、冷清舒徐況味，樹廊的盡頭都不知在哪兒！

新埔小鎮的秋日曬柿

不知不覺騎進新埔小鎮，九月、十月秋天最美的時候，悶熱一整年了，最近幾天特別有秋天的涼意，小村鎮街頭微涼舒爽，不經意想起新埔曬柿餅的橘色美麗。記得十幾年前，自己跑到新竹新埔旱坑里的山路上，假日午後，人煙杳然，路旁大大小小家戶門前，都可以看見曬柿餅的亮橘光影。猛然想起，高中騎機車走過這條路，二、三十年前，跟著大葉桉一路奔馳。走著走著，追求速度的年輕油門，倏地，成了腳下日漸沉重的中年單車旅行踏板。遠山、近水、田疇、

新埔小鎮的柿餅曬出豐收喜悅。

沃野，一切還是像放在角落的記憶，有點清新，因為我太久沒放心奔跑。

遇見鎮上的天主堂，旁邊有條民生路轉彎上山，循著有些上坡的山路，走進柿餅的家鄉旱坑里。和記憶中的景色比較，山間風情沒什麼大改變，但看起來因為柿餅興盛許多，我與單車一起滑進山林小徑，一個被汽車與都市人潮占滿的山村農家。要走到曬柿廣場，得穿越帶著山間況味的清幽小山路，轉個彎，亮橘色迎面而來。一種令人時空交錯的美麗顏色，瞬間填滿心裡。味衛佳柿餅大姐樂觀好客的笑容間，不時感受到，成為柿餅之家的一份子，是多麼平凡卻又樂於其中。有一種感覺，希望自己也成為柿餅農家，跟著忙碌，置身亮黃色曬柿場，讓豐收的顏色，印在一身客家花布上；她分享了幸福快樂，讓絡繹不絕的遊客帶回家。豐收喜悅背後，一定有個甘苦的故事，我們都是過客，蒐羅的只有幸福歡樂與美麗香甜的畫面。

沿著 118 鄉道回到關西鎮上，這地標關西天主堂一定不能錯過。

流連新埔曬柿子的溫暖時間過久，騎回關西暮色漸濃。騎車一天玩了兩個小鎮，有點小小的疲累，等車時仔細看了看四周，大葉桉矗立一旁，水泥柱子貼著手寫時刻表，店門口擺著客家醬菜。那景像，充滿舊日光影。上車前，不禁又回頭，關西、仙草、新埔、柿餅、柑仔店，謝謝你陪伴我度過美好幸福的秋日時光。

坡度圖

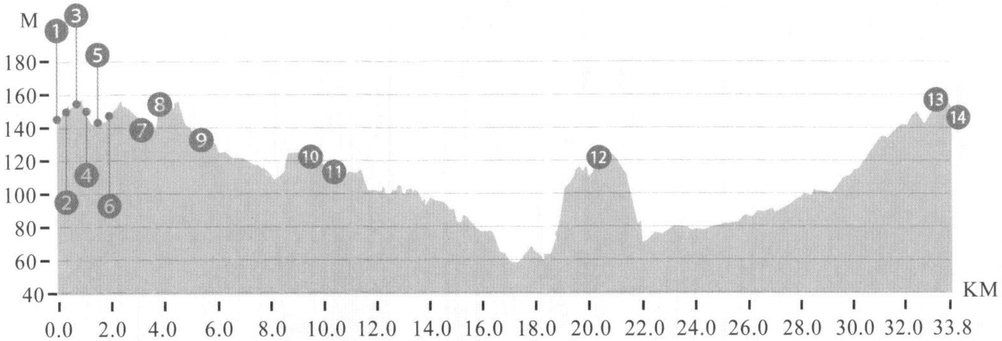

1. 關西國小　N24 47.575 E121 10.440
2. 警察宿舍　N24 47.436 E121 10.614
3. 舊關西派出所　N24 47.389 E121 10.592
4. 關西老街　N24 47.332 E121 10.581
5. 牛欄河　N24 47.296 E121 10.648
6. 東安古橋　N24 47.461 E121 10.780
7. 石板路　N24 47.329 E121 10.550
8. 關西戲院　N24 47.407 E121 10.552
9. 鳳山溪畔　N24 47.585 E121 09.947
10. 范家古厝　N24 48.199 E121 08.105
11. 坪林天主堂　N24 48.207 E121 08.010
12. 衛味佳柿餅　N24 50.440 E121 04.588
13. 關西天主堂　N24 47.664 E121 10.572
14. 關西國小　N24 47.575 E121 10.440

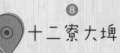

12

峨眉湖的紫色初夏

Emei Township

騎乘重點及行程資訊

路況

1. 開車前來峨眉湖，建議停在富興老街停車場。
2. 富興老茶廠位於胡同底部，門口橫著老樹，目標不是很明顯。在漫遊老街時，請放慢腳步。
3. 經過細茅埔吊橋後有一小段上坡略陡，可下車牽行至上方天恩彌勒佛院旁。
4. 峨眉湖屬於不規則狀水域，路況忽上忽下，有陡坡，但都不長。

補給

主要補給點在富興老街，聚落裡有幾間小店，環湖公路及十二寮的休閒農場及店家，非假日大多不開門營業。

交通資訊

大眾運輸

可搭乘火車在竹南下車，沿 124 線道再接臺 3 線及竹 43 鄉道，可抵達峨眉湖。

開車

行駛國道 1 號於頭份下交流道，左轉 124 線道往三灣，再接上臺 3 線往峨眉湖即可抵達。

1 11
富興老街
停車場
富興老茶廠
2
太平街8巷
竹43
3
細茅埔吊橋
環湖步道
天恩
彌勒佛院
4
10
環湖
步道
5
環湖
公路
峨嵋湖
竹49
6
十二寮
休閒農場
十二寮休閒農場
竹81
9
峨眉湖大壩
竹49
產業道路
7
十二寮
登山步道

12 峨眉湖紫色初夏

大埤湖畔桐花香

里　程 10.4公里（登山步道扛車700M）
旅行時間 一天
路線難度 ★★☆☆ 進階
旅行分類 ■漫遊／□深度／□運動

快進入夏天了，這春夏交接的季節忙著冷暖交替，我的工作也特別忙碌。沒有辦法事先和朋友相約，更沒有辦法排定計畫，只能在某個如雨後天晴的空檔，收拾起一身繁忙，暫時穿上輕閒車衣、手提小折單車，找一處春末夏初沒有人打擾的地方，度過平淡心緒的一天。

喜歡沒有盛名之累的單車路線，可以自己一個人走在嚮往的意境裡頭，安安靜靜的風景滲進心裡，讓沉澱許久的初心再次輕揚起來，這一趟旅行就心滿意足了。去哪裡呢？前一晚在想望中睡去，夢見盛夏的布袋蓮，開滿小時候念書的國

小後門水圳，一早從睡夢中醒來，想起了新竹峨眉湖年年盛放的布袋蓮，而且很少有人來到這個小鄉間騎車、觀光，趁著水庫還沒打撈清除前，我踩著入夏前的暖意，來到峨眉湖畔。

騎車遊峨眉湖春天

出門騎車，除了欣賞風景、拜訪人文，最想把自己的身影融入照片中，那是一種心靈的記錄，不論過了多少時間，當再次翻開一張張旅行影像，記憶的行囊裡永遠都裝滿感動。一個人移動拍照，多少有些不方便，但一個人的旅程，寂寞與風景相伴，一次又一次寫在我的故事裡。

02 | 01

01 一早從臺北開車到峨眉，希望找回一些過往的歡笑旅程，從富興老街開始吧！隆聖宮是這個老聚落的信仰中心。02 富興老街保存許多古老行業，我被這棵開滿花朵的龍眼樹引吸停下腳步，無意間發現樹下是一處樟腦油工廠。

環湖公路	天恩彌勒佛院	細茅埔吊橋
5	4	3
2K	1.5K	1.1K

這季節的溫度難以預料，有時像夏天有時又像春天，早上出門天微涼，感覺冬天還沒過，接近中午太陽熾熱，滿身汗水黏膩如盛夏降臨。空氣中老是漫著薄薄的霧氣，風景有點朦朧，午後可能來一場雷陣雨，騎車得特別當心成了落湯雞。不過我倒是很喜歡入夏前的季節，燦爛的花季剛過，迎接盛夏光年一切都充滿希望。早上多披上一件薄外套，度過涼意清早後，把車子停在峨眉湖畔富興老街邊上，漸漸溫暖的八九點鐘，差不多就可以騎車繞湖，捕捉我與峨眉湖的春天了。

騎車拜訪舊街廓，今天不是假日，原本就略顯冷清的富興老聚落更多了一分落寞。龍柏老樹斜橫在茶業文化館門前，也許那是一種守護，樹爺爺和門樓後方紅磚長巷相依相偎的畫面，也就不怎麼突兀。把單車倚靠在紅磚牆上，打

03 02 | 01

01 像走進北京的胡同一樣，巷子靜臥著富興茶業文化館，這裡也是以前的富興老茶廠，裡面住著小村子的過往風華，老屋子歲月感十足，門口擺著製茶揉捻機。02 站在茶田望著綠意感覺好舒心。03 吊橋不太寬 ，上面騎單車剛剛好。

十二寮 大埤 ⑧ 5.5K — 十二寮 登山步道 ⑦ 4K — 十二寮 休閒農場 ⑥ 2.8K

開相機，我和紅磚巷子的單車歷史漫步，被保存下來。巷子底是富興茶業文化館，也就是富興老茶廠，是我太早來了嗎？充滿舊意的門窗緊閉，掩不住它一九二八年以來，歷經一九三五年關刀山大地震後重建，七十幾個年頭的舊意和老邁。曾姓人家創建富興茶廠，從擁有最先進的機械化茶廠到現在的文化保留與分享，製茶工作停下來了，但門前彷彿還漫著淡淡的茶香。

老街離湖岸不遠，從街角小路滑下來就是峨眉湖了，細茅埔吊橋橫過湖心，走在上面有點搖晃，單車也可以騎行。橋上的湖景很漂亮，有一面向光，天藍山綠映水青，另一面背光，看過去淡淡地朦朧裡幾分詩意。背光這一面的湖像鏡子，天空明暗交錯的影子全都落在水上。我在橋上來回騎了二趟，然後站在纜繩邊看著岸邊綠意鑲上點點紫花，布袋蓮花開得很漂亮，這也預告夏天即將到來。停車漫步，近夏的陽光暖了起來，打開單車手把上的相機，穩穩當當的留住細茅埔吊橋和我踩著橋上光影的腳步。天映水、水映心，一步一步走過湖心，心裡裝進滿滿的峨眉湖早晨。

富興老街停車場	環湖步道	峨眉湖大壩
11	10	9
10.4K	8.9K	7.7K

大埤湖畔桐花香

對岸最大的建築佇著天恩彌勒佛院，沿著湖岸騎車，視線裡大多離不開它。順著小路滑到湖岸另一邊，林蔭濃郁涼意襲來，不太寬的馬路水岸蜿蜒，漸漸悶熱的時候，一記舒爽微風迎面吹過，真的好暢快。林子裡更貼近水岸，布袋蓮花開得十分燦爛，淡紫色花瓣裡鑲著藍色眼紋，樹林也很貼心的打開窗戶，我急忙停下單車，依欄杆，放心遠眺，亮紫花毯像水晶一樣漂亮。路邊很安靜，根本沒有人車會打此經過，湖心紫色的風景滲入心海。再過一陣子，水庫因為布袋蓮覆蓋率太大，將進行清除工作，紫色的夢幻將再次歸於平淡，但我兒時的回憶，永遠有一片美麗的紫色花朵。山路另一邊是山壁，找不到著力點，還好躺平的枯枝剛剛好讓腳架找到著力點，從山壁上拍下來。我坐在單車上望向湖心的紫色花毯，好美、好夢幻、好讓人想起那一段歡樂的小學生活。

01
02
03

01 茶田在高處，滑下來遇見細茅埔吊橋，那頭的建築是天恩彌勒佛院。02 千百朵紫色夢幻，對著旅人微笑。03 樹林光影隨著微風飄落，杜英的紅葉散落滿地，腳一踩過，沙沙的樂音響起。04 十二寮大埤附近的油桐小白花鋪成花毯。05 大壩旁的湖岸步道靠近水岸。

繞過半個峨眉湖來到一處十二寮，不遠處的山頭開著雪白桐花。我往山腳的方向騎去，最後是一處沒有階梯的登山步道，沿著步道往裡走，杜英深紅色葉子散落滿地，頭上的林蔭很茂密，天光微弱，這一段登山小路很幽靜。我牽著單車漫步，踩過落葉沙沙響聲，走著、我笑了，來騎單車卻成了爬山漫步。遇見山梯上灑落著桐花，往高處望去，山頭不知有多高，樹梢的風輕搖幾下，小白花又翩翩飄下來。單車剛好可以靠在山梯上，踩著酸楚往上走探路去。山不太高，回頭扛著單車上山，步道通往十二寮大埤，扛車翻山越嶺比騎車還累，滿身大汗卻感覺這一趟旅行像小說一樣傳奇。找到一間面向大埤湖畔的咖啡廳，吃點心喝咖啡，為接下來的旅程加油打氣。十二寮大埤商家請來藝術家在湖水上搭建竹編藝術，水岸桐花綻放，輕映湖水，坐在向湖的大樹下，聞著

咖啡香、賞花、看工藝創作，剛才的扛車疲累與流汗都化成湖岸漣漪的微笑。

騎掠十二寮登山步道也過了中午，時間過得匆忙，唯一不變的是跟著湖岸而行，一定會經過水庫大壩，峨眉湖真正的名字叫大埔水庫，繞過一個小山頭呈不規則狀分布，大壩這邊的布袋蓮幾乎占滿整個水面，我從來沒看過如此廣大水域面積的布袋蓮生長情況，雖然它違背人類的利用定律，但它的美是不可否認的。湖岸有一條木棧道貼近湖水，像在水上漫步一樣飄然，紫花、綠葉、水波、漣漪清清楚楚投射在我的心房。這麼美的視野，單車只能走走停停，不捨得放過每一寸如詩如畫的風景。有時候騎車

十二寮大埤的竹編藝術展。

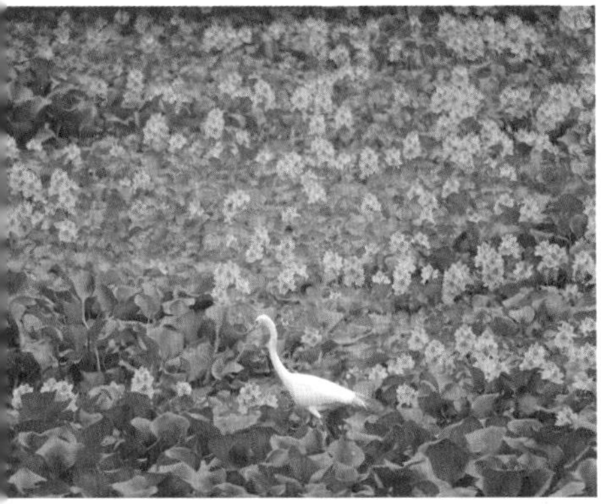

有了小白鷺的漫步，紫色花海更顯得生氣盎然。

會想看看自己投身美景的畫面，如白鷺踩著布袋蓮恣意漂浮，自由放飛湖水與天際間。片刻收拾起面向湖心的感動，呵！回家以後，我的心又可以再次翱翔於峨眉湖了。

一個人帶著一輛單車，我在峨眉湖與天地對話和湖水談笑，微風撩起心底沉澱的回憶，放學走過布袋蓮小橋的學生日子，又見清晰了。

坡度圖

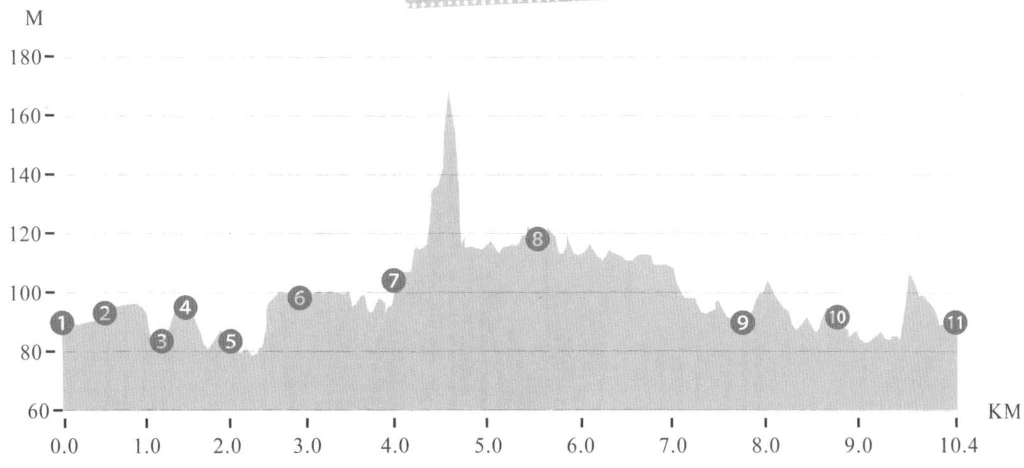

❶ 富興老街停車場　N24 41.222 E120 59.231
❷ 富興老茶廠　N24 41.268 E120 59.315
❸ 細茅埔吊橋　N24 41.027 E120 59.280
❹ 天恩彌勒佛院　N24 40.869 E120 59.265
❺ 環湖公路　N24 40.700 E120 59.391
❻ 十二寮休閒農場　N24 40.467 E120 59.197
❼ 十二寮登山步道　N24 40.143 E120 59.523
❽ 十二寮大埤　N24 40.297 E120 59.648
❾ 峨眉湖大壩　N24 40.427 E120 58.974
❿ 環湖步道　N24 40.747 E120 58.825
⓫ 富興老街停車場　N24 41.222 E120 59.231

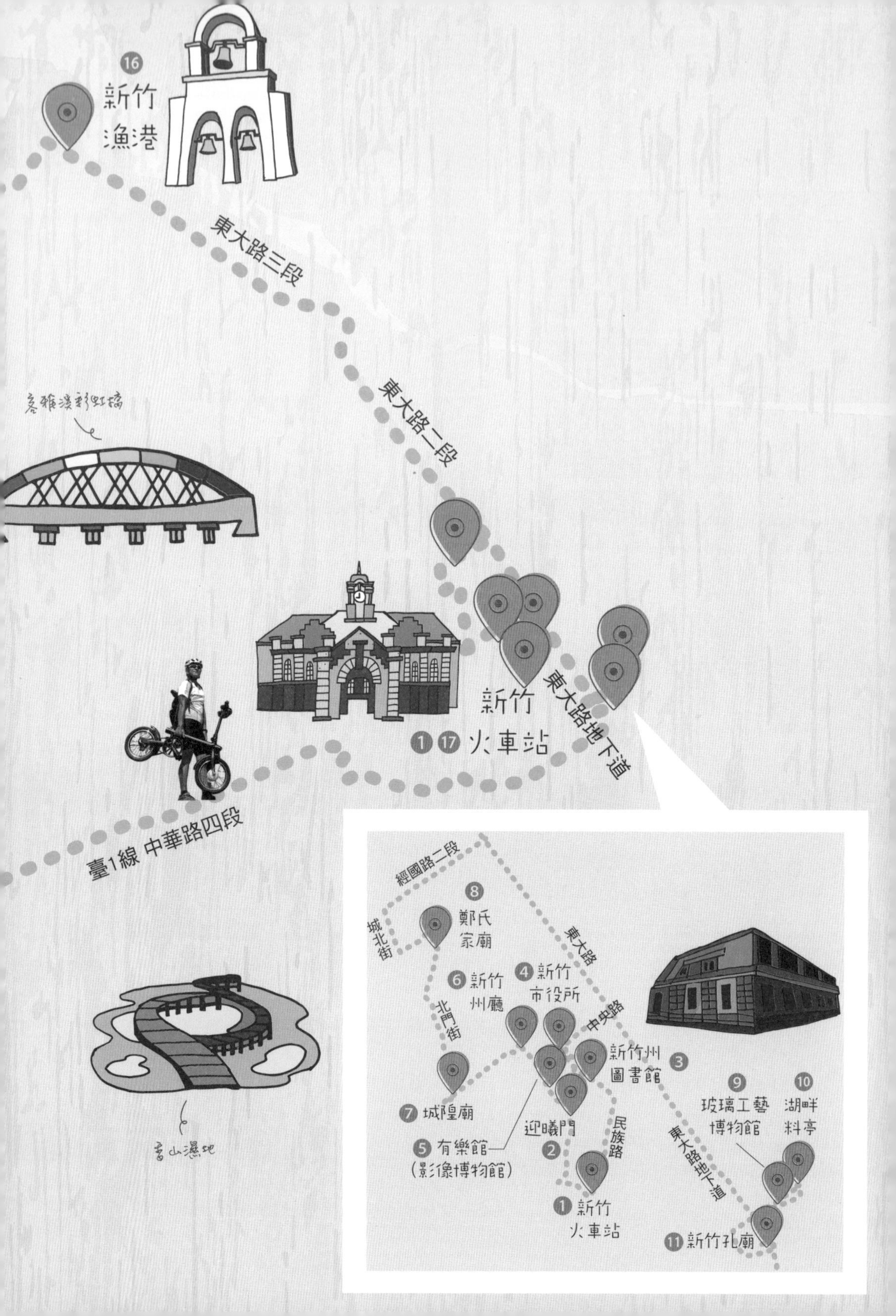
16 新竹漁港
東大路三段
東大路二段
客雅溪彩虹橋
1 17 新竹火車站
東大路地下道
臺1線 中華路四段
香山濕地
經國路二段
城北街
8 鄭氏家廟
東大路
6 新竹州廳
4 新竹市役所
北門街
中央路
新竹州圖書館 3
9 玻璃工藝博物館
10 湖畔料亭
7 城隍廟
迎曦門
民族路
5 有樂館（影像博物館）
2
東大路地下道
1 新竹火車站
11 新竹孔廟

13

新竹古蹟小旅行

Hsinchu City

騎乘重點及行程資訊

路況	1. 新竹市區車輛略多，騎單車務必注意安全。 2. 前往新竹公園的玻璃工藝博物館及湖畔料亭、孔廟，必須穿越東大路地下道，路幅窄，請小心騎行。 3. 臺 1 線上車速快，騎行時特別注意交通安全。 4. 轉進十七公里海岸線後為自行車道，還有二十公里才能回到市區，可考量自身體力，選擇在香山火車站上車，結束旅程。
補給	新竹市區補給點充足。進入十七公里海岸線，補給點距離很遠，請帶足必需補給品。

交通資訊

大眾運輸	可搭乘火車在新竹下車，站前有 Ubike。
開車	行駛國道 1 號於新竹下交流道，沿光復路進入新竹市區。

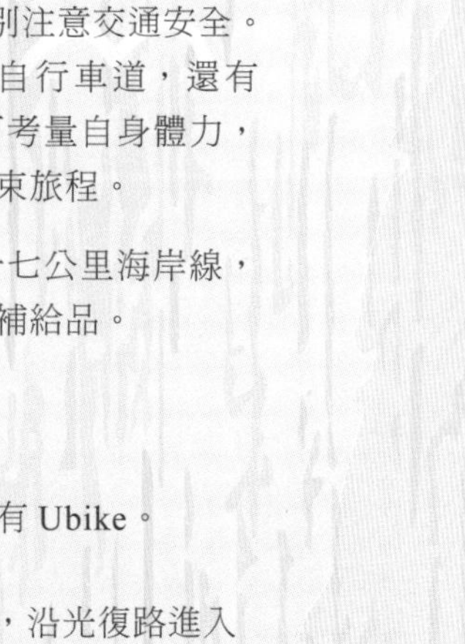

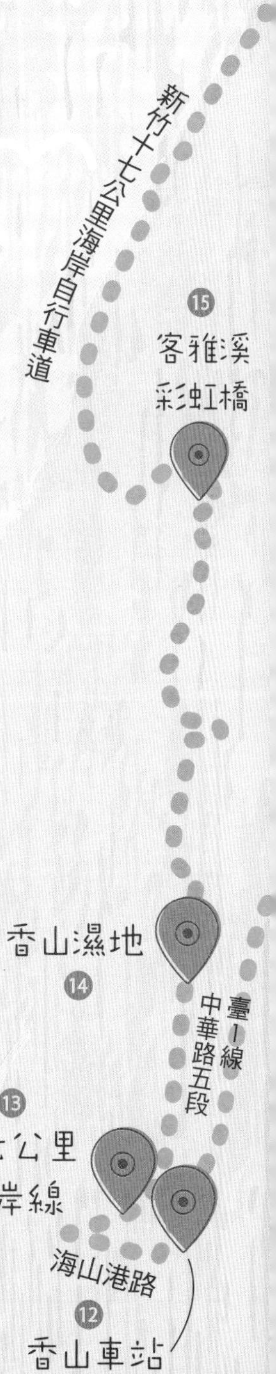

13 新竹古蹟小旅行

一個人的盛夏騎跡

里　程　38.6公里
旅行時間　一天～兩天
路線難度　★☆☆☆ 輕鬆
旅行分類　■漫遊／■深度／□運動

騎單車快二十年了，從高山峻嶺到小鎮漫遊。近年來覺得攜帶單車搭火車、客運，到一個既熟悉又陌生的地方旅行，必定心靈收穫豐滿。

好幾年來常計畫新竹旅行，不過有時騎車西濱奔馳，新竹漁港吃過午餐後匆匆離去，要不就是路過新竹或來一場十七公里海岸線的追風之旅。心裡知道古老的竹塹城藏著許多讀不完的故事，看不盡的歲月，言下之意是自己太忙，生活中一個小小的想望老是遺留在某年某月某一天。回頭找，說不定還能撿起被拋下的日子呢！

1 新竹火車站
2 迎曦門 0.6K
3 新竹州圖書館 0.9K
4 新竹市役所 1.3K

既然憶起遺落的想望，生活中有空檔，回頭撿起來一點都不晚，訂了火車票，帶上最可愛又最輕盈的小折，在夏日湛藍晴空暖意中，出發去新竹小旅行。

一早搭乘往南的火車，一手提起多年想望，帶著愉悅遠走他鄉，或許，除了腳步的移動，到了另一個國度，單車那分自由自在總是讓心情很舒服又沒有壓力。

03

02 | 01

01 巴洛克外衣鑲嵌歌德式設計，一百多年來守著新竹交通往來。02 大門前的廊柱色彩簡單，目送過多少過客呀！03 新竹車站人來人往，有發現到嗎？ 一百多年的車站，有著美麗的木窗造型。

鄭氏家廟 ⑧ 3.2K
城隍廟 ⑦ 2.6K
新竹州廳 ⑥ 2.1K
有樂館（影像博物館）⑤ 1.7K

02 01
03

01 隨意騎，來到新竹護城河畔的悠閒裡。02 臺北到新竹一個多小時，在月臺卸下單車，遇見 EMU800 電車，剛好一起在陽光下留住記憶。03 護城河邊有地下道通往迎曦門。

新竹市區古蹟處處

臺北到新竹車程大約一個小時，八點多我站在新竹市的豔陽下，提著單車走下自強號，月臺邊上剛好停佇一臺藍銀相間描上黃線的EMU800電車，搭火車來應該和旅程中的點點滴滴留下回憶，電車、單車與我，一起凝結片刻美好時光，接著展開新竹單車小旅行！走過長長的月臺，新竹車站大廳人來人往，仔細打量透進天光的窗櫺，舊意與美感交織。一九一三年建造的新竹車站，巴洛克外衣鑲嵌歌德式設計，一百多年來守著新竹交通往來。我在長廊下整理小折，漂亮的石柱和大門站在一旁，準備工作於賞心悅目的古蹟中進行，單車踏板都還沒踩動，古老的新竹車站已經讓我開始旅行了。車站對面的站前廣場可以看見整個車站立面，今天的天空很藍，把老站襯得容光煥發，背向晨光的站體有點暗淡，不過老邁的外表怎麼看都風韻猶存。

身邊有輛小折，不用任性往哪個景點，心裡感覺很安全，迷路也不擔心，隨意選擇車站前的某一條街道，掠過一兩個街口，早上陽光尚斜時分來到

香山車站	新竹孔廟	湖畔料亭	玻璃工藝博物館
12	11	10	9
17.2K	7.1K	6.2K	6K

新竹護城河邊。天上落下的光影篩過樹梢，灑落親水公園的每一吋，停下單車駐足水邊，風微微吹來，河裡的水波蕩漾，岸上樹和屋的影子閃閃亮亮的律動著，上班時間的護城河感覺很舒服很悠閒。

沿著河畔小徑騎單車，有點蜿蜒的步道在林間左左右右閃過樹腳，抬頭，透著夏綠葉影光華，一直延伸到轉彎處。遇見圓環，路中心佇著新竹古城東門，也就是迎曦門，現在它的外表新麗清潔，樣子卻很古典。寬大的馬路圍繞老城門，車水馬龍沒辦法穿越，一旁的地下道步

行通往城門邊。新竹古名字叫竹塹城，城門一八二五年建造，比臺北城還早，地下道保留當年護城河橋樑遺跡，如果沒走進來，這一段竹塹城的重要歷史只能再次被遺落。慢步古典城門下，像穿越那年新竹城大門，跟著時光單車散步。

沿著護城河邊林蔭步道慢騎，悠然的城市裡還有很多老房子住著老故事，林蔭不遠處一道拱形大門吸引了我，順手把單車停駐在有些荒蕪的門口，庭院深深處大門上鎖，日治時期大正十二年（一九二四年）東宮太子裕仁來臺訪問而建的新竹州圖書館，在城市發展中倖存下來，但那些利益紛擾讓它打不開大門，走進它舊意如昔的光景裡。護城河現在也是東門排水圳，雨季時讓新竹免於水患，美麗的排水圳河畔，騎單車很舒服，炎炎夏日微風徐來也有幾分涼意。岸邊的綠地適合駐足，透著樹影綠光，新竹城看起來特別舒心漂亮。越過紅色拱橋，對面有一間紅磚身軀英式維多利亞風格的老房子，這是日治時期的新竹市役所（一九二五年完工，現在是美術館），前方門庭熨貼罌粟花圖騰，底下連環相扣的裝飾象徵「共襄盛舉」。大正時期所流行「樣式建築」風格，現在看起來別有韻致。我把單車停在老房子的身旁，仰望古老外牆紅灰交替，城市中的歷史痕跡是最美的夏日風景。

03
02 01

01 城門另一側的護城河，其實也是親水公園，生態觀察很方便。02 沿著河畔騎車很舒服，滿地的樹影滿心悠閒。03 越過護城河往市區，第一個遇見的是新竹州役所。

腳踩小折逛市區特別悠閒，以前來逛新竹，不論是開車或是步行，總是會在市區迷路。今天騎單車閒遊，反而對古蹟處處的新竹市區路況愈來愈清楚。離開新竹市役所，走到下個路口，遇見新竹市政府，也就是新竹州廳（一九二五年起建），紅磚造的老房子有一股吸引力，或許是現代建築充斥的城市裡，特別需要有歷史意味出落著藝術美感的舊記憶吧！

剛好是逆光，我站在陰暗這頭，看爺爺級的建築等待迎向陽光。雖然騎單車來，心裡還是想以牽車步行慢條斯理輕走過那年舊意。一舉手一投足，新竹的街道上都是美感，不太大的範圍已經把心與時光相遇在百年前了，又再次繞經車站對面的中正路，還有消防博物館和影像博物館，簡約清爽的阿拉伯風外觀，讓我坐了下來，望向牆上的懷舊電影看板，老電影有自己心裡的舊日子。一九三三年建造的新竹市有樂館，現在典藏臺灣電影文化，也算是收藏了許多伴隨電影成長的回憶吧！

從市區出發到海岸

騎了大半天單車，路程不長時間卻不短，很自然的騎往新竹城隍廟。圍繞四周的小吃剛好可以填飽肚子，小折推進人潮眾多的市集裡，一點都不麻煩，隨意靠在廟前欄杆上，美食很快端上來。除了摃丸和米粉，我最喜歡廟前的紅糟肉圓，二顆四十元，再加上一碗老有歷史的古早味冰，才有來到新竹的幸福感呀！賣冰阿伯說：「賣了六七十年，鹹甜鹹甜的味道是楊桃乾。」出門騎車我已經不太需要做功課，走到哪吃到哪，也聊到哪！太多資訊填在腦子裡，反而是一種汙染，空白的心能裝進更多旅程故事。坐在板凳上，看城隍廟建築精美工藝，美食的味道讓記憶更深刻。

竹塹城不大，但真的太豐富，翻閱厚實的歷史讓腳步很緩慢很實在。往北門街騎一小段，北門外古建築群顯得落寞，鄭用錫進士第難掩百年風雨，蒼老的外表隱約可見它當年風華，保存較好的鄭式家廟安安靜靜坐看新竹。

竹塹城日頭赤焰焰，行程不長，心裡收穫卻是很豐富，夏天陽光很烈很悶很熱，灑在古蹟身上看起來特別有古今交錯的味道。

縱貫鐵路把新竹分成東西二邊，掠過精彩城西，穿越東大路地下道來到城東麗池公園，走進很舒心清閒的公園裡。很喜歡麗池水畔的湖畔料亭，日式風格從日治時期流傳到現在，以前招待大官富商，現在我可以停下單車，依靠著向湖的欄杆，看湖水輕起漣

03 02 01
04

01 有樂館（影像博物館），讓我想坐下來，想一想自己的電影時光。02 旅行新竹，一定要到城隍廟體驗在地美食。03 抬頭看看美麗的澡井（城隍廟）。04 廟前小吃，除了米粉和摃丸，最棒的就是紅糟肉圓。

漪，聞著木造老屋淡淡的木香。一旁的新竹玻璃工藝博物館，有老師傅的玻璃工藝表演還有讓人愛不釋手的玻璃藝術品，都住在這幢一九三六年建造的自治會館裡面。往林間小路騎，清涼樹廊帶我遇見新竹孔廟，來新竹一定要到孔廟看看，緬懷與歷史一起走過的艱辛，畫過如各地孔廟一樣的清幽，深呼吸，心會很平靜安穩。

用心騎過市區，方知城裡的書頁太精彩豐富，今天算是走馬看花吧！還有下午一些時間，想在夏日正盛的午後，騎一趟十七公里海岸線。單車就是這麼方便，想停就停，想騎就騎，停車、上路都不是問題。一下子就找到臺一線，寬大的馬路，讓我不經意用力奔馳踩了一段路，像乘風飛翔毫不費力，夏天、逆風、小上坡一點都難不倒小折和我，輕盈踩踏間，香山火車站到了。日式木造車站，完全原木，雨淋板、木窗櫺、黑瓦、木廊，漫著大自然木香。站在車站門前，看火車一班一班快速奔走，真慶幸今天能停下來，看那年車上自己成長的移動。老站，容易引人想起以前兒時搭車的情景。

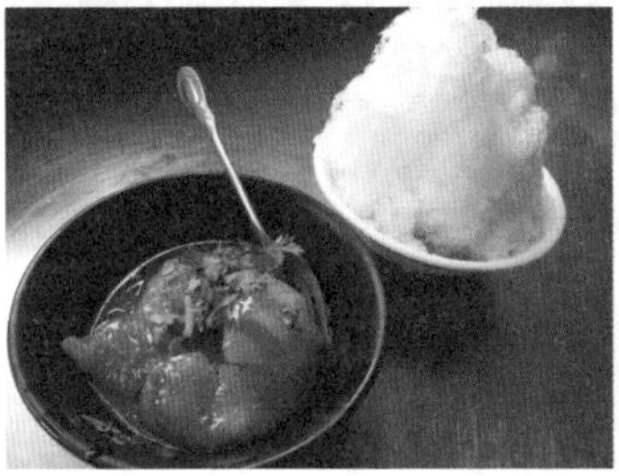

香山靠海，橫越臺六一西濱公路，便來到熟悉的十七公里海岸線自行車道。上半場花太多時間流連老日子古典美學，騎遊西濱得踩快一點，湛藍天空下從海山漁港往南寮，還是一幅海天相接自然交織開闊壯麗，木麻黃葉子沙沙搖著夏風聲聲慢，我腳下的踏板愈踩愈輕盈。這一段十幾公里熨貼海岸線的風景，只要來過一定會銘記在心。站在短堤上看海，幾隻飛鳥畫過午後的藍天白雲，像一幅畫，畫裡有我和單車投影在大海心裡。

天氣熱，體力消耗也快，早上五點半出門，往新竹車站回程時已過了十個多小時。金城湖、客雅溪紅樹林、彩虹橋、看海公園、南寮漁港，回到新竹車站很滿意的清點今天的收穫，放在心裡的，是與夏天並肩騎行，微笑感動整個新竹。

05 04 | 02 03 01

01 停下單車走進來吧！一百多年的孔廟，出落著清幽的美感。02 把市區的歷史遊走一遍，沿著臺1線接近大海，香山到了。03 小小的香山火車站，身穿日式木造外衣，走過它的身邊，淡淡的木香漫過鼻息，賞心悅目又聞香，好舒心呢！04 看飛鳥埃及聖䴉畫過海藍。05 客雅溪出海口的紅樹林好壯闊。

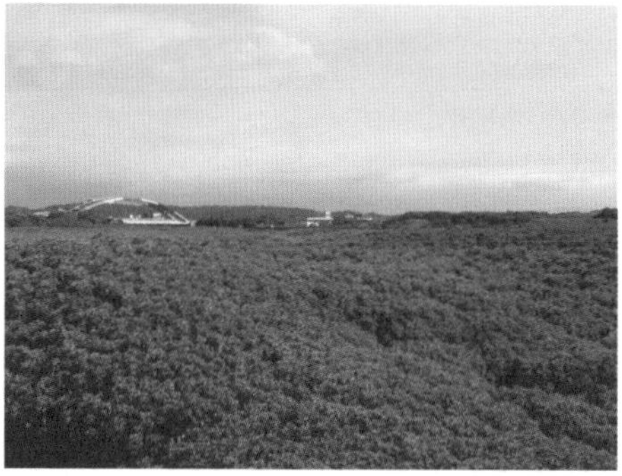

坡度圖

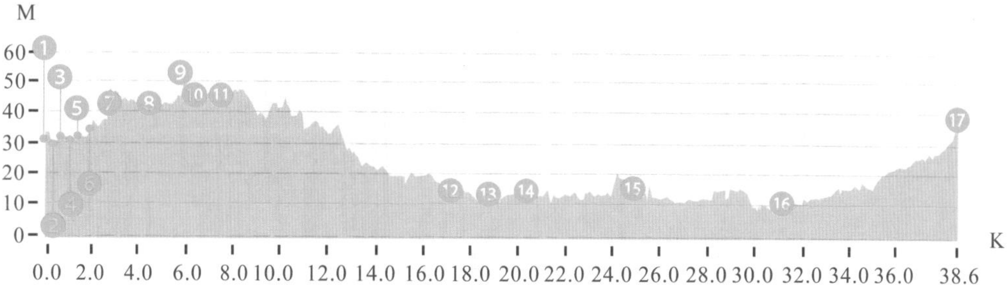

1. 新竹火車站　N24 48.099 E120 58.294
2. 迎曦門　N24 48.256 E120 58.218
3. 新竹州圖書館　N24 48.309 E120 58.267
4. 新竹市役所　N24 48.378 E120 58.193
5. 有樂館（影像博物館）　N24 48.298 E120 58.182
6. 新竹州廳　N24 48.399 E120 58.121
7. 城隍廟　N24 48.283 E120 57.946
8. 鄭氏家廟　N24 48.604 E120 57.926
9. 玻璃工藝博物館　N24 48.075 E120 58.718
10. 湖畔料亭　N24 48.111 E120 58.750
11. 新竹孔廟　N24 47.999 E120 58.690
12. 香山車站　N24 45.787 E120 54.831
13. 十七公里海岸線　N24 45.890 E120 54.623
14. 香山溼地　N24 46.726 E120 54.8714
15. 客雅溪彩虹橋　N24 48.576 E120 55.137
16. 新竹漁港　N24 50.743 E120 55.649
17. 新竹火車站　N24 48.099 E120 58.294

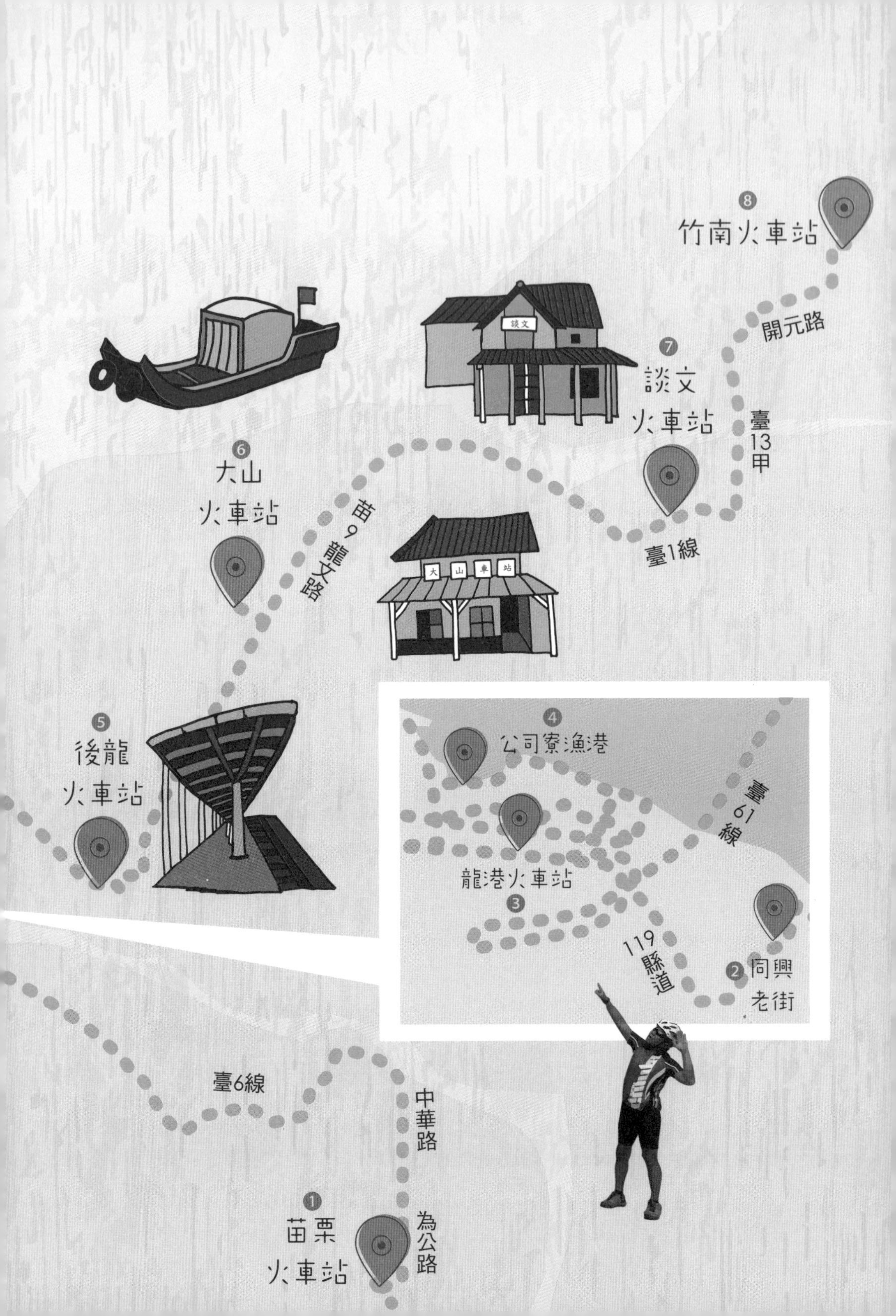

8 竹南火車站
開元路
7 談文火車站
談文
臺13甲
臺1線
6 大山火車站
大山車站
苗9龍文路
5 後龍火車站
4 公司寮漁港
臺61線
龍港火車站
3
119縣道
2 同興老街
臺6線
中華路
1 苗栗火車站
為公路

14

海線車站來做客

Houlong Township

騎乘重點及行程資訊

路況	1. 苗栗車站至龍港車站為部分起伏路況，需要一點腳力克服上坡路段。 2. 進入龍港村落前，可轉進同興老街，由同光國小後方小山道連結龍港車站。 3. 臺 61 線西濱公路屬於快速公路，請特別小心騎行。 4. 苗 9 線及臺 1 線為一般道路，地處偏僻，騎行時請注意安全。
補給	龍港聚落裡只有車站前一個小雜貨店，但不一定會開門，請注意補給及體力。後龍市區可補給；沿著苗 9 往大山、談文，路上的補給點很少，一直到竹南市區才方便補給，請特別留意。

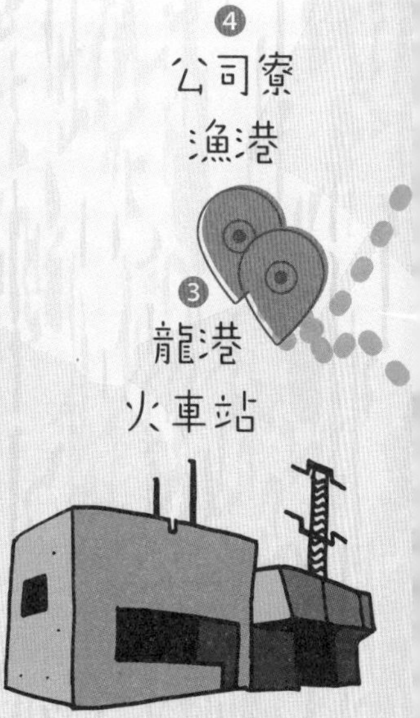

交通資訊

大眾運輸	可搭乘山線火車在苗栗下車。或搭乘海線火車，在龍港車站下車，即為龍港村落。
開車	行駛國道1號於頭屋下交流道，沿臺13線進入苗栗市區。或於苗栗下交流道，沿臺6線接上臺13線進入苗栗市區。行駛臺 61 西濱公路於後龍下交流道，附近即為龍港。

14

海線車站來做客

龍港大山談文小站

里程　39公里
旅行時間　一天
路線難度　★★☆☆☆ 進階
旅行分類　■漫遊／■深度／□運動

住在臺北，卻聽見好多屬於家鄉的故事，於是我走進這些故事裡。

那天與朋友聊起她的家鄉龍港，位在後龍溪出海口畔的一個落寞小漁村，我知道這個地方，也一直想騎著單車前來探險。好幾年前騎車在西濱奔馳，寫《單車一日小旅行》路過村子口，都因為忙碌為藉口，讓走進小村子的想望一再錯過。快入秋了，旅途浸潤在腦海中，怎能讓它悄然逝去，於是我提著小折、搭上火車，往龍港出發。

海線，公司寮

原本想搭海線火車，直接在後

1	2	3	4
苗栗火車站	同興老街	龍港火車站	公司寮漁港
	11K	11.7K	12.5K

龍下車，沒想到海線車班就像是緊貼大海的村子一樣寂寥，可以攜帶單車的第一班PP自強號，十點半才從板橋出發，算算路程，搭這班車再加上單車路程，踩進龍港也是過午時分了。經過車班查詢，早上七點十分板橋開車的一零五次山線PP自強號，八點三十九分苗栗下車，再騎個十幾公里臺六線，就能早點走進龍港的海風裡，一個對我而言陌生的小村子。

遠道而來最快的方法是在竹南換搭電聯車；騎單車的變化就多了，苗栗山線火車站距離龍港大約十二公里，路況略為起伏，讓我這太久沒練的身子逼出不少夏末汗水。接近海邊，悶熱的夏天溫度節節敗退，日正當中時候，迎面而來帶點鹽味的風，含著淡淡的涼意。滑過西濱橋下，也就沒有如臺北的溼悶。一點也沒錯，西濱高架橋上，清楚眺望龍港小村子，只不過沒有人會特別注意罷了。龍港行政區畫分在後龍的龍津里，「津」字所指即是昔日公司寮港，前陣子與朋友聊起此地舊名，才知道位在後龍溪出海口南岸的

02 | 01

01 海線火車班次少，搭山線火車到苗栗較方便，夏天時分的天空真藍，沒有半點雲彩，像是在歡迎遠道而來的我。02 快到龍港前，海線火車在此與臺6線並行，鐵軌畫了兩道S，慢車也跟著彎出海線的弧。

竹南火車站 8 39K
談文火車站 7 33.3K
大山火車站 6 25.4K
後龍火車站 5 20.3K

龍港海邊小村，曾經是後龍對外的主要港口，位居通往八里坌的轉運站，清末更是臺灣對大陸航運的重要港口。早年商業活動繁盛，搭寮工作、成立公司，舊名字公司寮就是這麼來的。落盡鉛華、風光不再，今天慢步走來卻沒有感慨悲涼之情，倒是有若離開大城來到世外桃源回歸初心。

寮港歸舟，遠去

龍港火車站比想像中還要靜、還要冷清，一處沒有人看守的招呼站，快車偶爾倏地掠過，完全不留情面，比擬現代只講速度不求本質的世局，十分貼切。沒有大門也沒有售票口，腳踏車輾著滿地碎石，騎進被遺棄、有若廢墟的車站。第一次來，真的會搞不清楚在哪上車！

公司寮村子在鐵軌另一邊，車站的天橋連接兩側，我停好單車登上天橋，大約可以看見半個村子與大海相依，房舍不少，就是人煙杳然，眺望漁村彷彿擁抱整個後龍溪繁華過後的安安靜靜。騎車來，省得再走過跨鐵軌月臺的天橋，車站邊有個鐵路涵洞，穿越後是村子某個角落，涼亭一座、土地公廟一間，失去生機的老樹抓住藍天，還有掛著公司寮門牌的家家戶戶。在地人都以公司寮老名字叫這個小村子，只是我找不到人

03

02 01

01 同興老街裡大多還是紅磚立面，不過連棟卻不連成亭仔腳，有些老屋已拆除，訴不盡繁華。02 老街星期六日才開張，是否失去原味了，還是去龍港村子找原味吧！03 龍港火車站，沒有大門、售票口，時光拋棄了它，現在降級成為招呼站，上下車不用買票，慢車停靠後直接上車。

可以聊天，說大不大的村里間，也能讓我在巷弄街道迷路老半天。起初我和單車沿著公司寮漁港指標，掠過黃槿樹牆慢慢地踩進古老的港灣，遇見退潮，竹排（膠筏）停靠在泥灘地上，失去繁華的碼頭顯得雜亂。早年暗夜漁火點點，商船燈火通明，後龍溪出海口「寮港歸舟」盛況空前。民國四十五年後中上游大量開發，出海口逐漸淤積，已無法再行船通航，「寮港歸舟」只剩得一場燦爛的歷史記憶。還好，堤防邊的「寮港歸舟」解說猶在，一段地方故事讓我這過客看見，世界上又多了一個人知道那些美好的日子。

夏月，採蚵

七月仲夏將盡，坐在海堤上吹風看景，溫度微涼、景色開闊，陣陣身心舒徐。

退潮的後龍溪口露出大量灘地，泥砂退散了人船，卻帶來大自然的恩賜。夏秋時分，公司寮村子裡的居民一身勁裝，海口人裹著防風花布的打扮，撩過溪水在河心裡撿蛤仔、挖野生蚵。我坐在海堤上半個多小時，找不到人聊，聊這些季節的漁村活動。朋友說了，在地人撿回蛤、蚵，大多自家食用，鮮少拿出來販賣，野生蚵較小，味道清甜，只有在地人吃得到。當東北季風吹起，大家便回到家中度冬，待隔年六月再走向河心採收。如此循環，大自然的賜予當取之不盡用之不竭。河灘延伸到海口，穿上花布的採蚵人，點點畫在廣闊河心，二三十人到兩三百人的景況都有。「寮港歸舟」不復以往，今天龍港拾蚵伴著風車轉呀轉的，轉出另一種海口的美麗畫面。

04 | 01 02 03

01 龍港火車站邊的鐵路涵洞上來，土地爺爺和抓住藍天的枯樹，這小村子的畫面真美。02 公司寮港退潮後，小船只能擱淺在灘地上，出海，有點難。03 「寮港歸舟」，一段傾訴公司寮的繁華世代，不過因為後龍溪出海口淤積，一切都歸於平淡。04 聽說採蚵盛況最多有一二百人占據河心，今天的河灘地上，有二三十人。

漁市巷、古月巷、五福巷，老街

「榮景不在，那些古老的巷子腳步聲依然輕響，村子裡迷路兩個多小時，大概也能把曲折離奇的巷弄連接方式些微熟悉，騎著腳踏車，走進當年光景，先從有指標的魚市巷開始。」迷路遇見魚市巷指標的我，心裡想著。

地上鋪了石板，我小心翼翼的推車走進魚市巷，上坡通往被紅磚牆夾道的小巷子，愈來愈窄，窄到只有一輛單車勉強通過。那年魚市叫賣聲，如今只有我，跫音輕響，希望找回一些過去留下的痕跡。小村子有一種與世無爭的不理人個性，紅磚牆裡的狗狗狂吠，但就是看不見屋子裡的主人，探頭張望。巷子短得讓人訝異！不到五分鐘，看見出口了。老巷子自然連接一樣年歲的舊巷弄，五福巷，順著走，經過兩三間老厝，廣場前我停下腳步，雙手合十，向公司寮村裡引以為傲的五福宮祈求旅行平安。逛過漁市巷、五福巷，另一頭的古月巷也是在不經意中踏入，瞧見鋪上石板的巷子，直覺那是一段歷史指引。這巷子寬一點，住在胡同間的老房子，黑瓦、鐵柵、木窗、卵石牆腳，找不到人說故事，我只能拼湊屬於自己的回憶。小時候，住在萬華的兒時歲月，四五十年前，也有著相同的巷弄房舍。萬華在淡水河邊，龍港在後龍溪畔，一樣傍水，卻留下不一樣的日子。

迷路半晌，水壺也差不多見底，肚子也餓了。剛走進村子，記得瞥見火車站前有間小小的雜貨店，這就繞去買瓶沙士消消暑氣。沒想到，不知是雜貨店暫歇營業或是門口擺臺冰箱而已，只賣些不能當飯吃的飲料？雜貨攤子上的阿嬤也不太說話，這是我唯一遇上的在地人。不過，我很喜歡遺棄城市，回到純樸生活，難得一天找不到人說話、尋不到東西填肚子、等不到車回家，不用再想著面對世界進退應對，心整個清爽無邊！

離開公司寮，往西濱北上，在後龍溪橋上，我看見剛迷路穿梭的小村子。臺六一線，西濱公路，里程一百零六公里，後龍出口。下回再次經過村子口，我一定會記得，龍港，這曾經繁華的濱海小村子，現在靜得只剩心海的懷念。

聽朋友說，龍港的夕陽比阿里山美，外出的遊子日日想念。改天，我想特別來看夕陽，屬於家鄉才有的夕陽。

02
03
01

01 野生蚵殼串起來的門前吊飾，小漁村的況味，直入心海。02 村子裡家家戶戶都會掛著江夏堂這種門額，有學者說是客家人掛堂號習慣，不過公司寮住的大多是閩南人。03 五福巷通往五福宮，巷弄迷路小旅行。

順路走走，大山、談文小站做客

日治時期因為山線運量不足，所以興建海線鐵路，當年因為海線可能搶走山線既得利益，所以靠山的地方人士群起抗爭，不過當時臺灣總督明石元二郎，繼續推動下，才有今天的海線鐵路。海線鐵路全長九十一點七公里，雖然比山線八十九點三公里長了一點，但沒有山線的爬坡和轉彎困擾，直接在海邊平原恣意奔馳，早年國民政府期間，客貨運量曾經一度超越山線鐵路。世局的變化總是難以預料，今天我踩著單車在苗栗的海線小村旅行，竟是海線沒落的日子，還得為了車班太少的鐵路接駁問題傷腦筋。

從公司寮的原味中走出來，我往北騎，順道經過大山、談文兩座海線小站做客。

單車遊走十幾年來，到一個完全陌生的地方難免迷路，尤其是小鎮市區，愈來愈老化的腦袋，對方向的理解力也開始退化。用了手上那個陪我旅行十幾年的GPS查過路況，沿著苗九鄉道往大山出發。

大山腳站的今天

海線留存下來古老小火車站，一律塗上白色油漆，而且漆面有點厚，被歲月剝離，一片一片掉落。附近的地名叫大山腳，這裡最初也是用大山腳車站稱呼，停好單車，我慢步穿越一整排Y型梁柱，而且是獨特的雙柱九孔造型，相較於類似的兄弟站，被重新整修過的日南和追分，大山反而多了與時空一起邁步向前的安靜。大山站的候車室清潔明亮，雖然不像大站霸氣，卻溫馨可愛，讓旅客排隊買票的木柵欄，是否和車站一樣駐立將近百年之久！坐在每一個日式車站都會有的木條長椅上，午後陽光從方格木窗灑下來，伴著木門飄來輕風，好像聽見汽笛高歌的海線火車，慢慢地往大山靠站。

03 02 01

01 短短的漁市巷，走不盡漁船入港的往年風華。02 收割後的稻田又再次萌發綠意，也是很美的農村風景。03 從這個角度欣賞大山火車站，充滿舊日風情。

面向月臺也等於是面向海風，海線站特有的破風造結構，看起來多一分太繁，少一分又太簡單，恰到好處的建築美學，百年之後，依然不衰。走到站內，大約是下午兩點多，陽光直直落在海線的土地上，米白色木造車站，看起來歷史味道十足，烈日當頭，屋簷下的牛眼窗張大眼睛，看著海線興起又跌落。夏天的日日春開得燦爛豔麗，花叢外的月臺，看起來和龍港火車站的月臺如出一轍。

再次走過區隔月臺與站外的木欄杆，突然想念起臺北的淡水線，還有姆指與食指握起來剛好的卡式火車票。講求速度效率的現今，還有多少人願意記得，穿越古老剪票口和票剪子剪下票卡的聲音，坐在淡水線火車上，打開車窗，呼吸淡水河吹來的風。

淡文湖驛的黃昏

走進大山的班駁，帶著滿滿的舊意離去，往山線與海線的分岔起點竹南出發。竹南的車班多，我打算搭乘下午四點四十一分的**PP**自強號，回臺北。

還是沿著苗九鄉道騎行。單車在臺北需要自行車道避開車水馬龍，在海線的村落間，不太需要封閉的單車道，田疇沃野間的

鄉間道路，比自行車道更安全舒適。不知不覺的接上臺一線。騎在寬大的臺一線，我緊盯著GPS耽心錯過談文車站，看見GPS上出現談文車站時，才定睛找到在馬路對面，比路面低上兩公尺左右，被鐵皮遮擋的談文車站。如果是開車或一個閃神，鐵定不會注意到沉在路基下方的古老車站。

談文是海線的第一站，日治期間的名字淡文湖驛，兩個名字念起來，都詩意翩翩。從臺一線走下來，目前只是無人看守的甲種簡易站，它的冷清讓我訝異。以前必須抬頭觀望的日式黑瓦，現在可以好好的站在與屋頂同高的臺一線上，清清楚楚看著它往下傾斜，布

03 | 02 01

01 大山火車站舊名大山腳驛，光看這些進出站的木柵欄，就知道它的年紀有多老邁。02 下雨天，瓦上的雨水，順著水管流下來，大山火車站的雨水管都已經拆除，談文的還算完整。03 大壁造、真壁造，還有傳説中的兩筋違，在談文火車站可以看個過癮。

談文小站舊式月臺上的候車室，窗外的風景很自然美麗。

滿歲月痕跡的雨淋板，偌大的牛眼窗還是這麼美麗。候車室裡的大部分設施都已經不在，不過那張長條木椅，還能讓旅人暫且歇腳，尋找牆上淡文湖和心鎖橋的故事。新埔、大山、談文這三個海線姊妹站，外表樸素典雅，也沒有特別整修外飾，從舊時期保留到現在的建築工法，看起來特別賞心悅目。以前沒注意過大壁造、真壁造的差別，還有傳說中的兩筋違，在談文車站可以看個過癮。剛才大山車站失去原樣的豎羽目版張工法的羽目板，直立榫接木板也把談文車站包圍成美美的暖意。

被時間棄守的談文車站，不用買什麼門票，順著馬路邊斜坡走進來，就可以坐在將近百年的候車室裡，看海線午後陽光躍進木窗，抬頭或俯望，都是歷史故事中的建築美學。那些抓不住時光風雨的疲累白漆，毫無章法的從梁柱上跌了下來，坐在它的身邊，看著陽光漸斜，然後聽火車進站又匆匆的離去，這些陳舊畫面與時光痕跡，反而有一種心海沉澱的喜悅。

走上談文的月臺天橋，也就是心鎖橋，一大片綠色田園占據鐵路靠海的方向，遠遠的看見二高和西濱公路跨過中港溪，幾根風車推著海風轉呀轉的，海風相伴的景致，看起來直入心扉清涼舒爽。西部海線的開闊風光，蘊藏著陳年瑰寶，到小站挖到了寶，方知海線的過去現在都是很豐富又動人。

準備到竹南趕火車回家，在談文做了一個小時客人，覺得意猶未盡。從苗栗旅行到龍港，再往北海線單車旅行，路過大山、談文，我這個騎單車來的客人是不是很認真！等待著，下次有人一起，聊天、泡茶，看夕陽沉落。

談文車站後方，有一大片舒心的水田，站在心鎖橋上剛好一覽無遺。

坡度圖

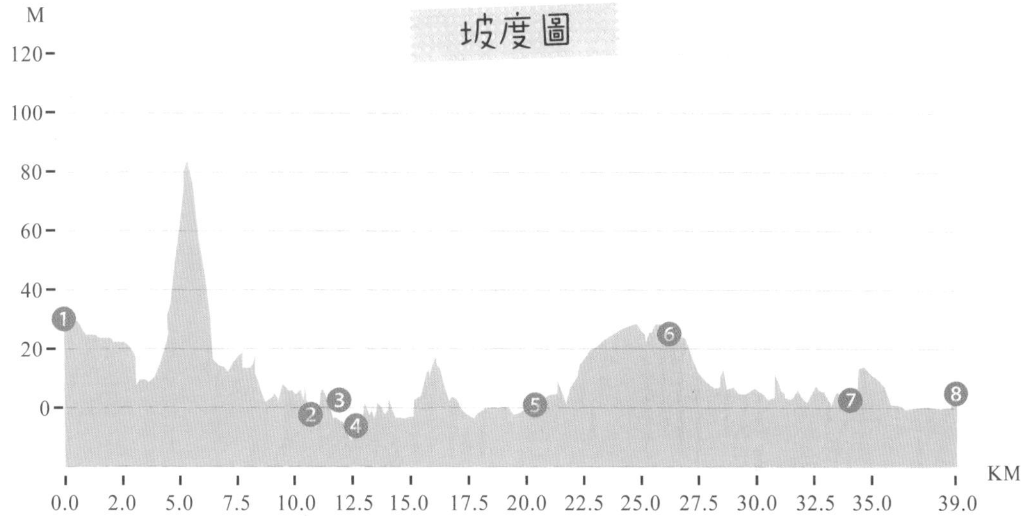

❶ 苗栗火車站　N24 34.201 E120 49.342
❷ 同興老街　N24 36.606 E120 45.775
❸ 龍港火車站　N24 36.708 E120 45.496
❹ 公司寮漁港　N24 36.708 E120 45.496
❺ 後龍火車站　N24 36.959 E120 47.247
❻ 大山火車站　N24 38.741 E120 48.230
❼ 談文火車站　N24 39.379 E120 51.481
❽ 竹南火車站　N24 41.196 E120 52.824

15

苑裡油菜花季

Yuanli Township

騎乘重點及行程資訊

路況

1. 苑裡小鎮漫遊，建議以山腳市區或山腳國小為出發點。油菜花季範圍在 121 縣道、苗 47 鄉道、苗 45 鄉道附近，其間田間小道交錯，最後可回到山腳國小，形成環狀路線。
2. 苑裡最美的季節在早春時候，這時節，水田大多種植油菜花當綠肥，沿著鄉道小路騎車，有看不完的花田，並以火炎山為背景，開闊動人。
3. 如果時間許可，往臺中泰安的鯉魚潭橋下，欣賞油菜花及火車越過拱橋的畫面。

補給

山腳市區可補給，其他田間小路缺少補給。

交通資訊

大眾運輸

可搭乘海線火車在苑裡下車，沿 140 線道再轉 121 縣道，即可抵達山腳村。或可搭乘山線火車在豐原下車，沿臺 13 線再轉 140 縣道再轉 121 縣道，即可抵達山腳村。

開車

行駛國道 3 號於苑裡下交流道，沿 140 線道再轉 121 縣道，即可抵達山腳村。

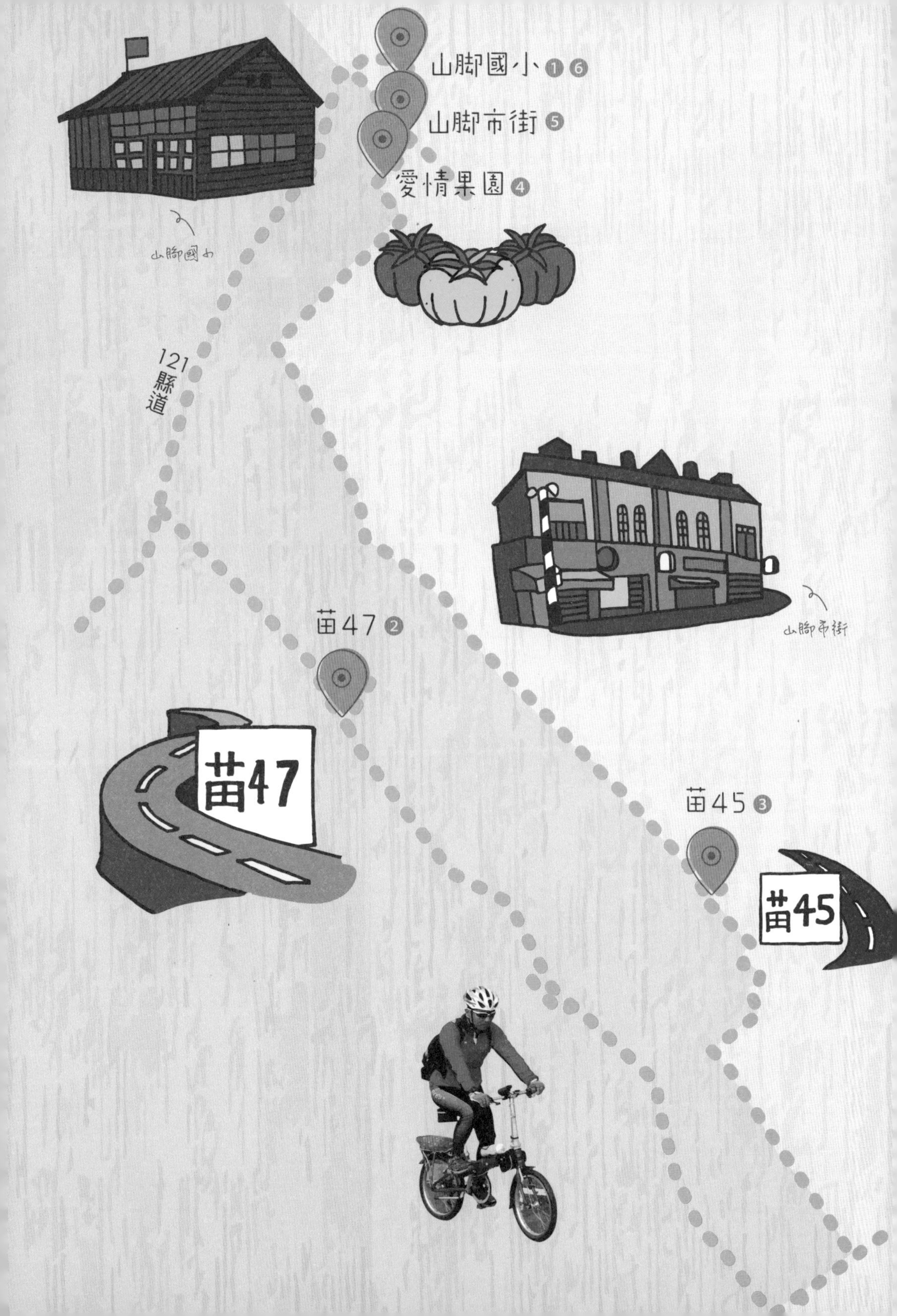
山腳國小 1 6
山腳市街 5
愛情果園 4
山腳國小
121縣道
山腳市街
苗47 2
苗47
苗45 3
苗45

15 苑裡油菜花季

閃亮的季節

里程　20.5公里
旅行時間　一天
路線難度　★☆☆☆ 休閒
旅行分類　■漫遊／■深度／□運動

冬末的濱海小鎮特別漂亮，開車走在二高苑裡、通宵路段，老是會失神於遠處黃澄澄的花海。在趕路奔馳的當下，心裡常會念念有詞，改天要來拜訪這一方又一方平鋪在大地上的畫布。

苑裡鄉田裡的澄黃花海

苑裡的名字來自於平埔族道卡斯族苑裡社，以前的範圍很大，通霄和大甲有些地區都曾經是它的管轄區域。海線鐵路由北往南過了通霄便是苑裡，對號列車會停靠此處的少之又少，想在冬末或春初漫遊鄉間、花田，除了自行開車，要不就在竹南或彰化轉區間車反而節省一點時間。往東走還有一個距離不太遠的大站，如果想

1 山腳國小
2 苗47鄉道 5.8K
3 苗45鄉道 13.5K

利用地形優勢換取單車徜徉春日風光的時間，豐原應該是上上之選。豐原的地勢比較高，經過后里、泰安一路都是下坡，進入苑裡以後又是平緩到看不出來的微下坡，一路上只有乘風快意，風景像山水畫寫在心裡。這種感覺有點類似在二高上奔馳掠過油菜花田的暢快，只不過更接近花海又能隨時停下腳步，細細思量眼前來自鄉村的美麗顏色。

油菜花其實有很多品種，十字花科蕓苔屬植物，還有臺語說的油麻菜籽都屬於油菜花種類。臺灣常出現在休耕後的農田，大多於冬末春初，二期稻作收割後灑下大量種子，於春耕前將其翻打於土地內化作綠肥。農曆春節前後這段日子，是欣賞油菜花最佳時節。

過年前我搭乘火車前來，沿著豐原前的臺十三線經過后里下滑到泰安邊上，然後進入苑裡最美的閃亮季節。

輕踩單車經過大安溪借道三義，還沒進入苑裡前有一處經典油菜花風景，此處是搭火車

02 | 01

01 每年春節前後苑裡油菜花田用亮麗顏色迎接新的一年。02 油菜花其實有很多品種，十字花科蕓苔屬植物，還有臺語說的油麻菜籽都屬於油菜花種類。

經過后里路段一定會看見鯉魚潭拱橋下的小村莊，窗外風景如詩如畫。橋下漫步，仰望油菜花閃閃發亮撐起一彎如微笑的橋柱子，人、單車以及一顆嚮往的心，都成了畫中風景。這時不用再追逐呼嘯火車，只要靜靜地窩在油菜花田裡，等火車一班接著一班越過拱橋，突然間，那首童歌火車快飛，輕輕地在耳際響起。停好單車，走在水泥田埂上，空氣乾爽舒適，冬天吹起的風遇見陽光，冷暖催化出美麗的花季。這讓我想起小學搭火車經過山下，用一顆懵懂的心，七嘴八舌討論鐵橋、山勢的兒時情景。火車橋彎成一道又一道拱型，像倒過來的笑，也像是兩顆心連結的上半部，下半部永遠是四季輪轉的美麗。從南下列車往橋下看，橋的另一邊是個小鄉村，往鯉魚潭，我沒忘記心裡常常問那是哪裡，今天我終於找到了！

鄉間風情靜佇於火炎山隧道另一頭，由三義穿越隧道，一四〇縣道微微下坡，感覺踏板愈踩愈輕，不知不覺中，冬日的油菜花

04 | 02 03 01

01 鄉間小道處處驚喜，苗 47 上的人家，用炮杖花做圍牆。02 油菜花外，波斯菊、向日葵添上豐富花景。03 苑裡的花田裡，偶爾有不同的綠肥花朵交錯其間。04 花海中的農家穩穩當當，黑屋瓦、白山牆，門前一定有個不論做什麼都好的大院子。

田填滿旅程視野。苑裡與三義在火炎山下交接，農家做畫於田疇沃野綠肥之間，用期待書寫，一月涼意甚濃的空氣中油菜花開滿遍野。偌大的黃色花海，點亮鄉間小路，一朵朵小黃花吸收陰雲留下的微光，一起用力綻放，沉甸甸的冬日田鄉花海燦爛而不刺眼，舒服極了。

這裡的油菜花田特別不一樣，有火炎山襯做背景，靜坐一月輕霧荒寂、沉默，不過底下的苑裡平原恢宏遼闊，黃花光影閃閃爍爍，那山，看起來也就仙雲飄飄另有一番意境了。

山腳下的水塗伯餐廳

一四〇縣道汽車比較多，我轉進鄉間小道沿著苗四十七、苗四十五鄉道，沒幾公里路卻走了好幾小時，油菜花田簡單畫一，偶爾夾雜一些凌亂菜田，有時腳下出現波斯菊與向日葵交錯出五彩繽紛的碎花風景。花海中的農家穩穩當當，黑屋瓦、白山牆，門前一定有個不論做什麼都好的大院子，每一幢房子住在黃澄澄花海裡都有不一

04 | 01
02 03

01 有時腳下出現波斯菊與向日葵交錯出五彩繽紛的碎花簾幕。02 草莓季節到了，油菜花的旅行也有採果樂趣。03 用蛋酥炒飯特別香，好味道裡藏著山腳村的故事。04 輕踩單車走進山腳國小日式宿舍群，從那年的生活意象中出發吧！找尋屬於冬末閃亮的日子。

樣的憧憬。不是我走得慢，是太多美景耽誤旅程，所以無法估計苑裡花季到底有多大有多遠。掠過一次又一次想望，山腳小聚落就到了。山腳國小日治後期宿舍群與在地歷史不可分離，房舍整修過，保留臺灣當時生活樣貌。坐在雨淋板前的老樹下，想聽聽某一段往事，走囉！往山腳的街上覓食，找故事去吧！

山腳小村子不太大，不過對於看過滿眼黃花的旅人來說，卻是一個補充體力、追尋過往的好地方。停下單車閒步走進愛情果園，和農場裡的工作人員聊了大半天，發現山腳街上有一間好吃的水塗伯餐廳，不論走到哪裡！只要和在地人多聊兩句，一定會有收穫的。水塗伯餐廳有一種炒飯特別好吃，聽第二代老闆說：「臺灣只有一兩間餐廳會做。」因為費工，所以等待許久才把這一道炒飯端上桌來。起先我並不知道炒飯是用蛋酥來炒，因為太好吃，和老闆閒聊才發現炒飯裡的蛋酥功夫。就像我不經意的聊天中，發現山腳村子曾經是苑裡繁榮一時的村落，日治時期到民國初期，村子裡有三間戲院、

照相館等等生活娛樂事業。如果沒有這一場聊天，我會一直以為山腳只是一個平凡冷清的小村子而已。

像水塗伯的名字一樣親切，話題聊開了，老闆：「今天你們運氣好，我做了麻油飯。」只見他匆匆奔向廚房手端著一只碗公走出來，嘗看看，濃濃地麻油香往腦門滲透，好道地、簡單的麻油飯，不用太多調味，只要味道對了，心情也會跟著閃亮動人，有如苑裡春天開遍田野的油菜花，黃澄澄地美麗。

帶著一顆感動的心來苑裡，小村子隨時會用真心誠意端出它最美的風景。

02 | 01

01 小黃花仰望藍天，只有在早春才能看見。02 從橋下仰望油菜花閃閃發亮撐起一彎如微笑的橋柱子，人、單車以及一顆嚮往的心，都成了畫中的風景。

坡度圖

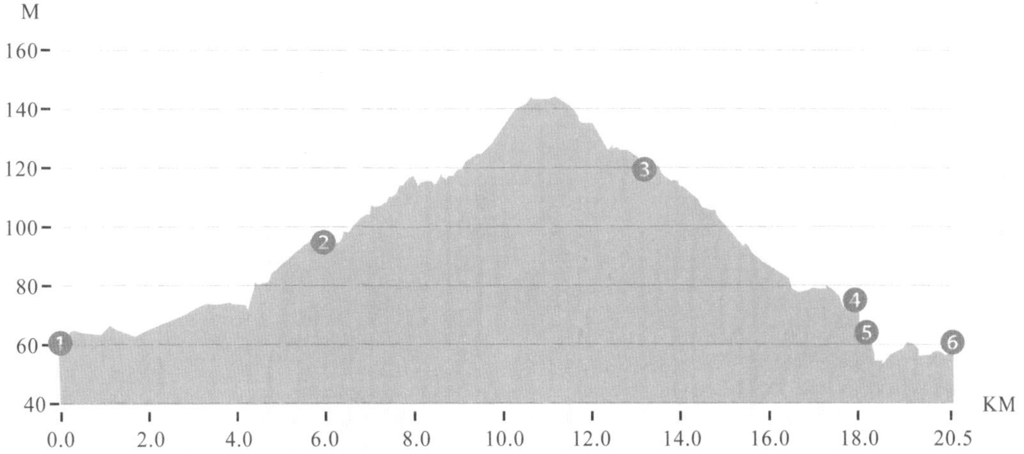

❶ 山腳國小　N24 25.060 E120 41.137
❷ 苗 47 鄉道　N24 23.491 E120 41.011
❸ 苗 45 鄉道　N24 23.094 E120 41.953
❹ 愛情果園　N24 24.804 E120 41.126
❺ 山腳市街　N24 24.897 E120 41.144
❻ 山腳國小　N24 25.060 E120 41.137

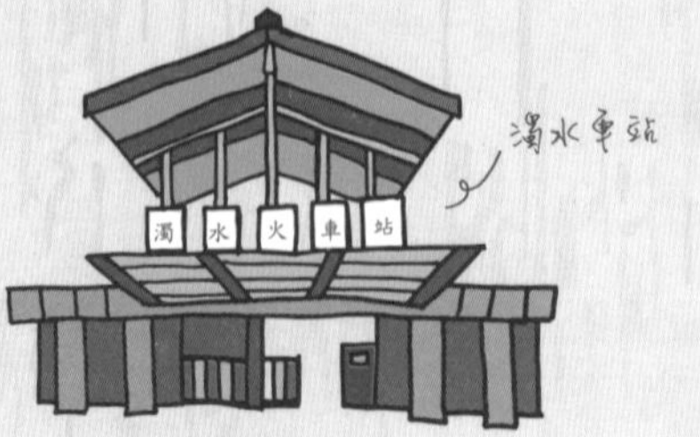

16

集集鐵道小村鎮

Jiji Township

騎乘重點及行程資訊

路況

1. 因為二水車站不停靠對號列車，臨近的田中車站做為單車最佳接駁點。
2. 八堡圳邊的小路就是八堡圳自行車道，沿途有一些小村落，只要往上游方向騎即可。
3. 遇見二水親子公園內佇著老火車頭，二水鎮就到了。
4. 謝東閔故居不易尋得，其位置在實踐大學二水農村家政推廣中心後方。
5. 路過源泉車站後，建議在八堡圳公園後左轉至152縣道，往濁水車站。

補給

田中市區、二水市區為主要補給點。沿途可補給的地方不多，建議在田中及二水帶足補給。

交通資訊

大眾運輸

搭乘火車在田中下車，沿員集路轉八堡圳自行車道，即可抵達二水。

開車

行駛國道1號於北斗下交流道，沿150線（斗苑路及斗中路），即可抵達田中。

1 13 田中火車站
田中車站
150縣道
出林虎路二段（投36縣道）
員集路五段
2 八堡圳自行車道
3 二水親子公園
6 謝東閔故居
二水 4 火車站
中山堂
安德宮 5
二水車站
二水火車站 4
二水自行車道 7
8 源泉火車站
9 八堡圳公園
源泉車站
八堡圳公園
八 堡 圳 公 園

16 集集鐵道小村鎮

平淡舒心的一天

里程　38.8公里
旅行時間　一天～兩天
路線難度　★★☆☆☆ 進階
旅行分類　■漫遊／□深度／□運動

前幾年接過一個松柏嶺茶葉案子，那年恍然明白，在名間交流道附近有一片占地廣大的茶田區。附近離集集線濁水車站不遠，從彰化過來搭火車很方便，騎單車距離也不是太長，最近又很想念集集支線的一些風景，但我不曾從集集線的起點二水出發過，最近天氣不錯下雨機率不高，雖然夏天異常悶熱，但能避開雨季，循著平淡，離開城市的鄉間小路騎車就夠了。一早，搭上火車，到彰化和松柏嶺去流浪吧！

田中下車，因為二水是小站，自強號不停。走出火車站，淡淡的小鎮氛圍很舒服，看見站前的解說牌，才

1 田中火車站
2 八堡圳自行車道 5.4K
3 二水親子公園 7.2K

知道田中有一條環鎮自行車道，看起來很豐富，不過今天想去二水和松柏嶺，就先輕輕掠過小鎮的今日。對於我而言，每一次旅行都是在探險，發現另一個新可能，留待下次再尋找美好的未來。

田野間的集集火車線

路過田中，閒散的街道騎車特別舒心，經過有舊時光景的公車站。這是在地人很平常的生活設施，對於城市來的我卻是嚮往一種慢步調的風景，那我得騎慢一點，像在等待公車進站帶我前往今天的旅程。沿著八堡圳往二水，說起來鄉間的風景猶如看

01 02 03

01 沿著141縣道往二水，我成了車窗外的風景，芭樂田和PP自強號畫出美景。02 臺北往南的272次PP自強號是雲遊四方的好伙伴，想往二水集集線，在田中下車，二水就不怎麼遠了。03 沿著八堡圳經過一些小聚落，卵石牆、老房子，看起來是日式與閩南式的混合風格。

④ 二水車站 7.5K — ⑤ 安德宮 8.1K — ⑥ 謝東閔故居 9.6K — ⑦ 二水自行車道 11.2K

不膩的車窗之外，每一步都想停、都想拾起放在心裡，騎騎停停來到二水已經接近中午。二水火車站有著綠色外衣，一九〇五年的木造站體在一九三五年改建成水泥站房，看起來還是舊味道十足，集集線以二水為起點，沿著濁水溪往水里、車埕。在車站洗把臉，到二水街上覓食，轉角處無意間發現謝東閔故居指標，不過任我在巷弄裡打轉迷路，就是找不到它，問過路人、店家，依然迷惘。折騰老半天，才發現它隱身在大樓後、小巷底，就像謝老先生那一段被遺忘的日子，講求快速往前的現今，很少人會用心回顧。市街不大，散布著一些巴洛克外觀的老房子，中山堂對面有一間大明火燒麵，隨意吧！一盤炒麵、一碗蛤蜊湯，二水在地的焦香古早味很特別。

不怎麼大的二水市街豐富得很，離開小鎮前回到謝東閔故居的客廳坐坐，彷彿回到幾十年前，懷想起以前的日子，看黑白電視、看推車小吃（小時候沒有零用錢只能看不能吃），很舊很舊的記憶中，心酸酸甜甜的。

源泉火車站 8 13.8K

八堡圳公園 9 15.8K

152 縣道 10 18K

03 | 02 01

01 不知不覺來到一身綠衣日治時期建成的二水車站。02 二水小鎮裡漫騎，CT278老火車住在親子公園裡。03 謝東閔故居擺著當年舊日子，客廳坐坐，像回到往日光景。

慢慢地離開有人氣的街道，路過平交道，突然想起住在臺北都市裡，平交道的叮噹聲響幾乎從生活中消失，或許那是一種對逝去老舊日子的無奈，再也找不回的光景，卻在二水的旅行中回到腦海。二水自行車道平行於八堡圳和集集線鐵路，踩著夏末依舊熾烈的陽光前進，靠山的水田和鐵支路交織出安靜又特別與世無爭的氛圍，安安靜靜的寂寥坐在風中，等待許久才會出現支線火車把沉默吵出一點熱鬧氣氛。小火車轟隆隆的駛過來，柴油機車頭畫破寧靜催促我把單車停下來，看它慢慢與山水田園畫成一幅舒心筆觸。屬於秋天的二期稻作剛整好田地、布好水，淡淡的疏綠映著不遠處山頭，白鷺鷥在畫裡起飛又落地。搭火車，這幕夏末秋水往後奔跑的速度快，騎單車，慢慢看、緩緩解析畫面裡連結內心深處的角落。悸動心海的

景色連綿到源泉車站，一個小小的無人站，月臺下的鐵軌鋪上綠油油草皮，露出兩道小火車依循的線條，看起來比碎石子鐵路舒心得多，車站前人家十幾戶，想補個水都找不到商店。想想也好，太方便的生活沒有探險的精神，小聚落裡繞一繞遇見小雜貨店，店裡的冰水可比荒漠甘泉甜美，不用什麼大餐美食，簡簡單單便滿足了。小村子平淡如常，幾次走錯路但卻遇見很美的畫面，集集小火車在水田另一岸，慢慢的掠過樹林，移動的身影傾落在輕泛漣漪的田中央。駐足田埂邊，看著倒影水裡移動，隱沒在檳榔樹林下，以前我是車裡的乘客，現在迷路田邊水畔，想著哪年搭過集集線小火車，卻怎麼也想不起來確切的日子。

二水、源泉二處小站，人煙少加上安靜美麗，等於隱藏鄉間角落的單車慢行路線。

松柏嶺茶香四溢

不知不覺貼著八堡圳騎行，左手邊水泥感頗重，右手邊曠野連到天邊，一方方農作物變成大地拼布，這一段往濁水路況不怎麼好，一直到八堡圳公園遇上落羽松森林，找到一個冬天來看森林變紅的理由，我就可以放心離開而不會忘了這裡。改走一五二縣道，路幅大得多，不時出現樟樹搭起的綠隧道，雖然有不少汽車借道前往名間，不過騎起來很舒服，隨意自在綠油油的寬廣道路適合慢行，也適合疾奔。喜歡陽光從樹梢篩落下來的光影，透著葉脈綠光的暖意，不容易忘記。騎行許久大約有二十來公里，除了二水鎮外的幾個放暑假學生家常閒騎，一路上並沒有遇見任何單車旅人。一五二綠廊不是什麼名門大道，但輕輕散落的中臺灣美好山村光影，常繫於一顆企盼追求美好安靜的心，牽引著我與單車的腳步，來到名間濁水車站前。

遇見火車站，大熱天裡，可以駐足休息、洗臉、上廁所，整理好心情再出發，車站像旅人的小山屋，讓心溫暖、讓腳步踏實。濁水車站離松柏嶺不太遠，緩坡踩起來有一點重，騎行至此已近黃昏，陽光斜照在一行行茶田上，夏末的松柏嶺一片翠綠。從名間的名松路轉進來，大致上是一平坦臺地，放眼望去大多是茶田，熨貼著略有起伏地形，沒有峻嶺水深、陡峭山勢，茶壠開闊整齊。對於茶，自己是門外漢，只知道隨著熱氣往上飄移的茶香能滲入心緒，能安定一顆翻騰失意的心。我常想，茶香的源頭一定有個值得坐定聆聽的故事，或是移

03 | 02 01

01 集集線小火車，掠過剛布水的田裡，它的影子滑過田中央，也沉在賞心悅目的心裡。02 鋪上草皮的源泉車站月臺鐵軌，平淡安靜。03 152 縣道，不時出現樟樹搭起的綠隧道，夏天光影掉了滿地，騎起來很舒服。

動雙腳慢步走進去的故事。一路上被茶綠包圍，小小的迷了路，鄉間的小路就是這樣迷人，失去方向的時候，便是即將發現心曠神怡的好風景當下。製茶工廠面對著青翠茶田，檳榔樹撐開幾十支葉傘，站在工廠前，就有收買人心的魔力。美景當然有好味道，工廠大門口陣陣茶香瀰漫，製茶廣場上，可以大口大口的呼吸，享用不收門票免費的茶香，直到神清氣爽、精神飽足。

就像漂泊的小船，踩著單車在茶海中飄盪，綠光閃爍，茶樹葉子油亮反射著陽光，我的身影輕映在茶田翠綠間。

記得前幾年茶廠的廠長說過：「松柏嶺這裡有四種茶樹，金萱、烏龍、翠玉、四季春，烏龍因為氣候影響價格，已經產量漸少，四季春一年四季都能採收，產量最大。」停下單車，走在看似無邊的茶綠，茶樹高度剛好輕掠大腿，

每跨出一步，像千百隻小手，輕輕的按摩、偷偷的搔癢，不知我嘴角會心的笑是因為腳上的輕滑或是田埂步履的新鮮感。

松柏嶺臺地範圍不小，從名間臺三線轉進來騎行好幾公里，海拔高度也由一百多米上升到三百多米。若有似無的上坡讓踏板踩起來略有阻力，我腳下的輪轉愈來愈慢、走走停停，不是因為上坡吃力，而是想把心留在今天旅程的黃昏時分，田埂散步、抬頭仰望、伸手擁抱，縱與橫完美交錯的茶鄉風景。

01

01 青翠茶田，檳榔樹撐開幾十支葉傘，收買人心的好景致，美景當然有好味道，工廠的大門口陣陣茶香瀰漫，可以大口大口的呼吸，享用不收門票免費的茶香，直到神清氣爽、精神飽足。

坡度圖

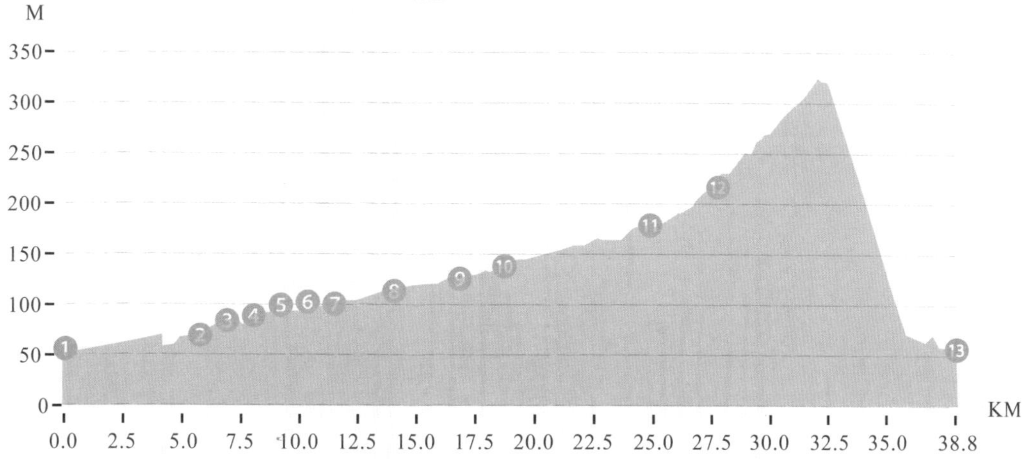

① 田中火車站　N23 51.499 E120 35.469
② 八堡圳自行車道　N23 49.427 E120 36.531
③ 二水親子公園　N23 48.884 E120 36.949
④ 二水車站　N23 48.791 E120 37.080
⑤ 安德宮　N23 48.594 E120 36.942
⑥ 謝東閔故居　N23 48.752 E120 36.985
⑦ 二水自行車道　N23 48.591 E120 37.420
⑧ 源泉車站　N23 47.909 E120 38.527
⑨ 八堡圳公園　N23 48.037 E120 39.500
⑩ 152 縣道　N23 48.912 E120 40.348
⑪ 濁水車站　N23 50.081 E120 42.286
⑫ 松柏嶺　N23 50.874 E120 40.994
⑩ 田中火車站　N23 51.499 E120 35.469

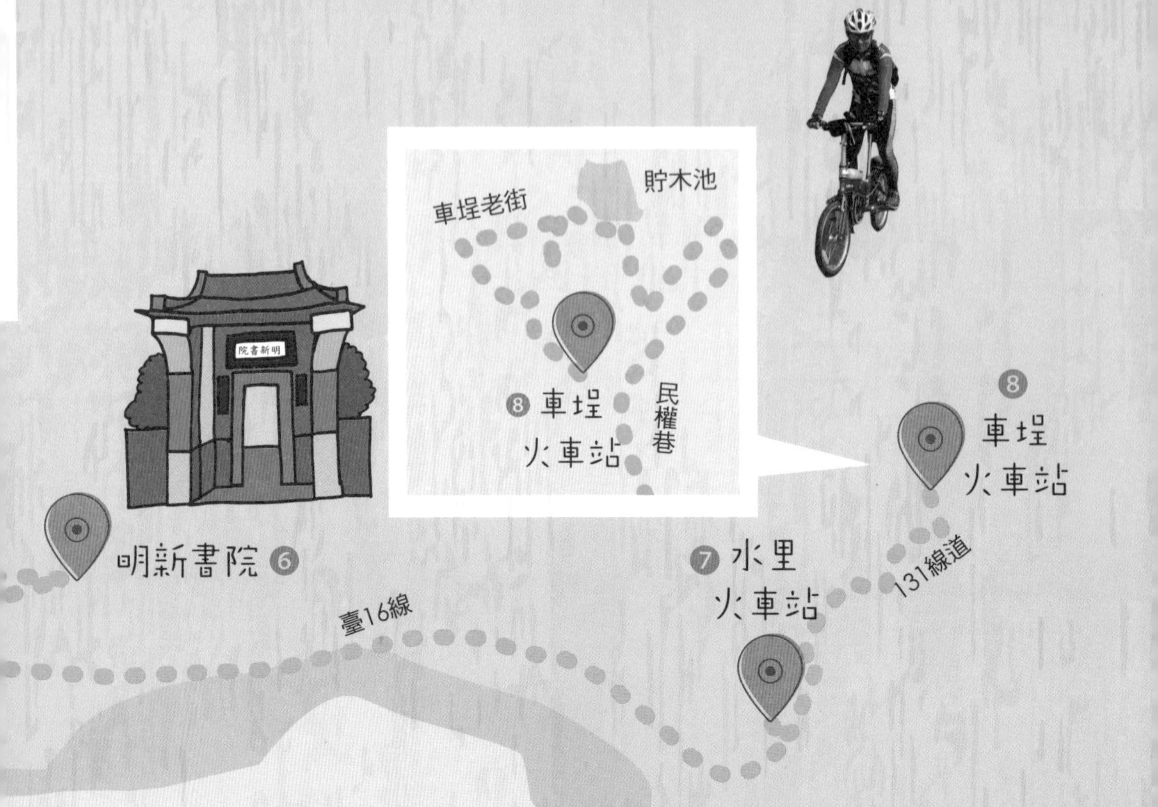

騎乘重點及行程資訊

路況

1. 搭火車建議集集站下車，方便租車。若是開車，龍泉火車站停車較為便利。
2. 集集綠色隧道的車輛不多，但車速快，偶有大車，須特別注意安全。
3. 152 縣道輕微起伏，盡量放慢速度，保持穩定。
4. 集集往水里選擇臺 16 線較平緩，路上偶有大車，只要靠邊騎行安全無虞。
5. 水里至車埕的山路有點陡，建議慢踩上坡，陡坡並不長。
6. 車埕是集集線最後一站，須以攜車袋打包單車，才能進入列車。

補給

集集、水里、車埕街上可補給，其他路程中補給點很少，請注意里程及體力分配。

交通資訊

大眾運輸

搭乘火車在龍泉、集集、車埕下車，均可串連路線。

開車

行駛國道 3 號於民間下交流道，沿臺 3、臺 16 再轉進 152 縣道，即可抵達集集小鎮。

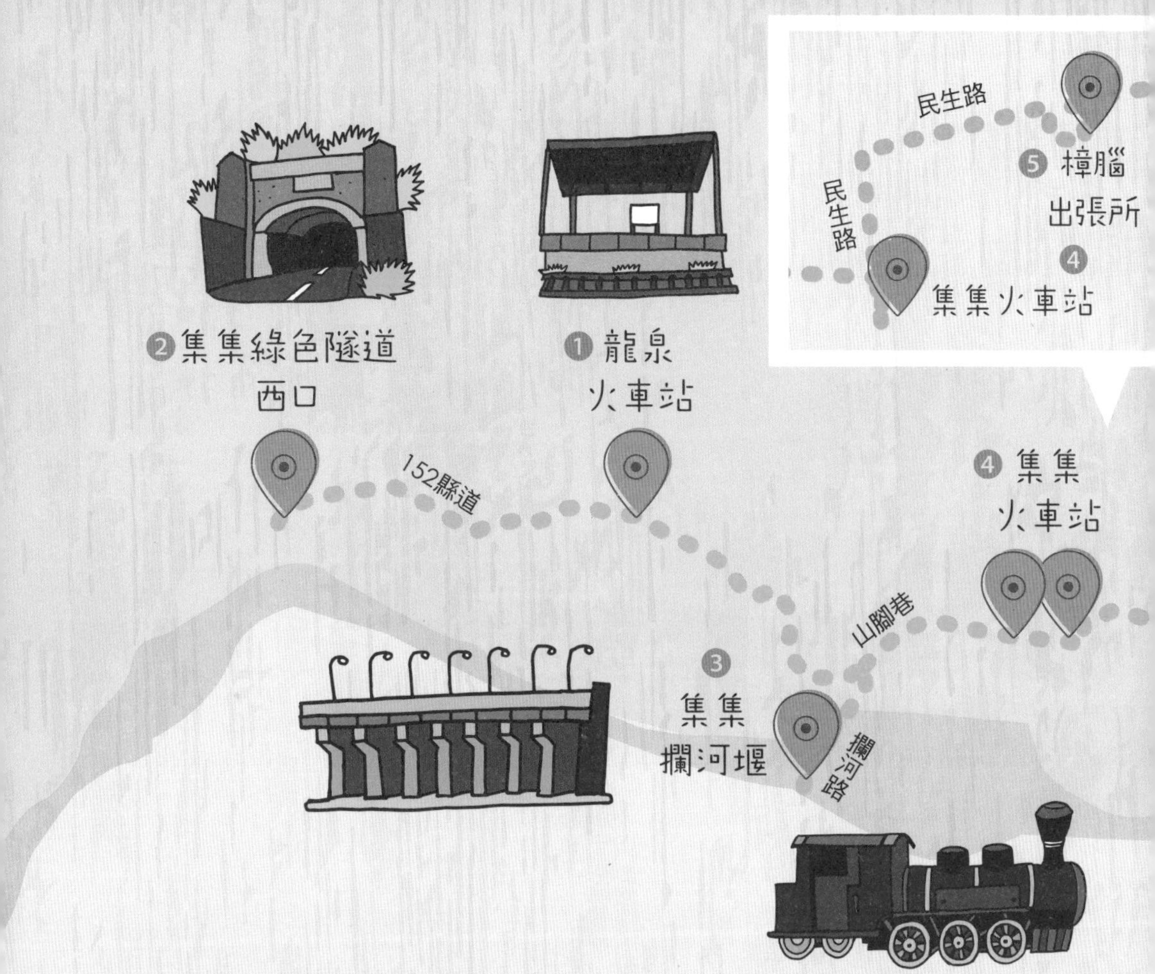

17

集集到車埕

Jiji Township

17 集集到車埕

簡簡單單的季節慢旅

里程　29.2公里
旅行時間　七小時
路線難度　★★☆☆☆ 進階
旅行分類　■漫遊／□深度／□運動

今年，這個冬季，連續二次踏進集集小鎮。一次在孟冬，天氣微涼的晴天，另一次正值仲冬，雨從臺北一路下到南投，順便丟下十四度冬雨寒意，一點也不留情面。印象中我並沒有在冬天到過集集旅行，大部分的記憶，還停留於十幾年前或二三十年前的模糊之中。腦子裡最清晰的影像，大概是準備進入集集小鎮那幾公里綠色隧道。可能因為旅行腳步容易往心裡清楚的區域前行，二次集集冬旅，都是從綿長又漂亮的綠色隧道展開旅程。

仔細看過地圖，集集單車旅行最好的出發點是龍泉火車站。搭火車來，龍泉簡易站以悠遊卡結付票款很方

① 龍泉火車站
② 集集綠色隧道西口 3.6K
③ 集集攔河堰 10.6K
④ 集集火車站 14K

02 | 01

01 最好的方式不是開車也不是走路，而是騎上單車追逐那條微微起伏轉彎的美麗樹廊。02 倏地畫過綠蔭和滿地光影的火車，總是讓心頭躍出驚喜。

便，一下車，月臺外沒有大門，搬運、組裝單車都方便；開車四加二前來，龍泉不是知名景點，停車也輕鬆愉快。最重要的是龍泉位在綠隧道中間，又有小店可以補給，不論騎到集集線任何一個火車站，都能用攜車袋打包單車再上火車回到龍泉。

從龍泉到樟樹綠色隧道

龍泉是一個很小的聚落，網路上也找不到關於它的歷史故事，沒有盛名之累，顯得樸實安靜許多。小村子裡沒什麼人，騎單車沿著鐵軌邊小路汲取一些村子裡的安安靜靜，還有家戶大門敞開的安全感，這種感覺真的好讓人放心。巷子很短很短，幾戶人家的腳程而已，平交道幾乎貼著生活日常，鎮日叮叮噹噹，卻不怎麼擾人清夢。這裡半小時、一小時才一班火車，夜裡也沒有特快車轟的扇醒美夢。路口的小平交道很有趣，很窄很窄，只有人和單車或機車能通過，不過雖然迷你，可是正正式式的平交道呢！「小心喔！再六分鐘火車就要來了。」一旁藥房老闆站在門口吆喝。在地人天天聽火車，分分秒秒都算得清楚。也只有集

車埕火車站	水里火車站	明新書院	樟腦出張所
8	7	6	5
29.2K	24.8K	16.2K	14.7K

集支線鐵道，能站在平交道上拍照，傻呼呼的望向鐵軌畫出兩條美麗平行線，深入遠方，一直到隱沒於村子外的樹林裡。

路過平交道、走出村子，馬上就是集集綠色隧道，不往集集，往名間那頭騎，反正騎到綠廊盡頭回轉，又可以再次用不同方向欣賞又高又大的樟樹綠隧道。幾十年來，知道集集有條很出名的綠色隧道，也開車走過、下車散步過。只是沒有像今天，騎著單車，仔仔細細畫過樹梢投射下來的光影，實實在在從頭逛到尾。這條一五二縣道，兩旁大多是樟樹，不若一般路樹或自行車行道樹特意修剪的樹身筆直又瘦弱，每一棵樹幾乎都是樹爺爺了。沿著略有起伏、蜿蜒的公路騎單車，每一棵樟樹歷經風霜和歲月洗練，出落著力與美的身形，隨路形變化好幾公里。第一次來天氣好，清早晨光還亮著金黃，射透了綠葉，散落在馬路上，明暗交錯，光影分明，有種星光大道的氣勢。第二次仲冬再訪，小雨紛飛、天光暗淡，光線均勻分布在每一片葉面、每一條枝節上，每一棵樹和每一段路都看得一清二楚。不論晴雨、明暗，騎上單車輕掠集集樟

03
02 01

01 龍泉村子裡的超迷你平交道，單車走來剛剛好。02 也只有火車很少很少的集集線，能站在平交道上，看鐵軌畫出二道平行線往村子外的林間深入。03 經過民國二十二年修建的集集隧道，就快進入集集小鎮了。

樹綠色隧道，老樹爺爺的大氣勢裡多了一點穩健和時光留下的美感。樹廊像挑高屋頂，視野看得更遠、更長，抬起頭，閃閃亮亮的光影，多了一分古老韻味。騎在樹蔭下，聽見平交道叮噹響起，找個好風景期待火車畫過那一剎那，真的好興奮。

開車或騎機車很難體會出一五二公路輕輕地上下起伏，也會忘了看清一次又一次倏地掠過的樟樹很老很老。以前隨隨便便在汽車裡驚呼，今天騎單車，猛然清楚，踩上讓腳微微出力的短緩坡，放眼望去，沒有阻攔的下坡，一溜煙地滑向老樹爺爺懷抱，再轉個大彎，遇見小火車轟隆出現的驚喜畫面，一切都很簡單地牢牢記在心裡。

慢遊集集鎮和車埕

集集攔河堰位於綠色隧道腳下，從光影疏斜中穿越集集隧道，滑個一兩公里冬風不寒的下坡路，濁水溪溪水被擋在小鎮外的山谷間，這座全臺灣取水量最大的水利設施，攔住一池湖光山色。進入山城市街前，順道繞過來，看看開闊的天水相映，花不了多少時間，而胸襟似乎瞬間打開，無限寬廣。

慢慢騎來，一定比趕場能看見更多景點，慢條斯理放心呼吸，撿拾一些與心相遇的感動，一窗風景，其實也夠品味許久了。進了鎮，不經意的停在日式木造集集車站前，喜歡它的老樣子，黑色日本瓦落在原木柱子上，白色牆上鑲著一扇有透明玻璃的木窗，牆腳下嵌著日式「豎羽目版張」工法。慢步車站老屋子廊下，總是把我們這種中年大叔的腦子，又牽回兒時老城市的老建築景色裡。集集火

集集攔河堰，擁有全臺灣最大的取水量。

車站，一九二二年設集集驛，一九三〇年楊梅車站拆遷材料建造而成，因為日月潭發電水利設施而生，時光老去而大多只剩載運遊客功能。想為自己留一點生命回憶，等一下騎到終點車埕，和單車同行、和冬暖牽手，搭一段屬於心靈美好的火車之旅回到龍泉車站吧！車站對面的市街人車杳然，集集樟腦出張所裡有個大院子，坐在樹下抬頭看看純綠光影投射在日治時期宿舍聚落巷弄間，陳舊的味道，充滿在一八九八年來經歷百年的斑駁與落沒。沿著民生路騎到底，明新書院和永昌國小連成一氣，一八八三年創立，一九〇八年遷址於此，小朋友上課有文昌帝君陪伴，有古蹟加油，古色古香中緬懷百年樹人，天天神清氣爽。

集集鎮上，只停駐三個景點，一不小心，時間匆匆已奔過午餐時間，離開市街選擇臺十六線省道，沿著濁水溪河畔奔馳。河間灘地開滿芒花，晴天時花序隨風飛揚，搖起冬風中最美的舞姿。下雨天，溪谷在重重山巒雲霧慢移流淌，芒花被洗淨後滲進雨水，黃色芒花晾在群山無語的冬天濁水溪裡，像畫飄渺，又是如此不離不棄雨中陪我往水里飛奔。

03 02 | 01

01 集集攔河堰，一池水天相映的淡藍。02 喜歡老車站的古意味道，還有牆腳下的豎羽目版張。03 集集樟腦出張所，見證那年風光。

03 | 01 02

01 明新書院目前與國小相連，正廳前就是國小操場。02 芒花被洗淨後滲進雨水，黃色芒花晾在群山無語的冬天濁水溪裡，像畫飄渺。03 如果擔心騎累了或時間不多，記得帶著攜車袋，單車打包好，可以搭小火車，重溫當年風華行腳，也節省一點時間。

水里鎮上並沒有停留太久，過時的午飯也隨便找了一間街上普普通通的麵店，店裡有一種蚵仔蛋，加上新鮮韭菜和蔥，用油煎得香酥。對於蚵仔蛋，有一種發現的樂趣。最近不太依靠網路搜尋美食或美景，只想憑著一顆雲遊四海的心，享受原本存在世界上的新鮮感。多餘的時間，就手捧好書，閱讀文字才有的馨香美感。旅行在外也一樣，不知道自己演出的劇情，這劇才看得有期待，還有未知的驚喜。

過了水里是山路，不太長的真正上山公路連結集集線終點車埕。

一九一二年埔里製糖株式會社以輕便車運送蔗糖至此，輕便車集結滿坑滿谷，像輕便車的停車場，喊久了，車埕就成了這地方的名字。一九五八年開採丹大林道森林資源，盛況空前，所以車站外的高處有貯木池、木材加工廠、轉運站。停好單車，在小山坡上漫步，貯木池的冬天陽光笑盈盈地灑遍整個小湖畔，落羽松未紅，綠色池水與山綠、黑屋子自成一派美意。天氣好，遊客比意料中還多，學生校外教學、遊覽車團，非假日的車埕有種回到當年伐木昌隆的盛景！單車可以直攻車埕聚落高點，若是不再往日月潭，沿著老街小路滑下來，回到林業展示館外的車埕當年，鐵軌在園區裡四處畫線。火車站內、站外也分不太清楚，身上有張悠遊卡，靠卡後就可以上車了。單車小折打包，站在月臺上等小火車進站，逝去的日子難再找回，現在的足跡將成為未來的懷念，提起陪著我慢旅行一天的單車和貼心冬日陽光，火車再次起程，往水里、集集、龍泉的今日出發。

坡度圖

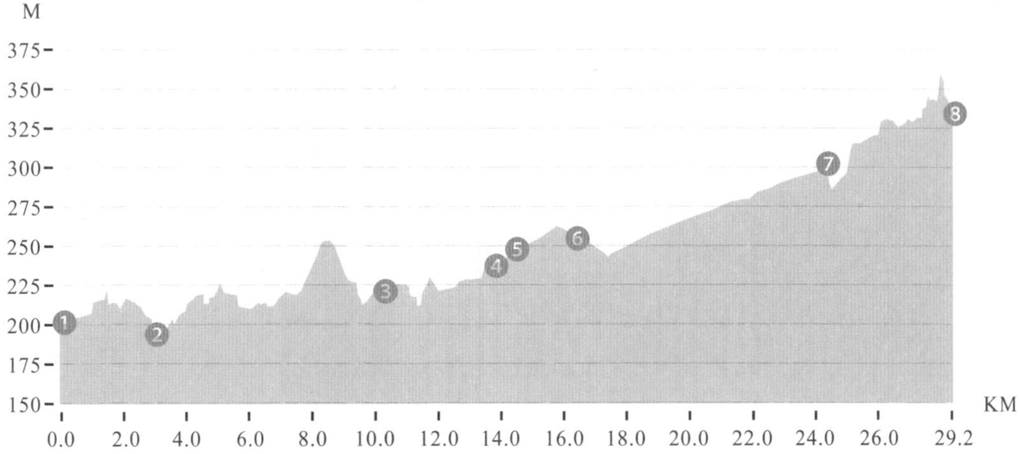

❶ 龍泉火車站　N23 50.102 E120 45.000
❷ 集集綠色隧道西口　N23 50.116 E120 43.391
❸ 集集攔河堰　N23 49.094 E120 45.815
❹ 集集火車站　N23 49.590 E120 47.095
❺ 樟腦出張所　N23 49.709 E120 47.236
❻ 明新書院　N23 49.656 E120 47.972
❼ 水里火車站　N23 49.096 E120 51.208
❽ 車埕火車站　N23 49.962 E120 51.947

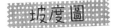

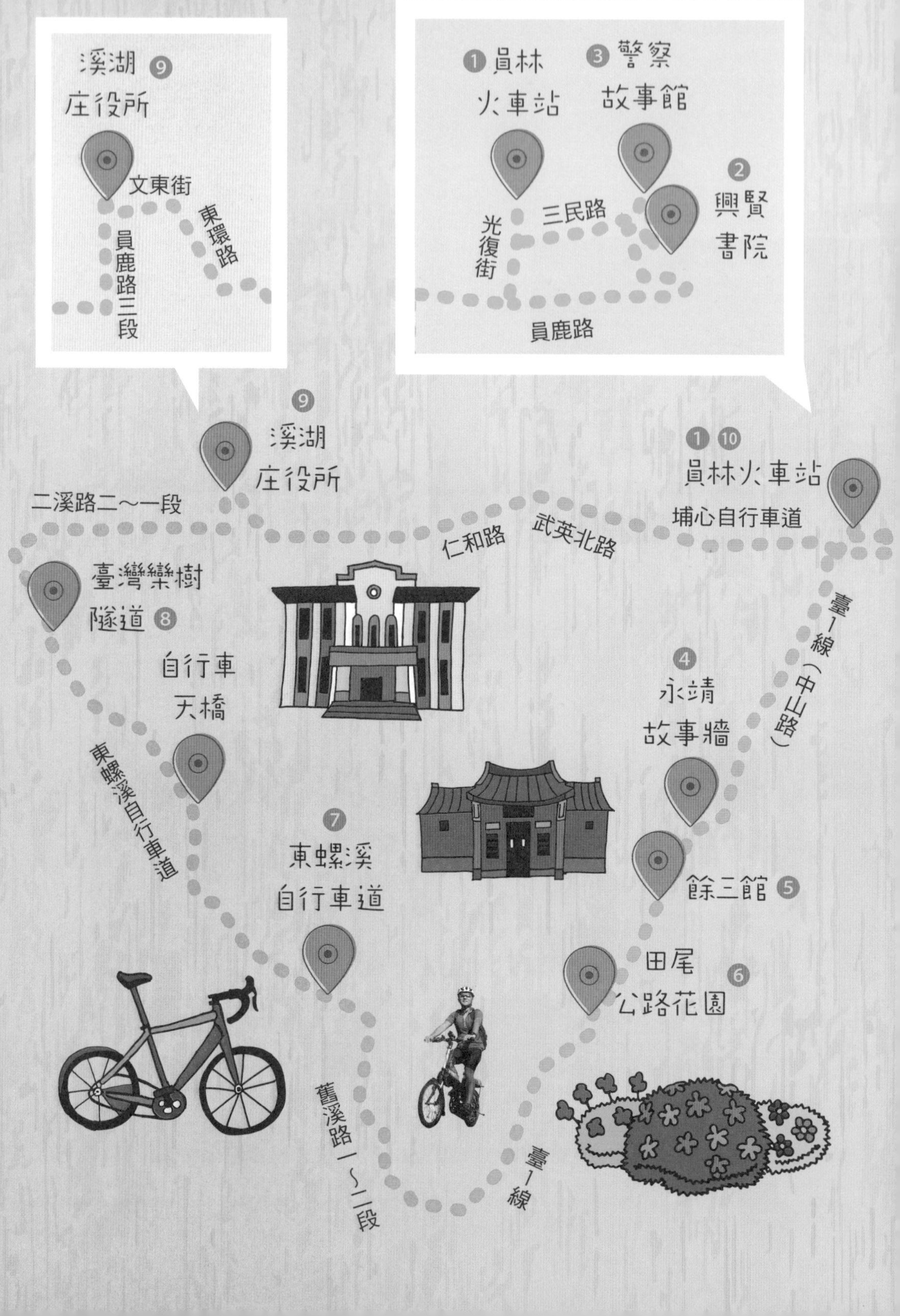

溪湖 9
庄役所
文東街
東環路
員鹿路三段
1 員林火車站
3 警察故事館
2 興賢書院
三民路
光復街
員鹿路
9 溪湖庄役所
二溪路二～一段
1 10 員林火車站
埔心自行車道
仁和路
武英北路
臺灣欒樹隧道 8
自行車天橋
臺1線（中山路）
4 永靖故事牆
東螺溪自行車道
7 東螺溪自行車道
餘三館 5
田尾公路花園 6
舊溪路一～二段
臺1線

18

彰化小鎮慢旅行

Changhua County

騎乘重點及行程資訊

路況

1. 市區道路較複雜，興賢書院沿三民路即可抵達，警察故事館位在員林鎮公所後方。
2. 沿臺 1 線往永靖，省道車多且車速較快，盡量靠邊騎行注意安全。
3. 餘三館較隱秘，由中山路一段 451 巷，轉進小巷子，即可抵達。
4. 請沿臺 1 線於舊溪路右轉，後沿溪畔騎行，便為東螺溪自行車道。
5. 經臺灣欒樹隧道後，可右轉二溪路往溪湖，回程可選擇羊葡自行車道及埔心自行車道。埔心自行車道出口為員鹿路一段，車輛較多，左轉往員林請特別注意安全。

補給

員林市區、臺 1 線上有許多補給店家，這段路較不用擔心；東螺溪自行車道因地處偏僻，補給點較少，必須到溪湖鎮上才有補給店家。

交通資訊

大眾運輸

搭乘火車在員林下車。

開車

行駛國道 1 號於員林下交流道，沿 148 縣道（員鹿路）往員林，即可抵達員林市區。

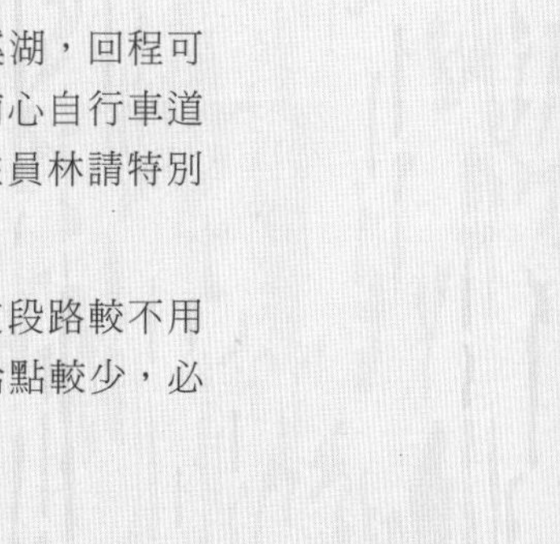

18 彰化小鎮慢旅行

閱讀東螺溪美麗季節

里　　程　42.8公里
旅行時間　一天～兩天
路線難度　★☆☆☆ 輕鬆
旅行分類　■漫遊／■深度／□運動

深秋時分，入冬前一陣子，臺灣欒樹泛紅的季節，臺北溼溼涼涼的，這時間的中臺灣陽光還暖著身子，如果能在陽光下的樹蔭裡騎車吹風該多舒服。想到了，就準備好單車再拎著想念的心，搭上一早火車，晃盪兩三個小時，員林火車站下車，隨意找一條印象中的臺一線，跟著陽光腳步旅行去。

幾年沒來員林了，火車突然停在高架車站上，出了站恍然明白，以前那座舊站早已不復存在，逝去的光景幻化成現代感站體。對於舊車站的懷念，讓自己像來到一座陌生小鎮，看看時間也不早了，先往小鎮的大街小巷探險。

① 員林火車站
② 興賢書院 0.7K

員林老宅懷古時光

來到員林，一定要前往員林公園裡的興賢書院緬懷小鎮歷史，從車站穿越市街，平常日看起來並不太擁擠，雖然在新車站前恍神了一下，不過沒多久又回到當年騎旅的記憶中，員林公園就在不遠處，古老的興賢書院被一片綠意包圍。書院草創於一八〇七年，那年從文昌祠起家，一八二三年廣東饒平官章麋生邱海在廟內設私塾，學生來自武東堡、武西堡、燕霧下堡（員林市、大村鄉、埔心鄉、永靖鄉、社頭鄉），經歷日治時期、民國年間，原有的學田和廟產已不復存在。

一九九九年的九二一大地震，更讓這座小鎮古蹟幾乎全毀，所幸重建後，今天依然佇立在欒花常開的小公園角落。快入冬了，書院前的欒花已成果，滿樹紅褐色蒴果高掛枝頭，駐足樹下眺望，陣陣清幽古意飄向心頭。看見這些欒樹美景，突然想起溪湖東螺溪畔的欒樹，應該也紅了樹梢。多年來，一

02 | 01

01 溪湖鎮外夕陽斜，東螺溪畔樹影濃。02 季節荏苒、歲月如梭，興賢書院歷經百年時光依然佇立在此。

餘三館 5 8.5K — 永靖故事牆 4 7.3K — 警察故事館 3 0.9K

直沒好好騎過彰化段的臺一線，雖然老路線車子多，但也有不少能好好認識的在地風景。好吧！就選擇臺一線，往溪湖出發。繞出公園，對面員林公所後方出現一幢黑瓦木牆舊房子，懵懂兒時有太多這種建築的相關記憶，不經意的，我走進日治時期留下來的警察故事館。當年的警察宿舍整修完成，木格窗、雨淋板，一座小小的警察博物館用以前到現在的警察裝備、器具用品講故事，讓人再次走回好久以前的那個時代。散步圍繞老屋子綠色草皮，心一下子回到過去的純真時代。

臺一線彰化段穿越好幾個小鎮，傳統南來北往路線，因為高速公路和快速道路開通，略顯落寞。騎出員林鎮，臺一線比想像中來得寬大，單車騎起來還算順暢安全。不知不覺身處永靖，其實是不小心看見路邊永靖故事牆的指標，轉進小巷子裡，一面山牆上彩繪著永靖生活，永靖早年街市景象活靈活現呈現在立體畫作裡。如果只是路過村子外的臺一線，真的沒什麼感覺，一下子就隨風飛奔而過了。茶室、酒家、戲院，都是這面牆上的主角，而今只能靠一幅牆上的壁畫想起當年往事。濃濃的古早味，讓人回到過去，仔細一看，圖裡的主角長得像明星，周潤發、張學友、周星馳等，懷古的時候，對今日仍然念念不忘。「再過去一點還有個餘三館，有時間去看看。要轉進去小路嘿！」巷子裡的大叔喊著。「巷子內」這句話在腦子裡繞，住巷子裡的一定知道更多熟門熟路，接下來單車騎起來特別注意「巷子」路況，一不小心只會輕掠而過，

02
03
01

01 日治時期的警察宿舍又回到那年的樣子，屋內是警察的過去和現在的故事展示。02 彰化永靖成美園區，很漂亮的臺灣傳統建築，可惜沒有預約不開放參觀。03 永靖故事牆，記錄永靖早年生活與繁榮時光。

徒留遺憾了；路邊出現花田、樹田，小路盡頭充滿神秘感，有時候心想著某個方向，自然就會通往美好的境地。感覺到了，轉進花田小路，穿越一些低矮老房子，沒想到第六感帶路轉個彎就來到餘三館前了。臺一線的巷弄裡藏著一幢漂亮的老宅院，很幸運走進了巷子，看見這美麗的歷史建築。每每遇見老宅子，總感覺消逝的時光在它身上留下的痕跡特別有韻味，若是重修過度，濃妝豔抹，那一分來自古老的美感便顯得匠氣。喜歡眼前的餘三館，微微的斑駁寫在它老邁身上，走進來，有若時光倒流一八九一年落成風光時刻。

餘三館大廳前有著很特別的軒亭，駐足其間像到了某個古鎮的古老年代。

02 01

01 老宅子大門敞開，走進中庭，坐在門前，尋思古之情。彰化縣定古蹟餘三館，祖籍廣東省潮州府饒平縣塘埔鄉大榕社的陳家之宅邸，陳成鑑於光緒十年（1884年）由陳家舊宅擴建，光緒十七年（1891年）落成後宅邸命名為餘三館，為紀念祖先創業艱辛，蔭澤後代之意。戴潮春、北白川宮能久親王的歷史都能在這大宅子的往日中找到一些蛛絲馬跡。02 秋天，東螺溪因美人樹花落，更多彩繽紛。

輕掠永靖、田尾，接下來經過有美食肉圓的北斗，並不用刻意轉進市街裡，沿著臺一線慢騎，自然而然就能遇見北斗內圓招牌挑動味蕾。隨緣的移動，讓旅行更多了一點偶遇的喜悅。午餐，偶然相遇的Q彈肉圓和一碗豆腐貢丸湯。

遇見欒樹樹廊及秋日稻田

離開臺一線沿著東螺溪騎行，路上車子突然少了很多，溪畔種上小葉欖仁偶爾穿插一些美人樹，美人樹的花季點綴在綠廊間，粉紅色花瓣落了滿地。雖然已是正午時分，這季節的陽光不再猖狂，溫度也無法放肆，貼著右岸小葉欖仁綠蔭和美人樹的粉紅花毯，數著自己的踩踏往目標溪湖，不疾奔、不趕路，緩緩收攏最舒心的彰化日正當中。東螺溪屬於濁水溪舊水路，兩側鋪上不太寬的馬路，水岸種植不少季節性行道樹，小葉欖仁半天高頂著中臺灣天空；入冬前，木棉花綠油油的葉子等待明年春

天。看見木棉，就想明年春天再來走一次橘紅色的木棉花道。

東螺溪邊畫上了自行車標線，一條開放型的自行車道穿越一次又一次的綠隧道。先是黃蓮木，時序已至秋末，還是綠盈盈地往深處延伸，只要有一顆感動的心，任誰踩著單車來到樹下，都一定會放慢腳步，吸收綠光滲出的心靈養分。前方的路略為轉彎、起伏，綠光從遠方投射過來，美麗極了。秋末冬初的臺灣欒樹風景最精彩，當人車愈來愈少，而欒樹的影子卻愈發濃郁。輕呼吸！淡淡的稻香隨風飛來，十月底的稻田金黃閃爍，看似了無盡頭的稻海有種乍見落英皆繽紛的意外收穫。田邊，我與單車正好穿越欒樹林，透過一棵又一棵樹下光影望去，那稻海又更加的金黃而亮眼了。腳上的金黃無限展望，樹上的黃褐高掛燦爛，

03 | 02 01

01 黃蓮木隧道還是滿樹翠綠，把秋日光彩拉得好長好長（東螺溪自行車道）。
02 從臺 1 線轉進東螺溪畔，成排小葉欖仁迎接感動的心。
03 田邊，我與單車正好穿越欒樹林，透過一棵又一棵樹下光影望去，那稻海又更加的金黃而亮眼了。

秋冬交替之際來到東螺溪畔，簡單的欒樹色彩縫製一幅細膩的風景，綿延好幾公里。

我在秋風中徐行，冷與暖在此時交織，臺灣欒樹色彩層層疊疊的，淡淡的黃花散了一樹，輕輕搭在遠方的紅顏色蒴果，緊追跑在前面早熟的乾褐色果子，樹梢色彩繽紛而不雜亂，一個段落銜著另一個段落，花況十分豐富。黃昏時候夕陽斜了，乘風來到溪湖鎮外，未見燈火闌珊，卻遇見那欒樹林子不見天光，落下抓不住春去秋來的黃葉，風一吹飄呀飄的灑落季節哀愁。這一段欒樹林特別厚實，秋葉掉落四五成左右，疲弱的夕陽趁隙閃過枝葉間，從遠處望向林間深處，綠中有黃，黃中金光閃爍，樹影子傾倒在暮色光影裡，好美呀！畫過黃昏微風、輾過一地秋日光彩，我用心捧著包圍我的欒樹美景回家。

那一段東螺溪畔閃閃亮亮的樹林，就是有一股吸引力，來來回回騎了好幾趟，心裡還是不怎麼滿足離開綠光金黃的林蔭。東螺溪到溪湖小鎮很近，不一會兒就能在市街裡閒逛。騎過一些老有年紀的街屋，我在一間充滿古典美感的舊房子前停下單車，抬頭仰望日治時期的溪湖庄役所（現在的溪湖藝文館）。淡綠色牆面嵌著水泥窗花，好喜歡這些舊房子，歷經滄桑世事還能安然佇立。門口坐坐，看著已經下班的藝文館大門深鎖，夕陽也差不多紅到了極點，是時候踩著單車掠過羊葡自行車道，讓火紅暮色染一身屬於彰化的亮麗。

01 想多瞭解溪湖小鎮，可以從溪湖庄役所的古典風建築開始。02 臺灣欒樹秋天染黃東螺溪畔，適合騎車體驗季節風情。

夕陽西下，
緊握小鎮最後一抹橙紅在手心
（羊蔔自行車道）。

坡度圖

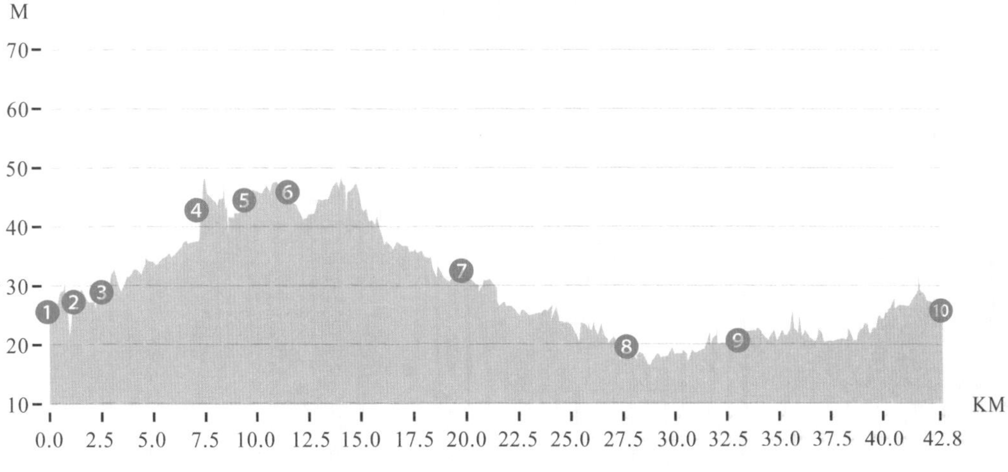

❶ 員林火車站　N23 57.560 E120 34.202
❷ 興賢書院　N23 57.491 E120 34.479
❸ 警察故事館　N23 57.552 E120 34.448
❹ 永靖故事牆　N23 55.189 E120 32.788
❺ 餘三館　N23 54.737 E120 32.538
❻ 田尾公路花園　N23 53.761 E120 31.989
❼ 東螺溪自行車道　N23 53.888 E120 29.651
❽ 臺灣欒樹隧道　N23 56.717 E120 27.227
❾ 溪湖庄役所　N23 57.751 E120 28.757
❿ 員林火車站　N23 57.560 E120 34.202

騎乘重點及行程資訊

路況

1. 由嘉義火車站出發，沿著 159 縣道往太保，遇見高速公路交流道時，因車輛多、車速快，請繞經下方機車道避開車流。
2. 因朴子溪堤防並未高度開發，道路大多沒有路名，可先進入灣北村向當地人問路。
3. 朴子溪自行車道位在蒜頭糖廠內，建議去程及回程同路，以免迷路而耽誤行程。
4. 由嘉義到六腳全程為平原路況，沒有起伏地形。

補給 嘉義市區先補給完成，因為往六腳的路上，補給點非常分散。朴子溪自行車道上幾乎沒有補給，可在蒜頭糖廠內進行簡單補給。

交通資訊

大眾運輸 搭乘火車在嘉義下車。

開車 行駛國道 1 號於嘉義下交流道，沿 159 縣道往嘉義市區或六腳境內。

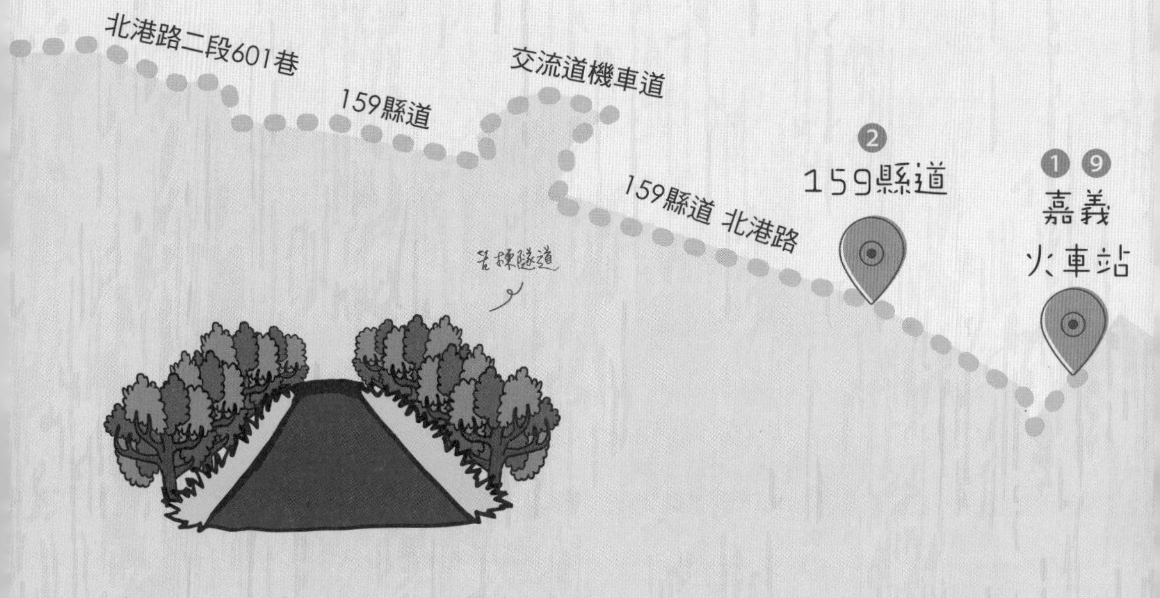

19

一個人的六腳旅行

Chiayi City

19 一個人的六腳旅行

尋找春天苦楝花香

里程 53.8公里
旅行時間 一天
路線難度 ★☆☆☆ 休閒
旅行分類 ■漫遊／□深度／□運動

六腳一處想望許久的小村子，但身與心一直被忙碌因素困住，直到今天才能隨著季節陽光催促上路。決定往嘉義六腳流浪，喜歡搭火車旅行的感覺，坐在車廂裡等待目的地停駐異鄉的悸動，三個多小時火車時光，看著窗外景色往後飛奔，有些是熟悉的生活影子，但大多數窗景是飽含陌生的新鮮感，彷彿一幕幕招手，魅惑我下次投入那窗未知的旅程。搭車期間，可以安安穩穩擁有自我時光，睡個甜甜的小覺或是用規律的鐵路聲響伴隨，冥想平常遺忘的心緒，這段旅途的移動與飛奔放逐，連發呆都美好。

① 嘉義火車站

② 159縣道 2.4K

嘉義車站大廳人來人往，走出剪票口，順便抬個頭，這時我老是想多看幾眼，高於視線的天窗與花飾，來自於一九三三年的近代折衷樣式，縱使沒有人導覽、說明，鑲在古典建築上的歷史光影，看起來特別漂亮。

01

02

01 一個人四處奔走，帶著一臺小相機，捕捉臺灣最美麗的小鎮風景。02 搭火車去旅行，再背著一輛單車，浪跡天涯放逐自我，兩種不同的移動方式，寫下一種難忘的旅程。

蒜頭糖廠	朴子溪堤防 苦楝隧道	朴子溪堤防 黃金風鈴木
5	4	3
20.0K	15.5K	14K

單車組裝好、裝備就定位以後，沿著一五九縣道（北港路）往六腳出發，對於單車來說嘉義市區不怎麼大，往西騎乘四公里大約已脫離城市範圍，錯過市區的嘉義雞肉飯，接近午餐時間卻找不到可以吃飯的地方。旅行途中我最想要的不是被盛名渲染的美食，而是一些貼近生活的簡單味道，騎行一段一五九公路，遇見路邊小小的麵店，點了最平凡的乾麵和餛飩湯，端上桌來的意麵淋上魯肉、餛飩清湯灑上菜乾，貼近生活的在地小店，最能吃出不經矯飾屬於路過人的平凡低調。除了午餐，本來打算一路馬不停蹄直達六腳境內，不過因為高速公路下水田邊的茼蒿花朵，讓我停下腳步。仲春的蔬菜花朵特別美麗，比起公園裡、花圃間的人工栽培花朵更加自然脫俗，這些蔬菜是鄉間最美的風景，水圳邊、轉彎處，處處是風景。一小方茼蒿連結田綠，這季節的稻田鋪上濃濃的深綠，遠方幾幢屋子畫出千變萬化的意境。乘著單車揚起的春風，路過太保，不知不覺轉進了六腳境內。

真的是走進了鄉間，對於我，放眼望去都是舒心風景，不斷呼喚雙腳停下踏板。其實我沒有刻意安排前往聲名大噪的黃花風鈴木，只是遠遠望見路底開了幾朵黃花，不經意就沿著朴子溪堤防道路騎行了。那年，黃花風鈴木因為乾旱開得無比濃豔燦爛，形成不見天日的花廊，網路傳播後人潮擠爆原本冷清的堤防邊，但僅此一次，若是因為天候異常才能擁有震憾人心的美景，寧可回到如今平淡的鄉間小路。沒有黃花濃妝豔抹也就沒有人車吵雜，三月風鈴木下騎車舒心清閒，陽光從葉間灑落下來，地上印著樹梢擺動的影子，偶爾綻放的黃色花朵，像為我這獨自路過的單車旅人而亮麗。掠過風鈴木下，空氣中漫著清香，樹廊變得比較密集，樹綠也比較細緻，啊！是苦楝，淡淡的三月天剛好是苦楝開花時節，前方樹形伸手搭肩一致往路中心靠攏，築成美麗的綠色隧道，我細心的在樹下穿越，輕揚起每一吋有香味的風，真的好舒服、好清心！

01
03 02

01 仲春的茼蒿花朵特別美麗，比起公園裡、花圃間人工栽培花朵更加自然脫俗。02 偶爾綻放的黃花風鈴木，像為我這獨自路過的單車旅人而亮麗。03 其實我沒有刻意安排前往聲名大噪的黃花風鈴木，只是遠遠望見路底開了幾朵黃花，不經意就沿著朴子溪堤防道路騎行了。

一個人四處奔走，帶著一臺小相機，沒有任何後援，只有自己心裡所愛的初衷跟隨流浪。十幾年來如一日，走得辛苦，卻腳步自在。很多時候想表達騎車與環境融合的情境，除非大費周張或是捨去不可能的鏡頭，大多時候腳架也幫不上忙。偶爾不小心路過知名景點，遇見攝影同好手持高階單眼相機，請他們幫忙拍攝一些自己騎車的過程與情境，大都樂意為之。其實這些攝影朋友，也希望有個騎單車掠過美景的畫面，兩個期望相遇了，自然能成為有共同目標的好朋友。路過六腳苦楝樹廊，遇見幾位攝影大哥與大姐，在淡淡的花香中，我的影子，成了我們心中最想要的春日美景。謝謝你們讓我這單車流浪漢，盡情在我們的畫中奔馳！

蒜頭糖廠的歷史軌跡

雖然單車旅行處處是風景、時時能停留，但是在有限的時間裡也只能跟著感覺停靠。黃金風鈴木和苦楝隧道位於六腳溪北地區，經過附近的小聚落，不一會兒看見故宮南院和蒜頭糖廠。一九〇六

苦楝遠看不怎麼起眼，近看卻有著美麗的紫色花朵。

年建廠，曾經是臺灣第三大糖廠，我和單車穿越大門，彷彿也踩進百年前某個製糖歲月，老有年紀的蒜頭車站，還是用它一身老邁與斑駁的外衣佇立在南臺灣豔陽下。五分車現在改成觀光用途，車站沒什麼大整修，一切都像以前的樣子，保留著糖廠簡單又古老的溫厚美好。偌大的廠區適合單車漫步，拜訪老建築、尋找舊時光，以前的繁華來不及參與，現在卻可以用心遇見珍貴的歷史。好喜歡不期而遇的老房子，慢慢的走到它的身邊，伸手撫摸滿是被時間刻畫的皺紋，脫落的漆面、木材的紋理，瑣瑣碎碎的陳舊汙漬裡有著簡單和沉默。

02 | 01

01 淡淡的三月天剛好是苦楝開花時節，前方樹形伸手搭肩一致往路中心靠攏，築成美麗的綠色隧道。02 蒜頭糖廠裡的五分車。

朴子溪自行車道起點位在糖廠內，循著往日蒜頭線小火車鐵軌而行。春天的風景孕育著冬天後的喜悅，路過六家佃長壽橋，穿越六腳田鄉中心，先是過季的乾褐玉米，接著是綠油油的花生田，我想著，當年小火車在蔗田吐煙慢行的畫面，腳下單車的速度慢了起來，老日子的懷想還沒淡化，又再次滿身苦楝清香，花生田路段的苦楝樹把自行車道搭成綠廊，此時此刻，身邊只剩下風聲。苦楝隧道好長好長，越過了六腳邊境，直到東石海邊，面向大海了。

02 | 01

01 一九〇六年建廠，曾經是臺灣第三大糖廠，我和單車穿越大門，彷彿也踩進百年前的某個製廠歲月。老有年紀的蒜頭車站，還是用它一身老邁與斑駁的外衣佇立在南臺灣的豔陽下。02 行進在玉米田間自行車道，旱田景色難得一見。

朴子溪自行車道從糖廠出發，循著往日蒜頭線小火車鐵軌而行。

景點 GPS

1. 嘉義火車站　N23 28.774 E120 26.347
2. 159 縣道　N23 29.082 E120 25.291
3. 朴子溪堤防黃金風鈴木　N23 30.387 E120 20.080
4. 朴子溪堤防苦楝隧道　N23 30.334 E120 19.252
5. 蒜頭糖廠　N23 28.770 E120 18.001
6. 朴子溪自行車道 六家佃長壽橋　N23 28.917 E120 17.773
7. 阿勃勒隧道　N23 29.927 E120 17.169
8. 苦楝隧道　N23 29.956 E120 16.123
9. 嘉義火車站　N23 28.774 E120 26.347

20

臺南小鎮輕旅

二天行程

Tainan City

臺南小鎮輕旅總里程 103 公里，規畫為兩天一夜的行程。因旅行距離較遠，於每段行程最後皆附較精細的手繪旅行地圖。

Day1-1 （嘉義火車站—白河市街—竹門自行車道—林初埤木棉花道，27 公里）

- 從嘉義出發，捨去臺 1 線，沿著民生南路接湖子內路，經水上進入白河。續騎行 165 縣道，即可往白河市區。可先在白河市區補給用餐後，再回頭由三塊厝連接竹門自行車道。
- 林初埤木棉花道位置不太好找，可沿著竹門自行車道抵達玉豐派出所，附近指標較明顯。

Day1-2 （東山市區—黑板樹廊—洗布埤—六甲市區—臺南藝術大學，27.8 公里）

- 從白河出發，沿著 165 縣道往東山，接著續行 165 縣道朝六甲邁進。
- 進入六甲市區，注意路標往烏山頭水庫，轉進八田路，經烏山頭水庫前，穿越羊蹄甲花廊，左轉 171 縣道可抵達臺南藝術大學，可夜宿於附近。

Day2-1 （觀月橋綠河—芒果樹隧道—總爺糖廠—蜀葵花田—急水溪麥田，30.4 公里）

- 從臺南藝術大學出發，沿 171 縣道，經麻豆後進入學甲。由學甲改行臺 19 線，可達鹽水。

Day2-2 （急水溪麥田—阿三意麵—八角樓—新營火車站，17.8 公里）

- 從學甲出發，沿臺 19 線，進入鹽水。再沿 172 縣道，至新營搭乘火車轉乘各地。

補給 建議於嘉義、白河、東山、六甲、麻豆、學甲、鹽水市區補給充足，其他補給點零星分散。

交通資訊

大眾運輸 搭乘火車可於嘉義下車。

嘉義車站
1 嘉義火車站
湖子內路
3 竹門自行車道
4 林初埤木棉花道
2 白河市街
5 東山市區
18 新營火車站
16 阿三意麵
17 八角樓
15 急水溪橋麥田
臺19
165縣道
6 黑板樹廊
7 洗布埤
8 六甲市區
14 蜀葵花田
13 總爺糖廠
12 芒果樹隧道
9 烏山頭風景區
10 臺南藝術大學
171縣道
171縣道
11 觀月橋綠河

20

Day 1-1

臺南小鎮輕旅

白河木棉花與芒果樹的故事

里　程　27公里
旅行時間　半天
路線難度　★☆☆☆ 輕鬆
旅行分類　■漫遊／□深度／□運動

單車兩日遊，走吧！

又到了木棉花開的季節，火熱的橙色花朵，從南往北延燒。臺南白河林初埤的木棉花道，綿延長度超過一公里，映襯著開闊的田間風情、初春秧綠，刻畫出難得一見的水田木棉花景色，煞是收買許許多多來此追花賞美景的遊客芳心。

嘉義火車站出發

如果你看過二〇一三年出版的《單車一日小旅行》，一定知道，從嘉義火車站出發是比較完美的單車接駁方式。一早，我搭上六點四十分的

① 嘉義火車站
② 白河市街 16.3K

自強號，往南快速移動，春日的風灑在綠意的窗外，海線火車風景，視野多了一點開闊，中北部的春田才剛嫩綠，南部的稻葉已經迎風搖曳了。步出嘉義車站，溫暖的陽光迎面而來。我默默想著，接下來的兩天單車踩踏，將會沐浴在南臺灣溫暖的懷抱中。

湖子內路是嘉義往白河最佳單車路線，連接屬於鄉鎮道路的中義路，兩側盡是大地風光與綠意、曠野。田疇沃野掠過眼角，一路上旖旎心情便隨風飛揚了。轉進一六五公路，芒果樹迎接遠道而來的我。

沿著一六五公路進入白河市區，從三間厝附近轉進竹仔門自行車道。以前老是搞不懂白河鄉間道路，因為我來自城市，習慣路標指引，失去人類天生的定向能力以後，騎行單車再度找回幸福的方向。

01
02

01 選走湖子內路，可以遇見更多豐富的單車旅行故事。
02 白河騎單車，一定不能錯過芒果樹隧道。

林初埤
木棉花道
4
27K

竹門
自行車道
3
21.2K

芒果樹的故事

聽白河在地朋友說：「芒果樹大約是日治時期種下，當年每家每戶分配照顧，阿公負責照顧好多樹苗，阿爸每天清早上學前，會拿著臉盆裝水，一棵一棵澆水灌溉。」

幾十年後，我才能漫步樹下，把旅行的情懷寄託於歷史。白河的芒果樹路，有多少感人故事，年年開花，時時隨風飄動，故事彷彿在耳際，澆水的影子遠處霧裡閃爍！

木棉花的哀愁

木棉花道依偎著林初埤，很多人到白河找不到林初埤，汽車思維和城市理論，永遠不適用於鄉間。我也迷路過，但自從投身單車主義，迷路因子好像離我愈來愈遠。木棉道在玉豐派出所後方，如果仍然脫離不了汽車的愛戀，請在GPS設定玉豐派出所，跟著芒果樹走，自然會找到春天花廊。

好幾年前木棉花道並不怎麼熱絡，因為網路傳播，

04 | 02 01

01 茼蒿菜開花，美麗極了，白河鄉間隨處可見。02 這些高大的芒果樹，從日本時代至今，留下好多故事，讓人緬懷。03 人潮散去，木棉道顯得整齊劃一。

追花的人潮多了起來。每年大約三月中旬綻放橘色木棉花，花廊一公里長，盛花期把鄉間小道染得光彩亮麗。足音不再輕響，來來去去的遊人，可能比花朵更多。只有在晨光稍亮的時候，就像臺北騎早安自行車一樣，才能體會鄉間的木棉情懷吧！所以下次我想在天亮時人潮尚未聚集，輕踩落花。

木棉成熟後白色棉絮紛飛，浪漫的情感只屬於外地過客。幾次和阿伯擦身而過，得知花成熟了，棉絮四處飄落，對附近農作影響很大，所以砍掉很多木棉樹。以前的花況應該有鋪天蓋地般壯觀！沒有阿伯的路邊解說，賞花走春當下，誰會想到，木棉與農作的哀與愁。

午後三點半左右，離開木棉花道。省去小南海與糖廠自行車道，直奔烏山頭水庫。與阿伯揮手道別前，順便聊了將走的路線。在地人說法左歪右拐，指引我這臺北來的單車客人，踩得輕鬆愜意。在家鄉外，把夜色當成終點，一六五公路往東山，奔向六甲，田間夕陽漸沉，讓我想起臺北的黃昏！還有，去年春風與我同行的木棉之旅。

02 01

01 壓低身段，更能讓人看見美麗。02 木棉成熟後的花絮，讓農作成長添上了麻煩。

坡度圖

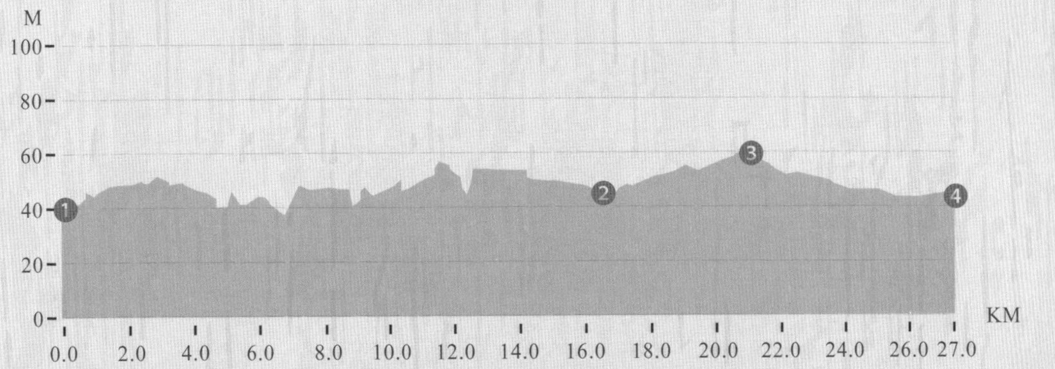

❶ 嘉義火車站　N23 28.716 E120 26.490

❷ 白河市街　N23 21.086 E120 24.939

❸ 竹門自行車道　N23 22.593 E120 26.686

❹ 林初埤木棉花道　N23 22.949 E120 24.584

20 Day 1-2 臺南小鎮輕旅

輕掠六甲官田的午後黃昏

里程　27.8公里
旅行時間　半天
路線難度　★☆☆☆ 輕鬆
旅行分類　■漫遊／□深度／□運動

告別白河，與木棉花下擁擠的人群說再見。帶著阿伯的指引，離開漫天火紅，往東山，陌生的景色開始包圍離家出走的心。

一六五公路這本新書

因為晚上住宿問題，五點前得趕到臺南藝術大學，在家裡看過GPS地圖，大約二十多公里路程，並不怎麼遙遠，約莫就是萬華到關渡的休閒騎法，距離不長。多年來單車踩踏，我開始解讀「距離」二字的意涵，它不再是二個點的連接過程。用心翻閱「距離」這本書，有時是一連串美麗又動人的故事，可能是豐富知識的

⑤ 東山市區 34.9K
⑥ 黑板樹廊 44.6K
⑦ 洗布埤 46.3K

文章，也會是撩動心海的季風。每每走完點與點的連練，我會很過癮的合上「距離」，閉上雙眼，讓書裡的春雨潤溼心緒；騎在一六五公路上，很陌生，又有點熟悉，過了東山，往六甲，嫩綠稻毯好舒心好平靜。迎著黃昏微風，我開始閱讀一六五公路這本新書。

黑板樹與稻綠

搞不清楚自己身在何處，只記得經過東山小鎮市街，出乎意料一六五公路寬大俐落橫過鄉野。路上車輛呼嘯與城市裡沒什麼兩樣，只是多了一點狂野與豪邁，不像是趕路，而是盡情放肆奔馳，來自於鬱悶水泥街道的我，喜歡臺南鄉間道路狂奔揚起的風。

夕陽有點泛黃，灑在往六甲方向

02 | 01

01 羊蹄甲染得八田路如粉紅花廊。02 公路旅行最讓人興奮的是，美意隨處可見（165 縣道黑板樹綠廊）。

臺南藝術大學 10 54.8K
烏山頭風景區 9 51.4K
六甲市區 8 47.7K

02 01

01 疲憊的夕陽落在水田裡，特別動人。02 走在嫩綠，是多麼幸福的事（六甲）。

的一六五公路，稻田與黑板樹兩種自然又簡單的顏色，往南方伸展。不知身在何處，但也沒迷路，不外乎是東山往六甲簡單線性移動。稻田綠意熟得不能再熟了，但那些黑板樹看起來跟著路肩畫弧，卻有點陌生。水田加上路樹，我確實在熟悉又陌生氛圍裡前行，單調的新鮮感，格外興奮。

路過洗布埤，六甲不遠了，我是從GPS上找到橋下埤塘名子。為什麼二十公傾的埤塘水源拿來洗布？心裡盤算打問路人，卻不小心走過了頭。路況略帶下坡，讓我怎麼也不想失去下滑的好

逸惡勞。亮黃的影子掉進水田總是那麼有吸引力，點燃金黃夕陽卻硬扯住我的腳步。這時候位置高，放眼遠眺六甲市區，一根根電線桿張開霧氛，薄紗輕掩房舍。大部分的人討厭電線桿，薄霧遠方，佇立綠意之間的電線桿，卻是一點都不覺得礙眼！今天的旅行太美好，可能心裡充滿歡喜。也可能是從來沒走過的一六五風景讓心淡了、靜了、清了、明白了，旅行的風，能洗去心裡的塵。

八田與一故事邊的羊蹄甲

很想停駐六甲，但因時間壓力，只能輕踩而過，不留一絲絲痕跡。六甲市街上有著南臺灣慣有的小鎮安靜本質，從東山過來，十幾公里遇不上一間便利商店，心裡盼望著咖啡香味，身體正處於回歸鄉野的福利，是一再失去城市不置可否隨時來杯咖啡的習慣。

終於接近烏山頭水庫，八田與一的歷史不曾抹滅，八田路上的風有著臺北春天缺少的溫暖。我把單車停在嘉南大圳導水線上，戀占石說了一場八田與一與妻子八田外代樹浪漫淒美的愛情故事。不遠處的羊蹄甲，是否為八田悽愴的故事綻開，無論如何，粉紅依然塗滿樹梢。花色盪得好遠好遠，夕陽斜斜的篩過花叢，落在我路過的線條上。前方準備轉進臺南藝術大學，花廊不知綿延多長？望著八田路深處，粉紅色花顏迎風輕搖，一波一波往遠方遞送。然後，我沉默的笑了！

03 | 01 02

01 戀占石，訴說著八田與一與妻子八田外代樹的浪漫愛情故事。02 夕陽正斜，穿越花廊，只惹得我花下駐足。03 走進臺南藝術大學宿舍區，有如走進古老的江南風情。

夜宿臺南藝術大學江南林園

走過了一六五，停駐在八田與一的歷史哀愁，臺南行的第一天黃昏，我路過六甲，在官田臺南藝術大學落腳過夜。

南藝大在烏山頭水庫岸邊，沿著小路穿越臺南慣有的竹林，千島湖般的美麗水域映入眼簾。站在岸邊，彷彿擁有整座水庫湖光山色，沒有人煙、沒有塵囂，只有我與山水的心靈對話。

晚上住在江南林園，一走進宿舍區，心便被江南氛圍收買。沿著運河中心漫步，腳步聲在既新且老的巷子裡輕響，山風吹動竹林，沙沙的聲響是我時光旅行的引導者。幾座古橋跨過運河，遠從大陸運抵臺灣，聽說那邊造鎮，拆了橋，南藝大有思古情懷，有保存故事的氣度，便原汁原味的把古橋在此地重生。

我踩橋而過，坐在古人的腳步上，天都黑了，心緒裡與時空交錯，一坐就是一個小時。如果走過古橋，能回到重前，那我寧願離去。那天，我在南藝大校園，坐了一整晚，心是空的，橋下荷花幾朵早開。

宿舍裡不若飯店豪華，頗為簡單的居家布置，站在陽臺上，便舒舒服服的眺望著小河蜿蜒，穿過每一戶不同造型的江南建築。吃過晚飯，我又沿著燈光闌珊的江南微光散步，等待遠方傳來悸動，北方雨了，南方卻晴，不能晴雨相映牽手同遊，是春天的愁！那晚，雨聲終究在北方，橋下的荷花，空等了。

01
02

01 聽說這座同安橋，從宋代流傳至今。02 南湖藝川上的古橋，由大陸原汁原味移建。

坡度圖

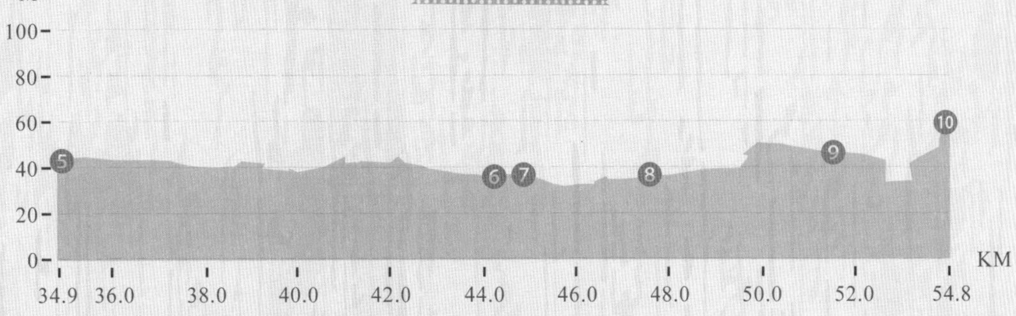

⑤ 東山市區　N23 19.399 E120 24.304

⑥ 黑板樹廊　N23 15.230 E120 21.752

⑦ 洗布埤　N23 14.528 E120 21.203

⑧ 六甲市區　N23 13.817 E120 21.230

⑨ 烏山頭風景區　N23 12.296 E120 21.678

⑩ 臺南藝術大學　N23 11.391 E120 22.401

20 Day 2-1 臺南小鎮輕旅

綠色河流向麥田

里程 30.4公里
旅行時間 半天
路線難度 ★☆☆☆ 輕鬆
旅行分類 ■漫遊／□深度／□運動

從南藝大的江南輕風中醒來，晨間風吹過朦朧朝陽。許是心裡掛念著將要離別的焦慮，嚴格來說，我是一夜失眠未闔上眼。

芒果樹旁的綠色稻河

很晚才從南藝大離開，九點多的臺南稍嫌悶熱，不過比起臺北慣有溼冷，是輕鬆多了。沿著一七一縣道往麻豆騎，必須走上一小段上坡，除了正在開花的芒果樹，桃花心木筆直而高大。因為乾燥，落下的葉子又黃又亮鋪滿山林小道。正值下坡，我還是急著停下單車往回走，想體驗一下，用雙腳踩過葉毯的自然碎裂音響。油

⑪ 觀月橋綠河 62.8K
⑫ 芒果樹隧道 64.9K
⑬ 總爺糖廠 69.8K

亮的葉毯，把晨光打得閃亮，湊近時還有一點淡淡木香，一腳踩下去，聲音往下沉落，劈哩啪啦響著，像打破了美麗的畫一樣，讓人心疼。我好像在亮黃的河流上，自由行走。

以前常聽說官田有條芒果樹路，曾經因為道路擴寬後移除老欉芒果，從山上滑下來，突然間就在芒果路樹下騎著單車迎風前進了。一旁是美麗的綠色稻田，路上車不多，輕鬆跨過分隔島，站在馬路中心雙黃線上，接住從遠方漂泊而來的芒果樹綠。

02 | 01 01 觀月橋上，遇見官田溪裡的綠色稻河，流過美麗的春天。02 沿著 171 縣道，山區的桃花心木，落了一地輕香葉毯。

急水溪橋 麥田 15 85.2K

蜀葵 花田 14 79.4K

經過一段時間，只覺得掠過了層層鄉村景致，還未脫離官田。或許是擔心回臺北的火車趕不上，前方的路感覺如此漫長，不知是從何而來莫名擔心。路過觀月橋，再怎麼趕時間，也得停車感受，一大片綠色稻河在官田溪裡川流，畫著美麗弧線，一波又一波美感浪濤，往我身上拍打，撞擊我幾乎無法言語的思緒，太美、太美了。眼前的稻河，正逢春綠，平鋪著大自然顏色，在官田溪流域裡氾濫，就像美景潰了堤，滿地都是不可收拾的美麗。

學甲春日小麥熟

沿著一七一縣道，踩進麻豆市區前遇見一方美麗古老地域，跟著感覺滑進草皮、大樹、老建築的總爺糖廠。日治時期的製糖場，穿越百年時光，最後留在文創的氛圍裡。一口咬下糖廠的冰棒，甜甜的糖隨風散去，坐在大樹下，想著以往的繁華，蒸氣車頭起煙而過。來到總爺糖廠，核桃杏仁鹹冰棒，清涼旅行的腳步。

02
04 03 | 01

01 官田的芒果樹隧道，讓我在路中放肆。02 坐在總爺糖廠樹下吃鹹冰棒，是多麼愜意的事情。03 學甲，三月時分正值蜀葵花季。04 當年的汽笛聲彷彿還在迴盪。

麻豆過了，再往前便是學甲，這一路走來，繞過大半個臺南。剛巧遇見蜀葵花季，我並沒有特別尋找，路旁蜀葵花驀地呈現眼前。漫步在比人高的花田裡，又是個全新賞花體驗。如果沒有打此經過，就算是在網路聽說蜀葵花季，也會被漸漸淡忘。往前奔走，又是好一大段路，已近中午，溫度升高後開始讓體力散失。昨晚看過地圖，抵達鹽水只有不太長的四十公里路程，卻讓身體感到疲憊。停在急水溪橋上，苦楝花開

01 02 01 路過學甲，方知小麥正香。02 學甲與鹽水間的急水溪橋。遠眺小麥熟黃，無邊無際，美麗壯闊。

漫香，這時候想起臺北的雲，是否還在下雨。

駐足眺望急水溪，黃澄澄的田裡麥香搖曳，乍看之下，以為是春熟的稻田。納悶之餘，恍然了，三月小麥成熟，看似無邊的麥田，依偎著急水溪灘地，一直到視野盡頭。橋的位置高，但春霧朦朧，那些熟黃麥色，抹得幾分詩意。以前只在大雅看過麥田，這天路過急水溪，方知學甲麥熟三月天。

站在苦楝樹下，小麥田埂上輕綠搖曳，掛心即將離別依舊，如果有時間，真想在麥田裡漫步半晌。越過急水溪，便是鹽水了。我會帶著小麥與蜀葵的花、官田溪的綠川，越過鹽水小鎮，回到臺北。當我想念南臺灣的時候，就可以帶著多雨的心情南下，再次同遊綠色河流向麥田。

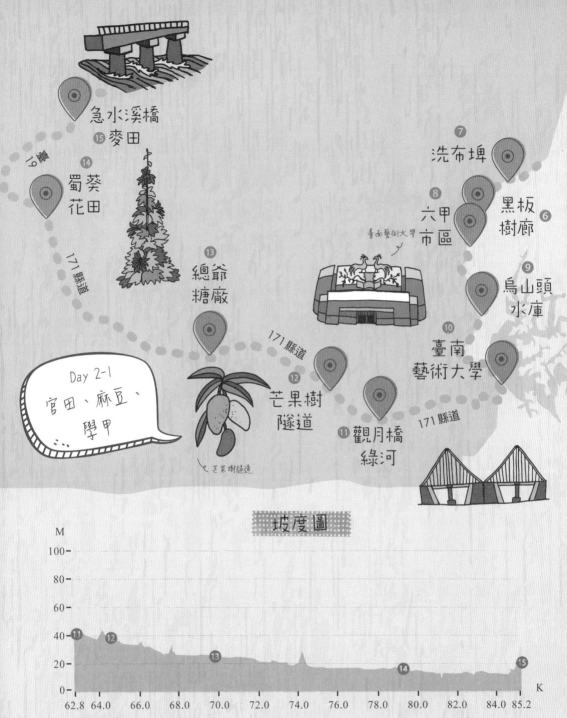

坡度圖

⑪ 觀月橋綠河　N23 10.216 E120 19.787

⑫ 芒果樹隧道　N23 10.702 E120 18.711

⑬ 總爺糖廠　N23 11.066 E120 16.085

⑭ 蜀葵花田　N23 13.214 E120 12.027

⑮ 急水溪橋麥田　N23 15.100 E120 12.170

20 Day 2-2 臺南小鎮輕旅

鹽水八角樓說故事

里程 17.8公里
旅行時間 半天
路線難度 ★☆☆☆ 輕鬆
旅行分類 ■漫遊／■深度／□運動

騎單車路過鹽水，一段在八角樓的奇遇，說起來，也該算是在巷子口的冰店騎遇。

臺南學甲的小麥成熟季節，像金黃色彩的河流，沿著急水溪奔流。掠過急水溪橋，看見麥黃波濤往我的視覺神經裡湧來，一望無際的小麥田如巨浪般震撼。站在橋上，好想回頭跨過堤防，循著田間小路探險，看看橋下的麥田到底盡頭身在何處？但旅程時間總是捉襟見肘，趕火車回臺北的時間壓力，讓我只能再次踩著踏板，向搖曳的金黃道聲再見，悻悻然往鹽水飛奔。

⑮ 急水溪橋 麥田 85.2K

⑯ 阿三意麵 95.9K

八角樓內的古老工藝

學甲到鹽水的路程感覺有點遠，我想是路上陌生的美麗讓心浮動，麻豆的總爺糖廠、官田的綠隧道，還有渡拔國小旁的綠河，一次又一次讓時間慢慢流逝。往鹽水的路上大多是玉米田，不若對南臺灣的傳統印像，大片無邊的水稻田！玉米作物占據大部分田間視野，就像是美國大陸無邊際的田原風光一樣綺麗。三月的臺南已然升起夏日爐火，到鹽水市區只想找個冰店消暑解熱。從官田頂著南國驕陽來到鹽水，也過了中午，四下打問後來到阿三意麵，淋上肉燥的麵條呈現十足臺灣味。另一種肉燕酥湯倒是非常特別，類似淡水的油炸蝦捲，但體積較大，麵皮較厚，內餡是魚漿與豬肉混合，放在高湯裡，軟、酥都吃得到。

01
03 02

01 全木造的八角樓，推算已有150年以上歷史。02 來到臺南鹽水，一定要來一碗意麵和肉燕湯。飽足一餐後，再騎著單車逛鹽水探險。03 八角樓曾入選為臺南縣歷史建築十景與臺灣歷史建築百景。

新營火車站 18 103K

八角樓 17 92.6K

旅行總是有點小意外，吃完意麵想找月津詩路，看見路口的冰店古早味十足，轉進巷子裡，佇立著百年歷史的八角樓。不假思索就往八角樓走，斑駁的古樓大門敞開，完全木造的樓身充滿舊日光景，正門上的窗花吸引著我，像圓、像幸運草、像水滴、像中國結，任憑想像似有無盡的排列組合。廳堂裡看得出以前的生活痕跡，剛才門外院子裡的解說，道出一百五十幾年的歲月，我們這些過客怎能從舊日痕跡中，找尋什麼蛛絲馬跡！門口走進一位大嬸，推著單車操著正統臺南腔：「你們要拍照，來來！」引著我們往後門。原以為是打開後門有什麼特別景色，但她馬上關上後門，栓上了木製門栓，在前堂香案上找到香腳，往門板上一個小洞插了進去，「答！」的一聲，讓我輕輕的抽出門栓，再推回門栓，又自動上鎖，再把香腳插進門板小洞才能開鎖。這麼一看，才瞭解，八角樓裡藏著古老工藝，有趣又充滿科學智慧。

窗花，我們走到剛才正門無限想像的窗花前，窗門下有個活動式窗板，往上拉再放下，「答！」的一聲，窗板自動卡住，原來鏤空的窗花門，立刻變成可以遮風避雨的堅固大門。門中間有個卡榫，用手指推回窗板自然落下，細看，在窗花下方有個小小的按鈕，控制卡榫彈出，配合人力及自然落體力學

04 | 03 01 02

01 浮雕脱落以後，才能發現古代工匠的精緻手工藝。02 只要以一根香腳就能打開大門暗鎖。03 美麗又多變的窗花和古老的木門，其實藏著匠心獨具的工藝智慧。04 古蹟主人很熱心導覽八角樓的每一寸細節。

應用，成了半自動窗門，美麗又無限想像的窗花裡，藏著前人的智慧花朵，這花的香味，隱約的美感，一飄就是一百五十幾年；廳堂裡的案上，美麗雕花伏貼圍繞，大嬸特別指著一處看似凹下去的陰雕方式，經她的說明，其實凹下去的部分是用來嵌入事先完成的雕花。所以這些環繞著桌案的浮雕，是用兩種雕刻方式鑲嵌而成，若是沒有一塊雕花掉落，真的難以理解如此匠心獨具的手工藝；還有，古早的木式結構百頁窗，一百多年前的百頁窗，開合著，陽光就這麼進進出出，在八角樓遊移。

大嬸似乎趕時間，領我走到左側廂房，指著牆上的照片：「你看，那個踩三輪車的小妹就是我！」看著照片，會心一笑，我遇見真正的八角樓生活歷史了。大嬸離去時要我慢慢參觀，順道提及巷子口的紅豆牛奶冰很好吃，這我才想起，從走進鹽水市區，到現在已過了快兩個小時，冰都還沒入口，滿心悶熱還未退去。

銀鋒冰果室的特別調飲

巷子口的冰店外觀有些陳舊，看似拆除過後的老屋子，又圍上了一些堪用的外衣。綠色紗窗加上綠色木框，十足鄉下冰店模樣，抬頭看著退色的招牌，名喚銀鋒冰果室。

心裡充滿著剛才八角樓大嬸紅豆牛奶冰的召喚，走進店裡不假思索的點上紅豆牛奶冰，白色牛奶綿綿冰鋪上濃稠的紅豆泥，細緻、綿密、香醇，每一口都是紅豆最深處的愛戀。老闆娘葉大姐，有著一副青春的心，談到旅行，對臺南有獨到見解：「你們有去八角樓看看嗎？我小時候都在院子裡玩！」大姐也是八角樓的主人，原來是剛才指引參觀大嬸的姐妹，她兒時的歲月都在木造的百

03 | 01 02

01 葉大姐原來是照片中與八角樓一起成長的主角。

02 窗欞外的院子，是葉家兄弟姊妹成長的地方。

03 八角樓外巷子口的銀鋒冰果室，與八角樓有動人的故事連結。

年老屋子裡，寫下青春書頁。口裡的紅豆漸漸化開，而八角樓的故事也在心裡漫開來，好濃、好香，入了喉輕輕的滲入心底，感覺有一股他鄉舊時暖意。大姐對紅豆的熬煮方法也特別公開，帶著我走到店後，她從親朋好友家中，改建拆下的檜木生火，用大灶生鐵鍋燉煮紅豆，不必浸泡，直接把紅豆煮到軟爛綿密。大灶旁除了紅豆香氣，還有檜木的森林香味交織，有古早味、自然味，還有濃到化不開的家鄉味！

來啦！再做一道我的拿手果汁給你喝。葉大姐豪邁請客，用臺南的熱情招待我這外地過客。聊到八角樓，住在裡面的主人，才是最瞭解貼近生活的歷史，她們希望保留曾經度過青春的老家，但想用自己的方式，古蹟對她們的意義只是一種外加的負擔。聊著，她的拿手果汁「西瓜檸檬」已經完成，略淡

的橙色像木瓜牛奶，入口清爽帶著檸檬清香穿透力，香味又比一般檸檬更加豐富，對我而言是前所未有的味覺體驗。色、香、味俱全，完全自然，美味極了。

因為得趕到新營搭火車回臺北，匆匆道過再見，再度踩上單車。路上，嘴裡的西瓜檸檬依然飄香。初嘗滋味，如八角樓裡的匠心獨具，答的一聲門打開了，照片裡的小妹妹推著腳踏車走進來，那年院子裡腳踩三輪車的笑聲，輕輕地穿透，窗花裡外的古老時光。

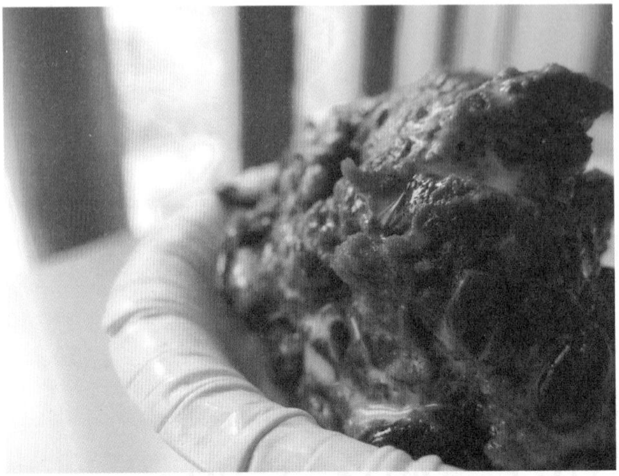

01
02

01 八角樓葉大姐推薦的紅豆牛奶冰，綿密香醇好入口。02 冰果室主人，另一位葉大姐，也是八角樓主角之一，她的紅豆以拆除的檜木熬煮，又香又濃好吃極了。

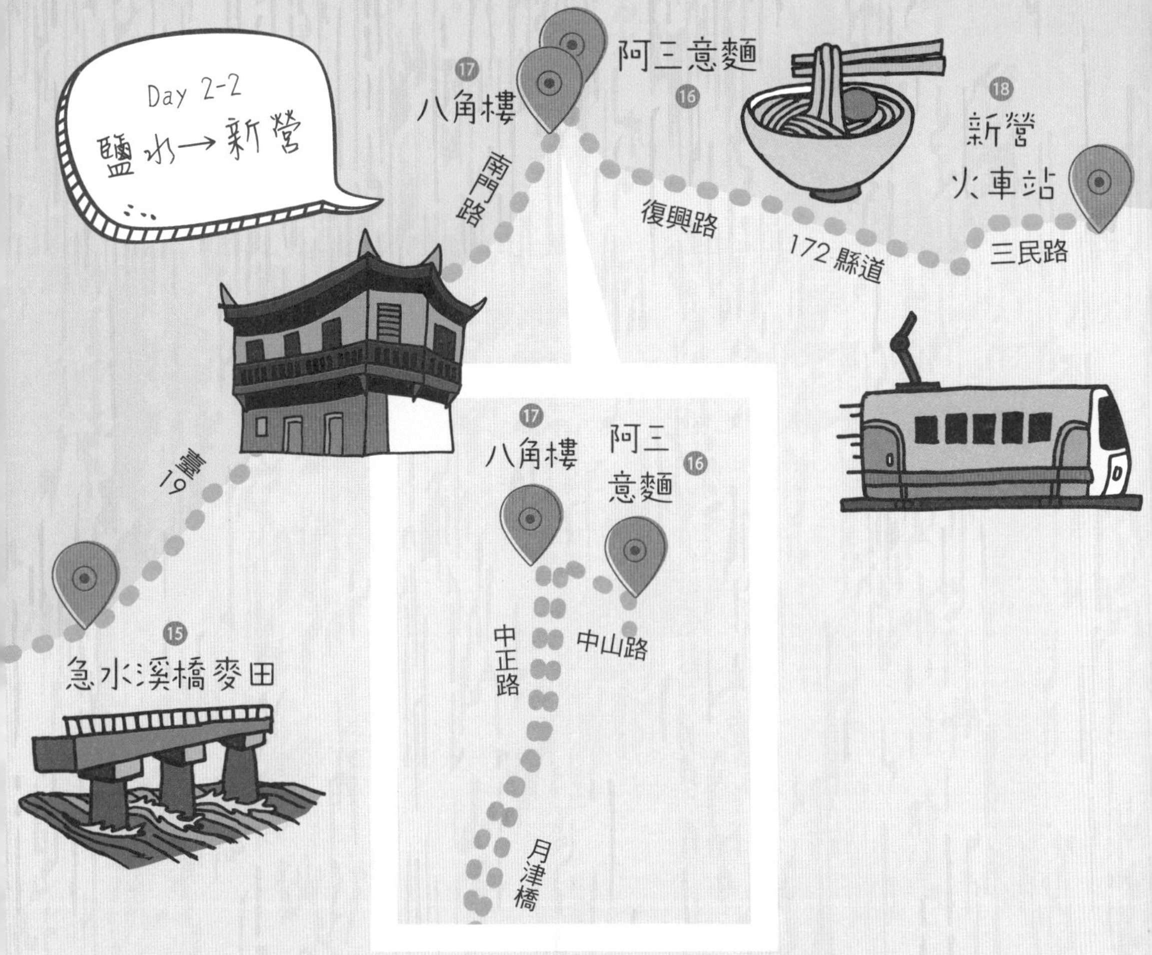

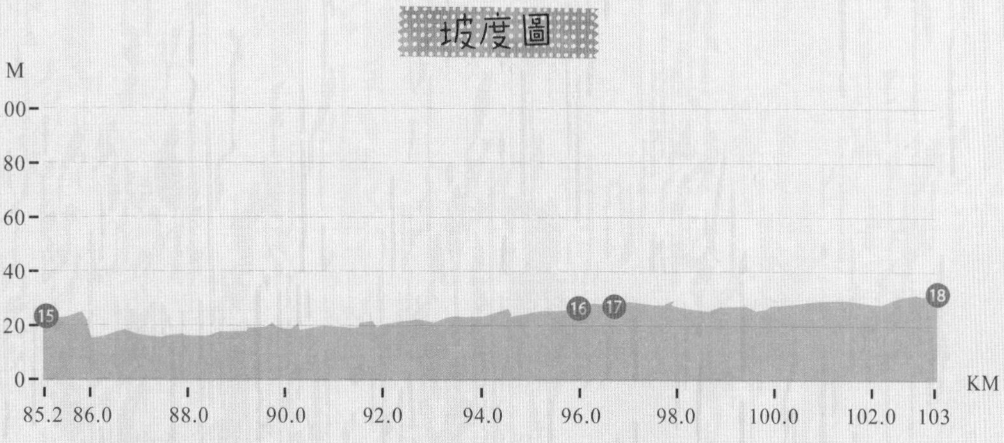

⑮ 急水溪橋麥田 N23 15.100 E120 12.170

⑯ 阿三意麵 N23 19.177 E120 16.103

⑰ 八角樓 N23 19.199 E120 16.044

⑱ 新營火車站 N23 18.407 E120 19.387

21

頭城的一天

Toucheng Township

騎乘重點及行程資訊

路況	1. 頭城市區內街道較為窄小，行進時注意交通安全。 2. 頭城老街並非直線連貫，請依路標方向騎行。 3. 臺 2 線濱海公路汽車車速快，請小心騎行。 4. 烏石港之後的濱海自行車道並不完整，須注意指標騎行。
補給	主要補給請在頭城市區完成，沿線補給點距離較遠，以各車站周邊為主。

交通資訊

大眾運輸	搭乘臺鐵在頭城站下車，或是路線中的任一車站下車，均可串連路線。
開車	行駛國道 5 號，於頭城交流道進入平面道路後，右轉往頭城方向，經過頭城大橋，即可抵達頭城市區 。

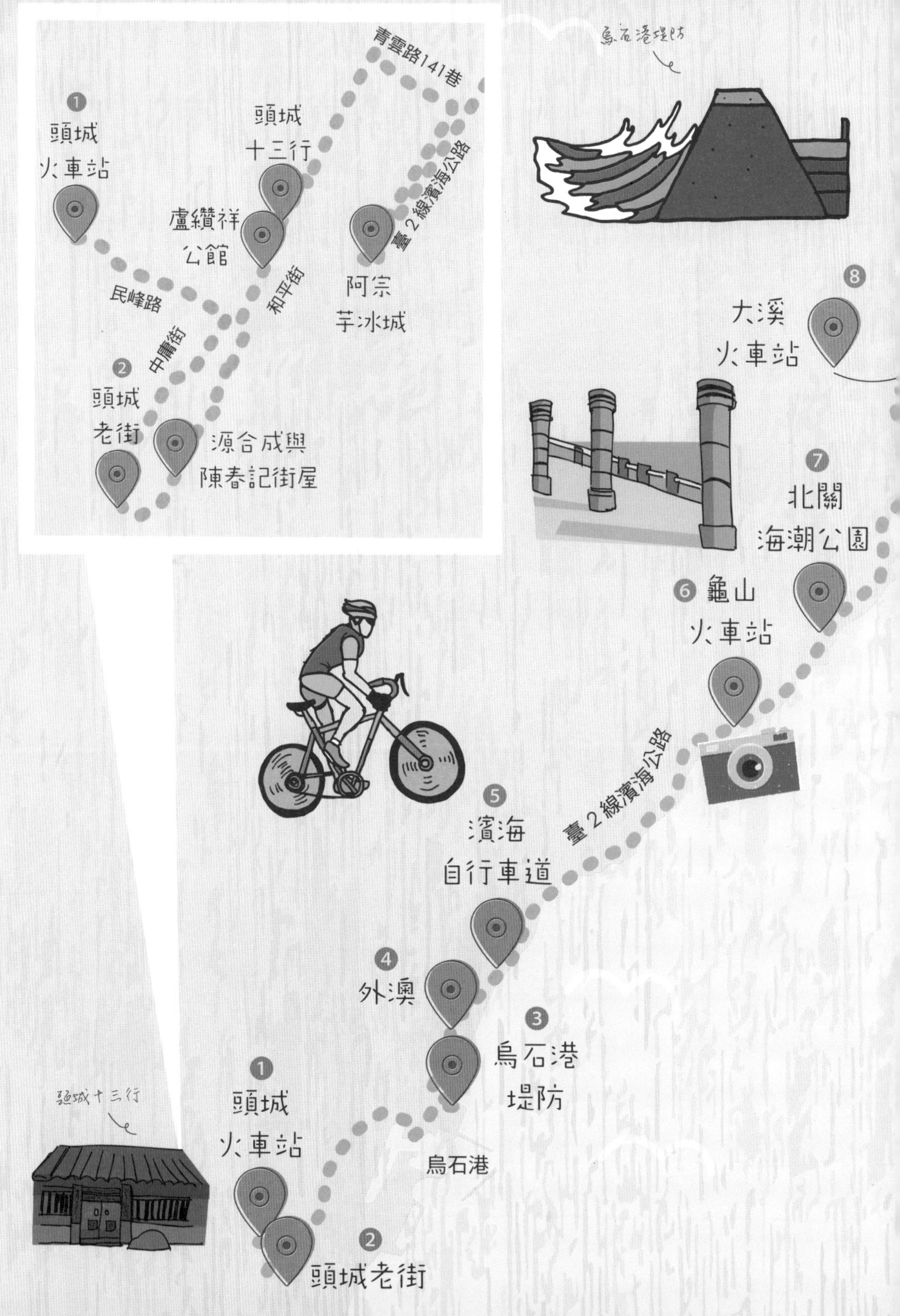
1
頭城
火車站
頭城
十三行
青雲路141巷
盧纘祥
公館
臺2線濱海公路
民峰路
和平街
阿宗
芋冰城
中庸街
2
頭城
老街
源合成與
陳春記街屋
烏石港堤防
8
大溪
火車站
7
北關
海潮公園
6 龜山
火車站
臺2線濱海公路
5
濱海
自行車道
4
外澳
3
烏石港
堤防
1
頭城
火車站
烏石港
2
頭城老街
頭城十三行

21 頭城的一天

濱海聚落的天青水藍

里程 23.8公里
旅行時間 一天
路線難度 ★★☆☆☆ 進階
旅行分類 ■漫遊／■深度／□運動

這天沒有目的，沒有預期，我牽著夏天的手，搭火車，一起輕騎頭城海岸，走過最美的夏天！

感覺好久好久沒有再次路過臺二線頭城路段，最近的記憶大多是二、三十年前的年輕日子，要不然就是搭火車快速掠過往後奔跑的模糊風景。

雖然忙碌，還是請一天假，為自己想念的缺口填上一點東西，心裡有個空洞過得老是不踏實，填進缺少的養分，至少還有機會可以撫平那一塊想念的凹陷。

騎車還是大清早的好，從夏日的涼意中出發，像溫水煮青蛙，漸漸的習慣近午悶熱，日正當中時分也就不

① 頭城火車站

② 頭城老街 0.6K

02 | 01

01 一個人搭火車旅行感覺無拘無束，某個小站下車總會有什麼風景與感動，心裡想哪裡就往哪裡。頭城下車，帶著內心想望去探險。02 看見一早陽光越過和平老街的源合成與陳春記亭仔腳，傾落一整排有拱型美感的光影。

會暑意難耐了。搭火車最好，在目的地前，能坐在規律的行進聲中，想什麼都可以，或是培養旅行的心情，下車後和踏板連結一起。火車窗景出現龜山島的時候，心裡便微微地笑了。

頭城歷史與古蹟風光

頭城火車站下車，走出車站發現車站換上一身新衣，站前阿伯的炸蛋蔥油餅招牌還掛在樹上，以前路過沒嘗到滋味，今天不是假日，也不開張，那餅的味道又得再次被想望收藏了。打開小折，抬頭看看天空很藍很輕，這顏色飄得好高好高，是宜蘭空氣好，還是臺北的日子太沉，對輕飄飄的天色感覺有點陌生。出門前沒做什麼功課，也不想在網路搜尋資料，想找一趟屬於自己的旅程，發現自己的感動，找回以前馬馬虎虎逝去的移動。從火車站出發，這不就是老早的年代，大家共同的旅行方式，搭火車，然後到

老紅長興記和新長興樹記老街屋，風光不在韻致依然。

清代留下的十三行街屋，門聯上的字句，有如清朝留傳至今的文青風。

一個陌生地方，開始沒有網路資訊的探險。走吧！我親愛的昨日想念，一起去頭城探險。

火車站一出來便是頭城市街，閒逛是瞭解一個地方的開始，民鋒街正對著車站，不假思索前行，新市街裡蘊涵著舊意。和平街口佇立著老街指標，看起來古老的街道被這條馬路從中切開，我先轉往右邊街衢，幾幢有巴洛克外表的老屋子夾雜在成排現代建築中，這些老宅第都有古老又精彩的故事，只是要用過客般的時間細讀它，也只是走馬看花而已。掠過老紅長興記和新長興樹記街屋，騎一小段舊街道，源合成與陳春記的長廊在早夏陽光下閃爍昨日班駁。兩家老宅子分別擁有方型紅磚柱及圓型水泥柱子，光線穿過優美的拱廊，投影在曾經繁忙的亭仔腳，感覺有一種穿越時空的美感。坐在今日光影下的昨日歷史，悸動輕輕地傾落，佇在一彎又一彎影子裡。

走過老街南端土地公廟，繞經與和平街平行的中庸街，不知不覺又回到老街北端，一間大宅第面向池水，古老的華麗怎麼看都漂亮，大門深鎖庭院深深處，宜蘭縣第一任民選縣長盧纘祥故宅。面前偌大的水塘，

離開頭城沿著臺2線騎，一條浮貼大海的自行車路線，幕幕皆美。

那年頭圍港內港淤積，盧宅興建時整理成臺灣難得一見日式「舟遊式」庭園。往北沿著老街慢騎，一排原木房子吸引我停下單車，家戶門前春聯書香文學交織，清代留下的十三行街屋，雖然大多改建，但留下兩棟別有古早風格的老屋子，足夠緬懷、遙想當年了；和平老街北邊也有一間土地公廟和南邊的土地爺爺一起守著街道南與北，神明看頭又看尾，住在古老的和平街上，心裡應該很安穩吧！

單車騎得很慢心也很慢，我告訴自己別趕路，緩緩地走過頭城巷弄，感覺對了，停下來自然是心裡的景點。離開市街，騎上臺二線，往北，也往大海景色奔馳。

孟夏，一年的悶熱悄悄到來。看見臺二線路邊有張令人懷念的芋冰招牌，立刻想起小時候，久久吃到叭噗，冰涼在嘴裡暢快溶化。以前不常吃，那種想念很濃，現在踩著三輪車門口吆喝、叭噗響亮的聲音，沉在兒時逝去的記憶深處了。芋冰店裡擺出賣冰的三輪車和彈子臺，那一顆又一顆閃亮的不鏽鋼彈珠，怎麼也打不進最高分的洞裡，人生汲汲營營還是看淡些，

大里火車站	大溪漁港	大溪火車站
10	9	8
23.8K	19K	17.3K

坐在冰店裡來杯可以回味年少的滋味，實實在在，還能有點香甜的悸動。

濱海聚落的天青水藍

離開頭城市區臺二線上迎風前進，沒有市街的公路旅行豔陽高照，因為行前未特別計畫景點，只沿著公路往北，騎到哪算哪，最後一定會有個到站回家的地方。烏石港並不是太遠，身體都還沒熱，蘭陽博物館出現在不遠處。它的單面山造型一直是旅人眼光聚焦處，像沉在地裡，又像快浮出一旁的生態沼澤，附近海岸特有的石面紋理也設計在它傾斜的身上。天氣稍有微風，漣漪裡單面山的影子不是很清楚，倒是夏季熱力催促著布袋蓮綻放紫色花朵，幾朵紫花把思緒又拉回兒時鄉間光景裡，小時候我住的臺北近郊中和，一到夏天田間溼地開遍布袋蓮，好美、好美……那年無慮的童年。外澳就隔著烏石港堤防，我好奇爬上堤防，上面的視野與龜山島連成一氣，空氣略為清新，透明度也不錯，居高臨下，外澳沙灘盡收眼底，海岸線在山腳下畫著曲線，一直到三貂角燈塔隱約可見。烏石港堤防上的龜山島風光特別好，居高臨下也不必爬什麼大坡，海是

藍的、天是青的，海藍連著天青夏日風吹起來特別暢快。今天的運氣不錯，空氣只有些微輕霧、透明清澈，龜山島上的細節看得還算清楚。連日霾害嚴重，想求個通透的視野，得多幾分幸運。

海岸邊有一條自行車道，從外澳往北延伸，經過小村落、樹林，輕輕的貼著大海與陸地交接處蜿蜒，不論往前或往後眺望，都是純美景色，視野拋得好遠好遠。捨去臺二線公路，熨貼大海騎車，龜山島的影子千變萬化，有時是沙灘小溪或是棕櫚小屋、遊人剪影二三、風剪石嶙峋佇立，木棧道掠過白水木邊蒼勁枝椏又回臺二線濱海路的懷抱。大部分公路上隔出自行車道，單車騎行還算安全，不過就是景色太過漂亮，容易分心，我想這是路程中最惱人的事情了。略有起伏的路況，其實不必花太多腳力，但制高點卻有遠眺濱海聚落的福利，看著大溪漁港在遠方沉浮，一下子就走進舟船往返、海味瀰漫、市場喊價的漁村裡。沿途有幾座小火車站，冷清異常，不過小小站空曠寂寥猶如海風吹來，閉眼、深呼吸那種離開世事，牽著最愛的夏天小手，一起散步慢車才會停靠的孤獨時間。

02
03

01

01 蘭陽博物館單面山造型拔地而起，附近海岸的單面山岩石紋理也設計在其中。02 水潭裡的布袋蓮開得如夏天一樣豔麗。03 林間隱藏著自行車道，跟著走就沒錯，有綠林，也有多變的海景。

每一班慢車都會停靠，上車、下車的過客，一隻手都算不完。

我好喜歡這些濱海的小聚落，龜山、大溪、大里、石城，有多少人會為了它們停留，少了擁擠，空白風景才能實實在在填上自己的記憶！還不到石城，閒散的大里小街上慢騎，想找尋一些與心情相同的頻率。天色突然暗沉，雷聲從不遠處傳來，那就在大里小站打包單車吧！隨遇而安、慢心自在，夏天給我多少時間，我就走多少旅程，謝謝你，下次再找個好日子牽著夏天的手一起慢步天青水藍！

04 | 01
03 02

01 沿著頭城海邊騎車，遇見最美的海天和自己的心融合在一起。02 大里火車站，PP 自強號條的掠過天橋下，龜山島守護千萬年了。03 海岸自行車道常有意想不到的大海景觀突然出現。04 外澳就在烏石港的隔壁。

坡度圖

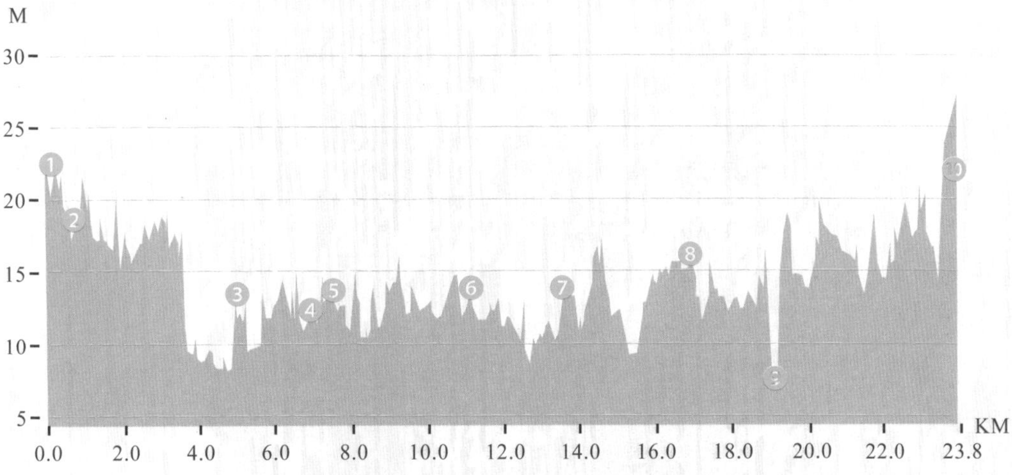

1. 頭城火車站　N24 51.533 E121 49.351
2. 頭城老街　N24 51.353 E121 49.395
3. 烏石港堤防　N24 52.305 E121 50.461
4. 外澳　N24 52.691 E121 50.480
5. 濱海自行車道　N24 52.971 E121 50.742
6. 龜山火車站　N24 54.282 E121 52.136
7. 北關海潮公園　N24 54.750 E121 52.648
8. 大溪火車站　N24 56.301 E121 53.391
9. 大溪漁港　N24 56.482 E121 54.052
10. 大里火車站　N24 58.003 E121 55.348

1 8
紫楝森林
民宿
回程（安農北路三段）
行健二路一段
去程（安農溪自行車道）
大洲站
7
大洲
火車站
6
分洪堰
拱橋
五分路二段
安農北路三段
安農溪
1 8
紫楝森林
民宿
3
落羽松
森林
2
安農溪
自行車道
安農溪自行車道
安農溪自行車道
羅東溪

22

安農溪自行車道

Sanxing Township

騎乘重點及行程資訊

路況

1. 三星安農溪周邊大多是水田或曠野，路況及路名不清楚，騎行時容易迷路。若是迷失方向，可回到安農溪畔，定位後再繼續旅程。
2. 當地的溪畔自行車道較少被利用，路上常有青苔及雜草，須特別注意行車安全。
3. 由臺 7 線往三星市區，路上汽車速度較快，騎行時盡量靠邊並且注意路況。
4. 安農溪以右岸堤頂自行車道較完整，路線建議以右岸為主。

補給　沿途除了天送埤及三星市區有補給以外，路線中其他地方沒有任何補給，請帶足熱量及水份補給，並且準備好維修工具。

交通資訊

大眾運輸　搭乘臺鐵在羅東火車站下車，由站前騎行公正路過北成橋，續行長春路即可抵達大洲社區。再左轉五分路二段遇農義路二段左轉後再右轉安農北路三段，可抵達紫楝森林民宿或行健橋附近。

開車　行駛國道 5 號，於羅東下交流道，沿臺 7 丙往羅東市區方向，經過羅東市區進入三星鄉後，遇南北幹路右轉，即可抵達行健橋附近。

22 安農溪自行車道

過兩天慢閒的日子

里程 33.3公里

旅行時間 一天

路線難度 ★☆☆☆ 休閒

旅行分類 ■漫遊／■深度／□運動

最近的日子異常忙碌，很想找一個自然純樸的鄉間，過上幾天安逸閒適的生活。心裡剛有一點小小的願念，重情重義的朋友便捎來訊息，想找幾個好朋友一起到宜蘭三星度假。她親家母管理的民宿，位於宜蘭三星。以前在部落格看過她介紹有著歐洲風情的紫楝森林民宿，住在裡面彷彿來到歐洲某個鄉野小村，不禁讓人想起環法自行車賽，空拍鏡頭跟著車隊一路掠過綠意盎然的小聚落。

在工作與生活的間隙中調出時間，但還是比開團時間早了一天前往三星，自己一個人帶著小折和一顆期待平靜放空的心，初夏雨中往宜蘭出發！

紫楝森林民宿 ①

安農溪自行車道 ② 1.8K

安農溪河川翠綠風景

臺北到宜蘭很快，只要一個多小時，搭火車來也很方便，羅東下車，沿著臺七丙公路騎個十幾公里，三星淡淡的鄉間氛圍像風一樣送入眼簾。第一次來難免會迷路，鄉下風景被田綠和樹影包圍，每條路看起來都很像，但迷路也是一種旅行方式，冷不防突然出現在某個轉彎處和小上坡的宜人風景，把心情一次又一次往興奮高點推送。旅行最大的收穫，是過程中突然出現的驚喜。

路過行健橋，安農溪川流於廣闊的綠毯中心，天空飄著微涼小雨，感覺真的好美好美。我迫不及待想踩上單車，沿著溪水去探險了。

安農溪的堤防不高，往河心傾斜的角度也不大，有時候會錯覺堤內堤外是連成一氣的區域。小雨中往上游出發，和溪水並肩騎車滿心舒徐，堤頂自行車道大約有二公尺寬的柏油路，除了自行車道上鋪有柏油，只剩

02 01

01 能在如詩如畫的美景中騎車，再幸福不過了。02 一整排落羽松在小雨中佇立，能騎車掠過微涼雨後，真的好舒服。

下一片綠意往河心傾瀉，草皮修剪得非常整齊，猶如綠毯鋪滿整條安農溪兩岸。迎著小雨絲絲騎單車，早夏的風吹起來微微清涼，聽著安農溪水聲潺潺流過，我真的錯覺來到歐洲某個小鄉鎮。有時雨下得大一點，暫時在落羽松腳下躲雨，抬起頭仰望樹梢，翠綠透著微弱天光，半透明的光彩層層疊疊，美麗極了。雨勢小一點的時候再次迎風，看見每一幕心動的風景都想停車佇立，把心情放逐於綠色大地無限延伸。剛入夏的溪畔田園，水稻正是農綠時節，空氣味道香香的、甜甜的。夏天第一朵荷花也綻放了，暫時離開堤防上的自行車道，走向荷花池邊小田埂，安安靜靜的荷菡光影是千萬綠意裡的紅顏，清淡而風雅，駐足田間小路有一種思鄉情節在心裡浮現。

本來以為躲雨的落羽松小森林已經很漂亮，沒想到騎過幾公里以後，有更大的

03 02 | 01

01 小路蜿蜒在綠田中，空氣甜甜的、香香的。02 不知不覺便騎到了天送埤車站。03 小小的日式木造車站，小而美，充滿懷舊之情。

落羽松林子住在河畔。騎到這裡，我大概已經忘卻最近接二連三的忙碌揪心。雨停了，成排整齊綠色光影向遠方延伸，放眼望去，落羽松修長身影與遠方漸開天色連成一氣，此時應該放慢腳步，細細品味這美麗清新。

安農溪終年不絕的水源來自於上游蘭陽發電廠尾水，所以早年叫電火溪，這裡也是宜蘭地區最佳且唯一的泛舟溪流。一路上經過幾座攔水壩，水流經過水壩時特別壯闊，轟轟水聲雄壯震撼無比。上游的田園景色與河景連成一氣，騎行在自行車道上，盡收溪河與水田夏綠悠然，水道轉彎、擺尾、畫弧，田畦起伏、縱橫、伸展，十幾公里路程，我真的找不到理由可以挑剔，唯一抱怨的就是這條安農溪自行車道太短。

來三星慢活，一定要到天送埤坐坐，安農溪自行車道騎著騎著，不知不覺就來到天送埤小聚落。太平山舊鐵道天送埤火車站住在這裡，輕騎過小巷道，轉個彎，就可以坐在小小的日式車站前，再次緬懷流逝的歲月。小而美的日式木造車站，曾經是偶像劇拍攝場景，天藍色的外表、黑瓦屋頂，看起來彷彿回到過去。天送埤以前真的有一池埤塘，日治時期建電廠而池水乾涸，現在則是一處如日式木造車站一樣小而美的聚落，街道上很多賣蔥油餅店家，隨意找了一間有板凳小桌的店門口，點了一片剛起鍋夾著三星蔥的蔥油餅。好香呀！騎到這裡大約十二公里，用了四個多小時，美入心扉的風景，讓我的腳步好慢好慢，心好沉靜自在。

紫楝森林民宿

晚上住在紫楝森林民宿，一幢歐洲鄉村風格的建築。上個月才剛度過樹林鹿角溪溼地的苦楝花季，淡淡幽香還未在腦海裡散去，今天住的民宿主人竟也是一位喜歡紫色苦楝花的同好。紫楝森林裡種下大大小小四十多棵苦楝，雖然花季已經過了，不過走在歐式風格的庭園裡，迎風搖曳的苦楝樹，好似還在散放著心曠神怡、浪漫

多情的苦楝花香！很喜歡這房子前後有大院子，草皮和水池圍繞，住在房裡一打開窗戶或推開大門，身心舒徐的風會輕輕地放送過來。向晚散步大院子，我發現有幾朵小黃花水面上抬頭，葉浮水、開黃花、花心紅色，臺灣瀕臨絕種很難得一見的臺灣萍蓬草，竟然就在院子裡的水塘中，交映著歐風小屋子，夢幻又自然，美麗極了。

04
05 | 03 01
02

01 原來三星蔥開花是如此漂亮，沿著田間小路，轉角遇見美。02 大洲聚落裡保留著一座日式車站，同屬太平山林業鐵路。03 水中的臺灣萍蓬草，映著童話般的小屋子，彷彿走進童話世界了。04 三星這裡的主題民宿充滿異國風情。05 晚上從房間往下看，荷花池、寧靜的水塘夜色，像一幅無聲畫作。

第二天早上，在鳥兒的歌聲中醒來，一整晚只有安靜陪伴，舒舒服服沉睡一晚。清早又騎著單車往六、七公里外的三星市街閒逛，不想在網路做功課，因為太多資訊讓旅程一點都沒有新鮮感，我用最原始的方式到小鎮探險，憑感覺找一間看似有美味的早餐店，與在地人一起過了一個清早、一天的開始，當一天道地的三星人。

親友團今天抵達，回到民宿，我們一起騎著單車，把昨天我探險三星的路程重新複習。今天沒有小雨，田裡的稻子還是甜甜的、香香的，落羽松有陽光陪伴，安農溪的草皮綠意往河心傾瀉，水聲依然，川流過溫厚美好的心靈角落。

02 | 01

01 騎過落羽松下，摘下滿樹綠意放入河水的聲音裡。02 河畔有不少苦楝，明年花開時，河岸飄香，住在這裡，心會輕輕的笑。

坡度圖

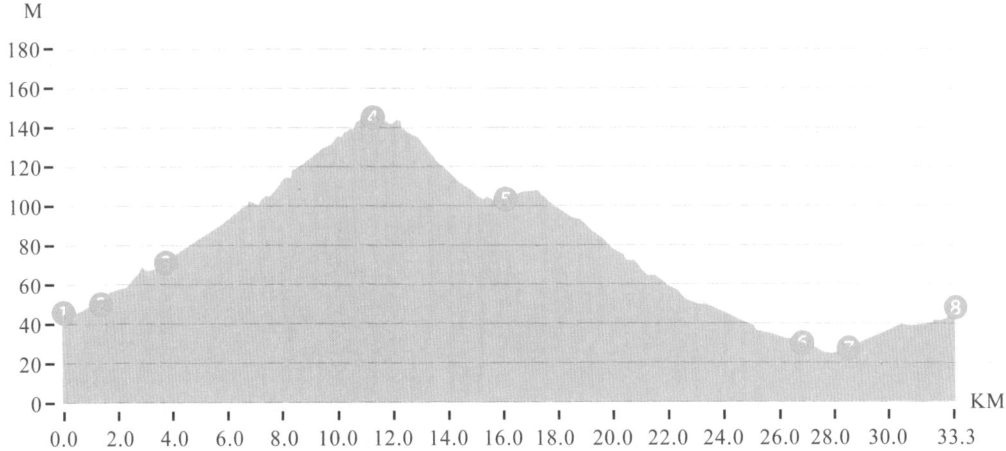

1. 紫楝森林民宿 N24 40.329 E121 42.149
2. 安農溪自行車道 N24 40.245 E121 41.452
3. 落羽松林 N24 40.216 E121 40.713
4. 天送埤火車站 N24 39.751 E121 37.186
5. 三星市街 N24 40.008 E121 39.137
6. 分洪堰拱橋 N24 41.080 E121 43.363
7. 大洲火車站 N24 41.533 E121 43.819
8. 紫楝森林民宿 N24 40.329 E121 42.149

23

騎逛南澳部落

Nan'ao Township

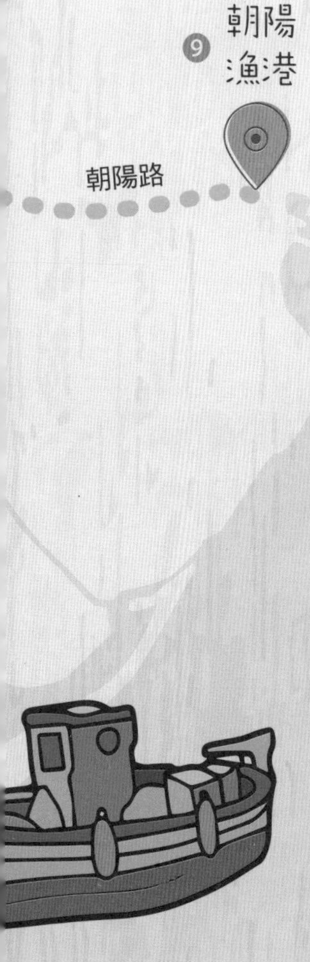

騎乘重點及行程資訊

路況	1. 路線多行進於山邊水畔或曠野，沒有標誌及路名，得特別注意方向，小心迷路。 2. 由南澳市區出發，先以碧候部落為目標，之後往金岳部落時，須越過南澳北溪上的金岳大橋，以此路況地形判斷前進方向。 3. 從金岳部落前往武塔部落，須途經臺 9 線，此處路幅較窄，且有砂石車行駛。請保持路邊直線騎行，以確保安全。 4. 莎韻之鐘位於武塔部落入口，因為被建物擋住而不太明顯，請特別注意，以免錯過。
補給	主要補給在南澳市區，其他部分沒有補給點與商家，出發前必須先行準備補給。

交通資訊

大眾運輸	建議搭乘自強號 272 班次，臺北 7：30 出發，於南澳站下車。
開車	行駛國道 5 號，於蘇澳下交流道，沿臺 9 線往花蓮方向，即可抵達南澳。

4 碧候部落
5 金岳部落
金岳路
3 南澳原生植物園
2 建華冰店
大通路
中正路
鹿皮山運材道路（宜55鄉道）
1 10 南澳火車站
臺9蘇花路二段
南澳南溪
南澳南路
宜58鄉道
7 莎韻之鐘
南澳農場 8
海岸大橋
南澳溪
6 武塔部落

23 騎逛南澳部落

尋找莎韻之鐘

里　程　22.6公里
旅行時間　一天
路線難度　★☆☆☆ 休閒
旅行分類　■漫遊／□深度／□運動

搭火車去旅行，像遠走他鄉的流浪，又像一天回家的隨意放逐，喜歡鐵路加上單車既遠又近的出走心情，不用太久，也不用太遠，一天剛剛好。

冬天的清早雲雨漸開，盼望陽光的心情相伴，一起搭上七點多的自強號，出發往南澳單車小旅行。火車窗景一幕幕往後奔馳，遠行的心似乎是來自於這些有卡啦卡啦鐵軌聲響的經典移動！尤其是北迴線的風景，從城市到鄉村，穿山越嶺後出現一望無際的大海，那熱頭還沒冷去，宜蘭平原上田疇水鏡到映雲天光又搶走窗前對美景的讚嘆聲了。看風景、數車站是搭火車獨有的樂趣，說不定瞧上哪個

南澳火車站 ①

建華冰店 ②
0.6K

名不見經傳的小站，還能變成改日旅行題材或目的地。數著過站不停的地名不斷往後奔走，臺北到南澳大約要三個小時左右。

南澳在宜蘭最南端，過了這小鄉村，就是蘇花公路最驚險的路段，大部分人車在此停留稍做休息，不過會把南澳當成旅行景點或目的地卻少有人在。也許沒有什麼值得現在遊客追尋的五光十色與盛名，寂寥占滿非假日街道，山色純樸、市街平淡，走出南澳火車站大門，一派悠然適合心靈沉澱。

我這個外來的旅人雖然不住在南澳，更不是土生土長的在地人，旅行宜蘭靠海的小鄉村前，利用現在很方便的網路地圖做了一點點功課，簡單跟著地圖上指引尋找，主要有碧候、金岳和武塔部落。這三個部落串連起來，再沿著南澳溪，回到市街不遠處的朝陽社區，大約二十來公里，就算是個南澳部落小旅行吧！

會想來南澳旅行，還有個原因。幾年前看過那一部獨自流浪的單車電影《練習曲》，環島遇見的人事物幻化成自我內心深層的養分，彷彿自己將近二十年來放輪奔走，重新審視被忙碌遺忘過往的日子。所以我

02 | 01

01 往南澳的路上，火車窗外的風景總是最美的畫作，宜蘭冬末春初的水田映著天光。02 臺9線旁的建華冰店在地古早味，古早香蕉冰加上火龍果口味，也算是創新吃法。

金岳部落 5 7.4K

碧候部落 4 4.5K

南澳原生植物園 3 2.4K

來到從未曾停留過的山邊小城，找尋電影裡在山谷迴盪的歌聲，莎韻之鐘。

尋找莎韻之鐘

旅行總是喜悅於幸運眷顧，走出車站，部落小旅行前太陽躍出雲後，離開臺北冷涼氣候，遇見暖暖的陽光灑落在身上，突然有種冬去春來的喜悅。既然天空送來溫暖，我想不妨改變一下行程，先騎到村子口的建華冰店，嘗一嘗久仰大名的古早香蕉冰。原味古早冰加上火龍果滋味，漫著濃濃的香蕉油香，撒上乾花生和燉紅豆、綠豆，城市少見的古早味道，容易讓人懷念兒時因為吃冰的喜悅。店前面是往花蓮必經的臺九線，也就是蘇花公路，以前只有路過客人在這裡休息吃冰，現在遊客循著網路傳播而來，古早味漸漸淡了。

因為車班時間，必須搭乘三點三十

分左右自強號回臺北，從冰店直奔碧候，穿街走巷、畫破寧靜，預計在火車到站前回到南澳車站。

南澳靠海也靠山，沿著山邊小路騎行，遇見樹林茂密的原生植物園，順著心裡的感覺，把單車直接騎進綠蔭遮天身心舒徐的懷抱。植物園裡沒有太多人工設施，樹林占了大多數面積，園裡每一條路幾乎被林蔭覆蓋，仰望湛藍天空透著樹梢綠意，慢步林間小徑，走著走著，突然走進心裡那條很久沒去過的小路，通往久違的初心。

碧候部落在不遠處，植物園前沿著宜五十五鄉道，不一會兒就看見村子口足以收買人心的風景，看似平常的路邊開滿紫花藿香薊，滿眼紫色夢幻花毯一方又一方，只剩綠意和遠山添上白雲，儘管是冬天，小聚落還是被春暖花開包圍。村子裡顯得冷清，一派悠然與慢活的氛圍穿梭巷弄，雖然今天趕時間，但漫無目的遊走老屋舊街，怎麼走都能

02
03
01

01 走出火車站，往碧候部落，隨意拾起路邊風景，都是一派悠然。02 騎車走在原生植物園，處處都是遮天的綠隧道。03 紫花藿香薊開出冬天夢幻。

稱心如意。聚落不大，本來想到派出所要口水喝，踩著階梯而上，警局沒有開張營業，大門深鎖也許是鄉居生活的寫照。沒花多少時間逛碧候，騎出村子，金岳橋跨過來自遠方原始味十足的南澳北溪，溪水清澈奔流，河床上填滿砂石。賞山水、看溪流，隨意路過都是風景，每個轉彎都讓人停下來，我心裡直嘀咕著：「如此走走停停要什麼時候才能騎完預定行程。」

進入金岳部落已經過了中午，村子熨貼著山勢，單車爬上小山坡，再從另一個村子口下滑，大概就逛完金岳部落。村子裡有一間莎韻咖啡，門口原住民風彩繪，裡面有原住民烤豬場，沒有事先預約就沒辦法吃到在地美食。村子口的廣場上搭瞭望臺、建樹屋，原住民古老的生活，圍繞著莎韻之鐘。

電影裡的莎韻之鐘在武塔，不是金岳村子口這一座，但故事是同一個。

武塔部落的莎韻之鐘

莎韻之鐘是為了紀念日治時期泰雅族少女，在送老師前往征召途中，不幸落水的淒美故事。記得電影《練習曲》中，男主角環島經過南澳，特別把武塔莎韻之鐘這段場景，用幾位阿嬤的滄桑歌聲，唱出隱藏在宜蘭山裡的故事。有人說故事是假的，是是非非留給喜歡紛爭的世界，我的旅行只想找一分屬於時空留下的感動和溫馨而已。

沿著臺九線，來到武塔，單車《練習曲》的樂音，彷彿在武塔每一吋視野中響起。莎韻之鐘被包圍在一處溫室後面，有些殘破的外表就像被遺忘的過去。仰望南澳的天空，藍色天空飄著幾朵白雲，南澳南溪山谷好像還唱著阿嬤略顯滄桑的歌聲，那種感覺好美、好美。

04 03
02 01

01 沿著宜 55 鄉道，沁入愉悅的色彩。02 停駐在莎韻咖啡，沒有預約只能望美食心嘆。03 莎韻的故事聽說是起源於此。04 騎過一段臺 9 線，就快到武塔了。

離開武塔，騎過一小段臺九線再掠過澳尾橋，山路與南澳溪並肩而行了。這段路特別清涼，右側山壁、左側溪河，沒多久宜五十八鄉道突然又直又長，路邊長滿臺灣構樹，這些並不是特意種植的路樹，自然發芽長成的構樹隧道風景彌足珍貴。車隊一輛接著一輛前進，直到發現沒

有規畫在行程中的南澳農場，大家一起散了開來，往翠綠的大草皮和光臘樹列隊成林的農場奔去。

　預計在兩點三十分回到南澳市街，不過太多猛然出現的美麗風景感動久居城市的心，一再駐足、一再感動。最後輕掠朝陽社區的花田間，揮灑離別的傷情，朝陽漁港也不逛了、海灘也不去了，如果能留下一點點遺憾，下次再來的欲望會多一點、時間也會短一點！下午三點三十分準時上車，南澳等我，下回我們就熟了，旅程自然慢條斯理。

01
03 02

01 早春的大波斯菊天天看著火車在南澳奔馳。02 臺灣構樹的綠意擁抱筆直的鄉間道路（南澳南路）。03 一再駐足、一再感動，最後輕掠朝陽社區的花田間，揮灑離別的傷情。

坡度圖

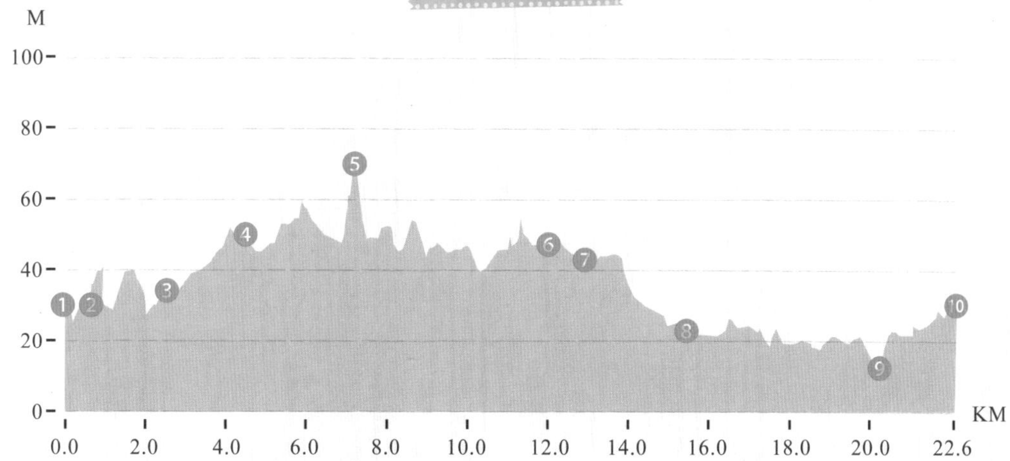

❶ 南澳火車站　N24 27.809 E121 48.061
❷ 建華冰店　N24 27.979 E121 48.269
❸ 南澳原生植物園　N24 28.043 E121 47.663
❹ 碧候部落　N24 28.486 E121 47.172
❺ 金岳部落　N24 28.279 E121 46.519
❻ 武塔部落　N24 26.600 E121 46.632
❼ 莎韻之鐘　N24 26.921 E121 46.699
❽ 南澳農場　N24 27.096 E121 47.379
❾ 朝陽漁港　N24 27.674 E121 49.180
❿ 南澳火車站　N24 27.809 E121 48.061

1 9
山下Stay
民宿
7
落羽松
森林
山下路
蓮城蓮花園
2
8
蕭家
菸樓
南華五街
南華五街22巷
山下路
4
吉安大圳
主幹線分水門
初英自行車道
水圳
綠蔭
3

24

花蓮吉安

Hualien City · Ji'an

騎乘重點及行程資訊

路況	1. 南華小村子位在吉安鄉，可搭乘臺鐵花蓮站下車，沿著臺 9 丙往吉安鄉，再轉進南華一街或南華二街，看見田園風景時就進入南華村了。 2. 初英自行車道分為親水線及親山線，親水線自行車道貫穿南華村。只要找到吉安圳，就可以沿著水圳邊自行車道，往親水線騎行。 3. 自行車道雖是單車專用道，在充滿自然風的地域，還是要特別小心安全。有些路段窄小、溼滑，還有一些小階梯。 4. 親水線自行車道終點在初英發電廠前，回程可選擇平行於吉安圳的山下路。
補給	南華村內大多是住家，很少有店家，可在進入村子前，在花蓮市區補給。或者請民宿幫忙補給物資。

交通資訊

大眾運輸	搭乘火車在花蓮下車，沿臺 9 丙往南，遇南華一街或南華二街、福昌路，右轉進入南華村。

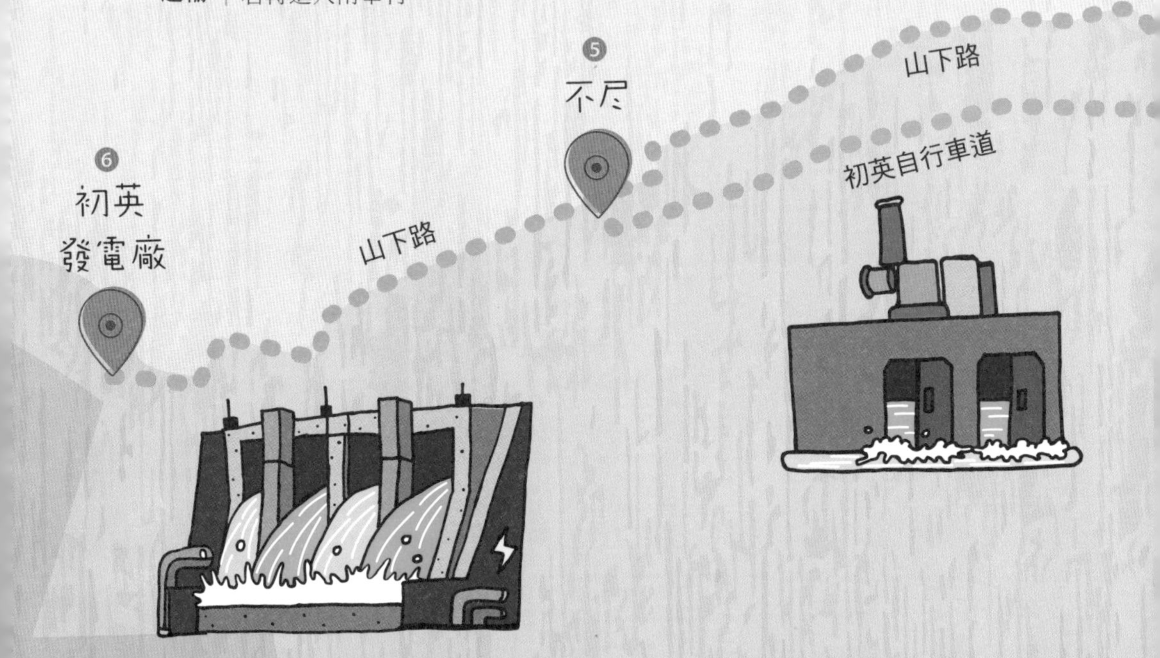

24 花蓮吉安

南華小村單車散步

里　程　8.2公里
旅行時間　半天～一天
路線難度　★☆☆☆ 休閒
旅行分類　■漫遊／■深度／□運動

剛入秋幾天，收到朋友的邀請到花蓮住上幾天。我很喜歡到這些家鄉做客，找尋屬於在地人才有的旅行故事，所以從忙碌生活中出走，搭上往東臺灣的火車。

因為工作關係，很少到花蓮旅行，行前與朋友聊起花蓮，瞭解一些她現在居住的吉安鄉：「距離花蓮市區六公里，大多是農村風景，我的家在花蓮山下，附近有一條初英自行車道，沿著吉安圳而行，落羽松森林、蓮花池都很漂亮。」她用很興奮的口吻說著；聽見小村子風景描述，心裡對這趟花蓮吉安鄉村小旅行，充滿期待。

1. 山下 Stay 民宿
2. 蓮城蓮花園　0.5K
3. 水圳綠蔭　0.8K
4. 吉安大圳主幹線分水門　1.8K

慢遊自行車道認識吉安圳歷史

雖然只有六公里路程，但身處郊區的吉安鄉，交通方式卻只能利用私人交通工具。汽車轉進一個叫南華的小村子，小路筆直交錯於田園風光中，大部分的交叉路口多以直角轉彎，打開車窗，吉安鄉南華村子聞起來甜甜的，或許，對於一個久居城市的臺北人，迎面而來的鄉村微風，有股身心舒徐的況味。車窗外一畦畦田地往後奔馳，田裡種的大多是龍鬚菜和芋頭，花蓮在地芋頭好吃，鬆軟、微甜，難怪名產「花蓮芋」歷久不衰。從火車站到南華村山下路，大約十五分鐘車程，一到朋友家中，我迫不及待騎上單車去探險。

02 | 01
03

01 沿著初英自行車道而行，經常有落羽松陪伴。02 早秋時節，天氣還暖著呢！前往花蓮吉安朋友家的民宿小住兩天，順便在小村子裡單車散步。03 微微的細雨中，從這片吉安鄉芋頭田出發，吉安芋頭大多銷到外地。

山下 Stay 民宿 9 8.2K
蕭家菸樓 8 7K
落羽松森林 7 6.2K
初英發電廠 6 3.5K
不尽 5 2.6K

01
03 | 02

01 停車駐足，微雨中睡蓮笑盈盈的向我招手。02 初秋的花顏還是如夢似幻。03 除了睡蓮，同時能欣賞大王蓮。

初英自行車道沿著吉安圳鋪設，腳踏車往上游騎行屬於親水線，畫過南華小村子中心地帶。我在微雨輕落的午後漫遊初英自行車道，吉安圳水流湍急而且清澈，淙淙水聲唱著大自然樂音，田疇沃野奔向遠山雲霧飄渺。

這裡不像臺北河岸自行車道，時時刻刻熱鬧滾滾，幾公里路程人煙杳然，只能和綠樹、山水聊天，面對自己的心說話。沿著吉安圳邊水聲來到蓮城蓮花園，這是一個開放的睡蓮農場，單車可以小心在蓮池旁慢騎。停下單車，坐在蓮花池畔，喝一壺蓮花茶，滿心芬芳久久不能散去。快入秋了，各地荷花差不多已近尾聲，南華小村子裡，睡蓮正是明豔熱烈當下。

小村子裡說起來並沒有特別知名的風景，但每一步都是美感，每一次呼吸都是舒徐滿心。山是山、水是水、吉安圳唱著古老自然的歌。

一路直達「不盡」自行車道終點。具史料記載，「不盡」一詞來自日治時期吉野圳改修工事監督技師錦織虎吉所提「不盡」二字。站在秋天微雨中，緬懷過去，突然有人在身後喊我，一位在地老先生，熱心幫我導覽：「吉安圳是日治時期的吉野圳，為南奇萊山引水獨立系統，水路自山上直接流進吉野（今吉安），中途共修建七座水庫、五座發電廠。會如此大費周張，因吉野地區當年規畫為南化機場，除了灌溉更具有軍事指標用途。」

聽到吉野圳身世，心裡如獲至寶。如果今天沒有到吉安鄉，根本不會知道，悠然的大自然鄉間小道，隱藏著一段歷史故事。聽過南化機場歷史，方知吉安的鄉間小道如棋盤一樣整齊。阡陌縱橫的田鄉風景，源自於日治時期規畫，附近山上的楓林步道有個絕佳眺望點。爬山的事情擱在明天清早，騎訪過初英自行車道的不盡，準備尋找蕭家菸樓。

到訪蕭家菸樓

落羽松在小村子裡常見，看起來再平凡不過了。對於久居城市的過客而言，輕掠翠綠落羽松下，冬天滿樹泛紅的期待油然而生。這裡有好多落羽松，自行車道上、小路旁、水圳邊。從初英發電廠沿著與吉安圳平行的山下路回程，在轉彎處發現一大片落羽松林，樹腳下有大樹喜歡的沼澤，樹影映在水裡，沒有吵雜、干擾，松林裡最多的是安靜和找不到立足點的森林溼地。

02 | 01

01 幾公里路程人煙杳然，只能和綠樹、山水聊天，與自己的心裡對話。一路直達「不盡」自行車道終點。02 初英自行車道樹廊下，仰望樹梢，愜意滿懷。

日治時期留下來的蕭家菸樓，保留著原味，大阪式建築，在臺灣並不多見。

跟著指標閒騎，鄉間迷路一陣子，才走進安靜明亮的客家聚落。南華客家村習慣用卵石堆成院牆，早年砌牆都有專門工匠修建，走過街邊石牆，蕭家菸樓一身黝黑靜靜佇立。外觀三層屋簷，內部留有古老的菸草烘烤設備及建築方式，古早的製菸場所，現在看起來蘊含著無限懷舊氛圍，隨著日治時期盛極一時的菸業逐步走入歷史，菸樓成了當地重要的人文

02 | 01

01 吉野圳是吉安圳的舊名字，來自於日治時期治水工程。02 走進在地人的落羽松秘境。

古蹟。我站在菸樓身旁，仰望日本大阪式菸樓迷人風采，怎麼看都有一份美感。

原本抱著暢遊花蓮大自然的心情而來，沒想到騎著腳踏車，掠過慢活田園、清爽水圳，一不小心踩進南華小村子豐富歷史。黃昏時分，走過濃郁田鄉風情，回到朋友家，分享南華村子遇見的故事，聊起今天的新發現，再一起吃著我採回來的野生芭樂！

GPS 座標

❶ 山下 Stay 民宿　N23 57.633 E121 32.824
❷ 蓮城蓮花園　N23 57.449 E121 32.745
❸ 水圳綠蔭　N23 57.284 E121 32.560
❹ 吉安大圳主幹線分水門　N23 57.169 E121 32.082
❺ 不尽　N23 57.073 E121 31.644
❻ 初英發電廠　N23 56.961 E121 31.249
❼ 落羽松森林　N23 57.429 E121 32.622
❽ 蕭家煙樓　N23 57.356 E121 32.984
❾ 山下 Stay 民宿　N23 57.633 E121 32.824

Day 1
太魯閣、
七星潭

25

花東縱谷公路旅行

Hualien & Taitung County

Day 1 太魯閣、七星潭

行程	新城車站—東西橫貫公路牌樓—太魯閣遊客中心—砂卡礑—布洛灣—燕子口—長春祠—七星潭—吉安車站，61.6 公里
補給	太魯閣公園臺 8 線上，除了一些攤販小店，補給點不多。在新城車站先行補給，沿途遇見小店時，適時補給。

交通資訊

大眾運輸	搭乘火車在新城下車。

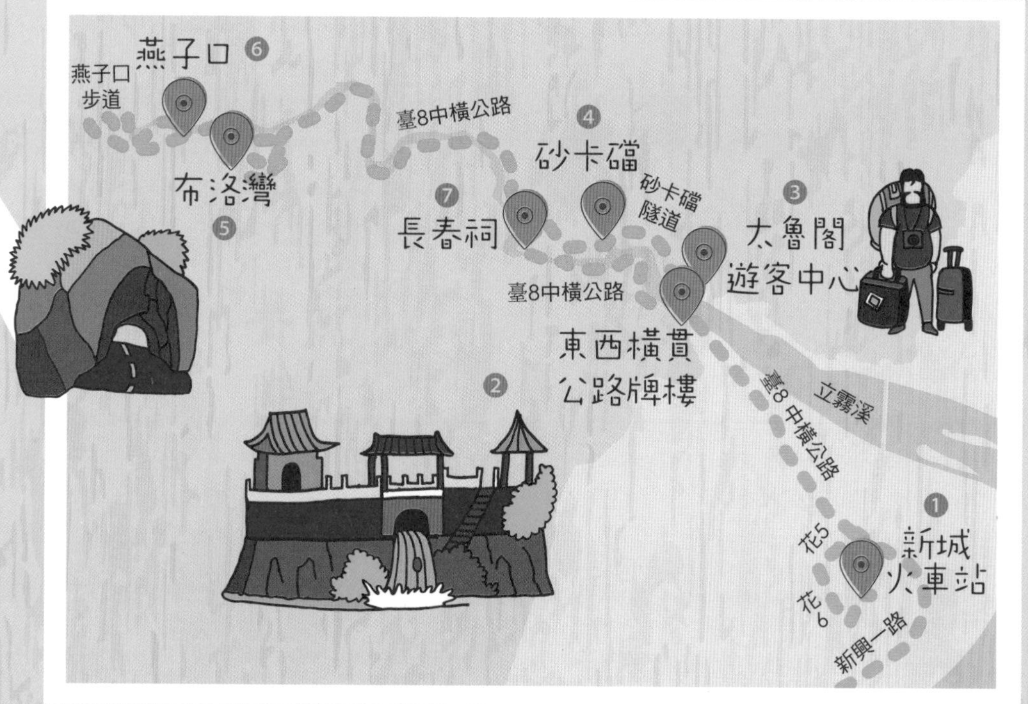

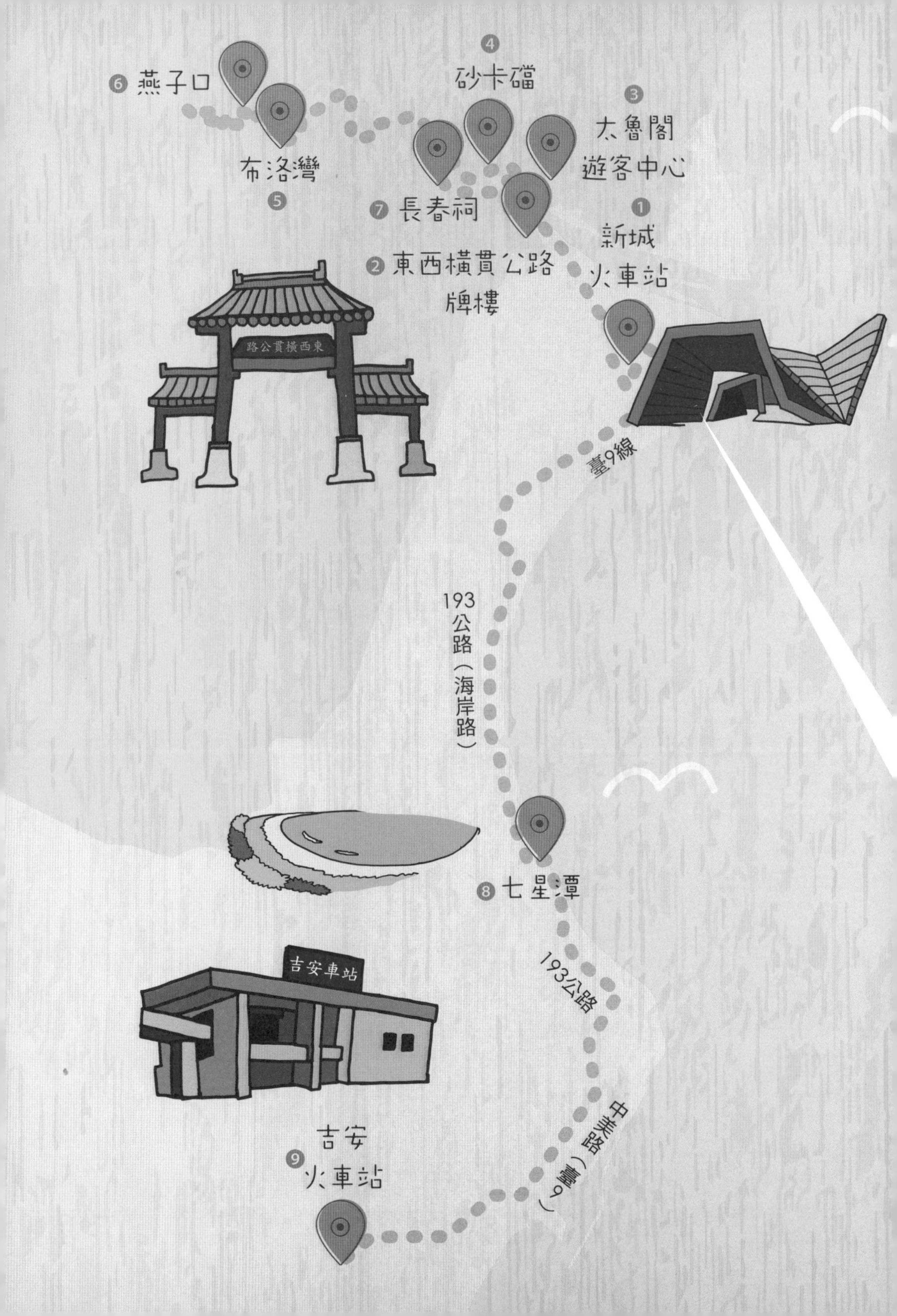

❶ 新城火車站
❷ 東西橫貫公路牌樓
❸ 太魯閣遊客中心
❹ 砂卡礑
❺ 布洛灣
❻ 燕子口
❼ 長春祠
東西橫貫公路
臺9線
193公路（海岸路）
❽ 七星潭
193公路
中美路（臺9）
吉安車站
❾ 吉安火車站

25 Day 1

花東縱谷公路旅行

太魯閣、七星潭

里程 61.6公里
旅行時間 一天
路線難度 ★★★☆☆ 輕度挑戰
旅行分類 ■漫遊／□深度／□運動

花東縱谷公路旅行總里程一四七點一公里，規畫為三天行程。因為旅行距離較長，所以行程規畫和地圖等資訊，皆附於手繪旅行地圖（參見三〇八頁與三一四頁）。

暫且說是勇闖太魯閣吧！單車界東進武嶺前哨站，中橫公路起點，擁有世界級美麗景觀。微微上升的坡度，讓人有點累又不會太累，沿著臺八線公路騎行，走進太魯閣國家公園。不過今天不是來跑東進武嶺比賽，我只想用不疾不徐的速度和一顆感動的心，捧回太魯閣峽谷裡用神奇曲率轉彎、抬頭看不見山涯容顏的河谷。單車在立霧溪頭上撒野，溪水只

① 新城車站
② 東西橫貫公路牌樓 5.3K
③ 太魯閣遊客中心 6.1K
④ 砂卡礑 7.5K

會輕輕地笑著，送上它億萬年來，一點一滴在頂天立地的石壁上，刻畫出每一步都讚嘆的河谷山川。

布洛灣位在三百多公尺山上，原住民風建築彷彿是來自圍繞著四周的山巔，布洛灣餐聽後方有一片大草原，空氣特別沁涼，或許這是來自於花蓮的自然溫度。中午在此吃飯，坐了好一陣子，往花蓮的山上一坐，忘去凡塵，心好透明，差點忘記還得往燕子口的行程呢！

懸崖峭壁因立霧溪億萬年切削，流淌出驚豔地質紋理，在擎天的山壁間流轉，而我，幾乎只是天地間微小的沙塵。望見穿山掠洞的風景，莫名的感動油然而生。深入布洛灣及燕子口，那些曾經是中橫必經的絕美路徑熨貼上今天我的影子，很美，美進了單車旅行的記憶中。太魯閣一詞來自於原住民，現在有一脈太魯閣族，古老以前的遷徙，為世界聞名山水留下美麗又

01
02

01 一個個艱辛開鑿的山洞，這些公路景觀也是世界級美景。02 停駐在砂卡礑隧道口，看見砂卡礑步道嵌在太魯閣的山壁裡。

吉安車站	七星潭	長春祠	燕子口	布洛灣
9	8	7	6	5
61.6K	48.8K	30.1K	20K	16K

01
02

01 清新山泉終年不竭，中橫的故事會永遠住在長春祠裡。02 這些岩層形成大約在二億五仟萬年前，停下單車俯拾皆是大地的寶藏。

動人的名字。騎著單車走進用手工鑿出的山洞，布滿那年一刀一斧敲出的粗獷完美，紊亂痕跡裡藏著斑駁歲月。那些逝去日子有多少人還記得！足以收買人心的風景，是多少前人留下汗水，用生命換來的平坦道路和方便輕描淡寫的疾奔。這些年來很少聽見緬懷感恩流血流汗的過去，抬頭仰望，燕子口與地形地質合一的山洞與路況，是多麼的美。

太魯閣去程是冒汗的努力，回程則是吹風的暢快，一路滑回臺九線，轉進一九三縣道，在黃昏漸暗的天色中，看沉甸甸的七星潭撐起躲在多雲陰霾裡的海天一色，天氣不好，缺少陽光的七星潭多了點愁容。不過能坐在沙灘上，吹風、聽濤、談笑，這一天有山有海，靠著腳踩二輪御風而行，花蓮更美了。

坡度圖

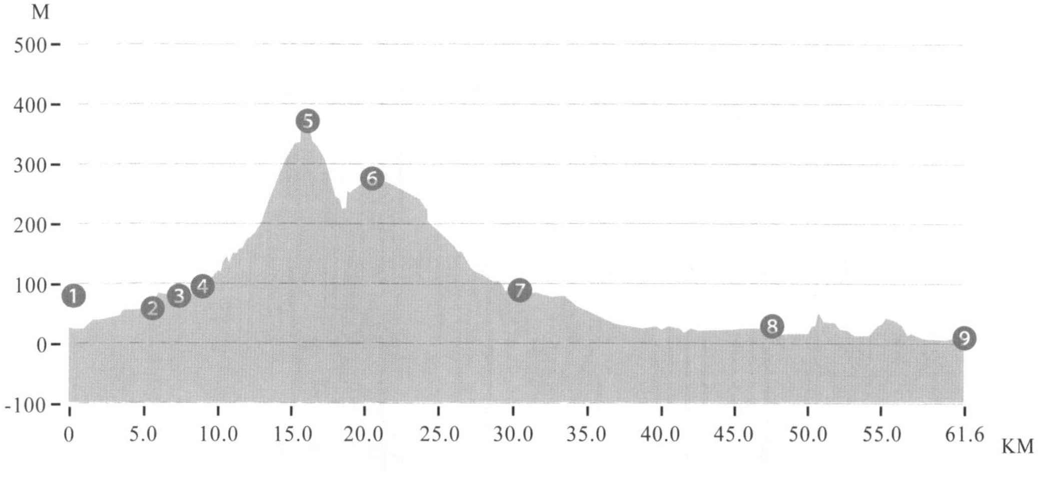

❶ 新城車站 N24 07.644 E121 38.497
❷ 東西橫貫公路牌樓 N24 09.331 E121 37.287
❸ 太魯閣遊客中心 N24 09.481 E121 37.350
❹ 砂卡礑 N24 09.737 E121 36.828
❺ 布洛灣 N24 10.197 E121 34.315
❻ 燕子口 N24 10.405 E121 33.923
❼ 長春祠 N24 09.713 E121 36.253
❽ 七星潭 N24 02.496 E121 37.356
❾ 吉安車站 N23 58.093 E121 34.957

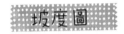

Day 2
鯉魚潭、
大農大富、
池上小鎮

25

花東縱谷公路旅行

Hualien & Taitung County

Day 2-2
大農大富

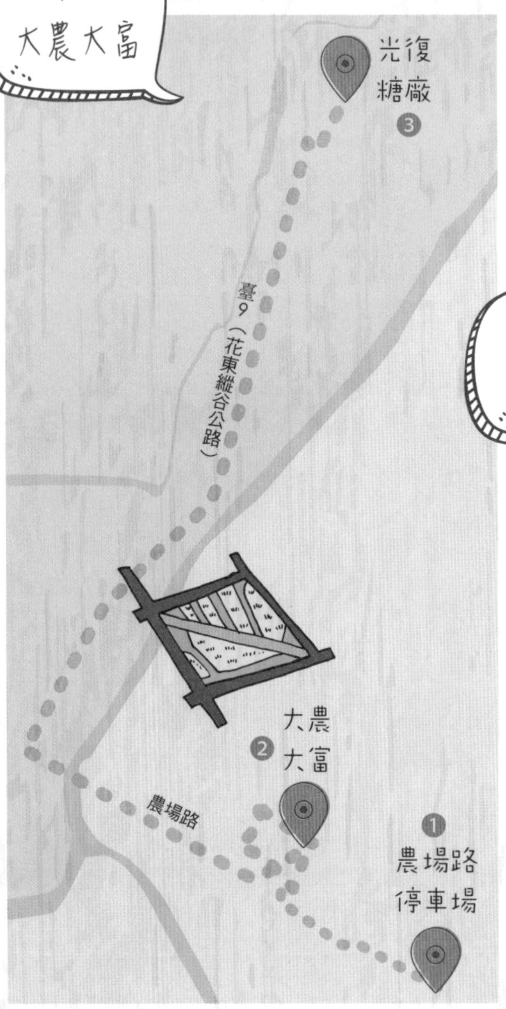

Day 2-1
鯉魚潭

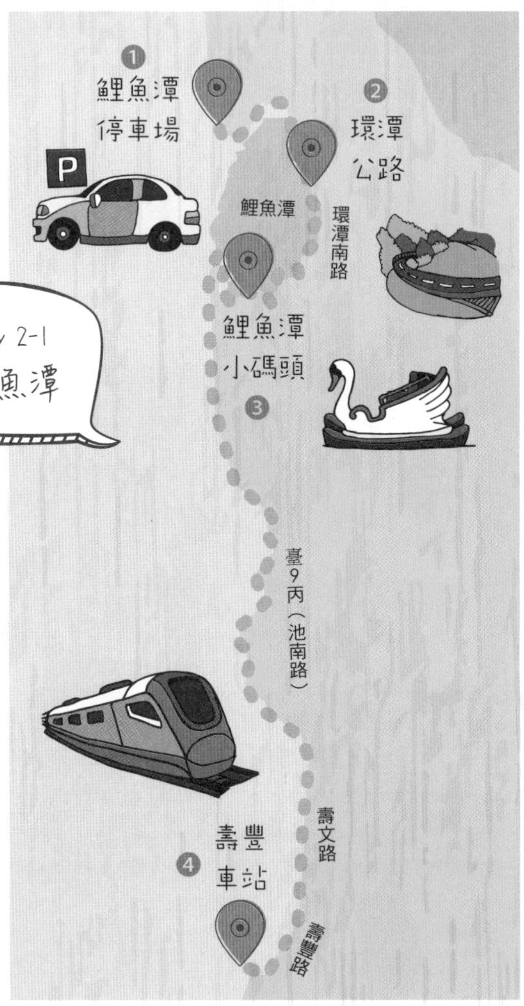

Day 2 鯉魚潭、大農大富、池上

行程

Day2-1：鯉魚潭停車場—環潭公路—鯉魚潭小碼頭—壽豐車站，11.8 公里／ Day2-2：農場路停車場—大農大富—光復糖廠，11.3 公里／ Day2-3：臺東大坡池—大坡國小（池上斷層）—伯朗大道 —金城武樹—池上市街，12 公里。總里程 35.1 公里，建議三個行程，以 4 ＋ 2 方式安排。（行程不分段）

補給

- 鯉魚潭有幾間店家可補給，壽豐市區亦可補給。
- 大農大富內沒有補給，需在光復糖廠補給。
- 池上除了在市街上有店家補給，環鎮路線中沒有補給。

交通資訊

開車

- 由花蓮出發，經吉安臺 9 丙，可抵達鯉魚潭。
- 沿臺 9 至光復，轉進農場路，即為大農大富平地森林遊樂區。
- 池上大坡池離池上市街不遠，沿臺 9 線即可進入池上小鎮。

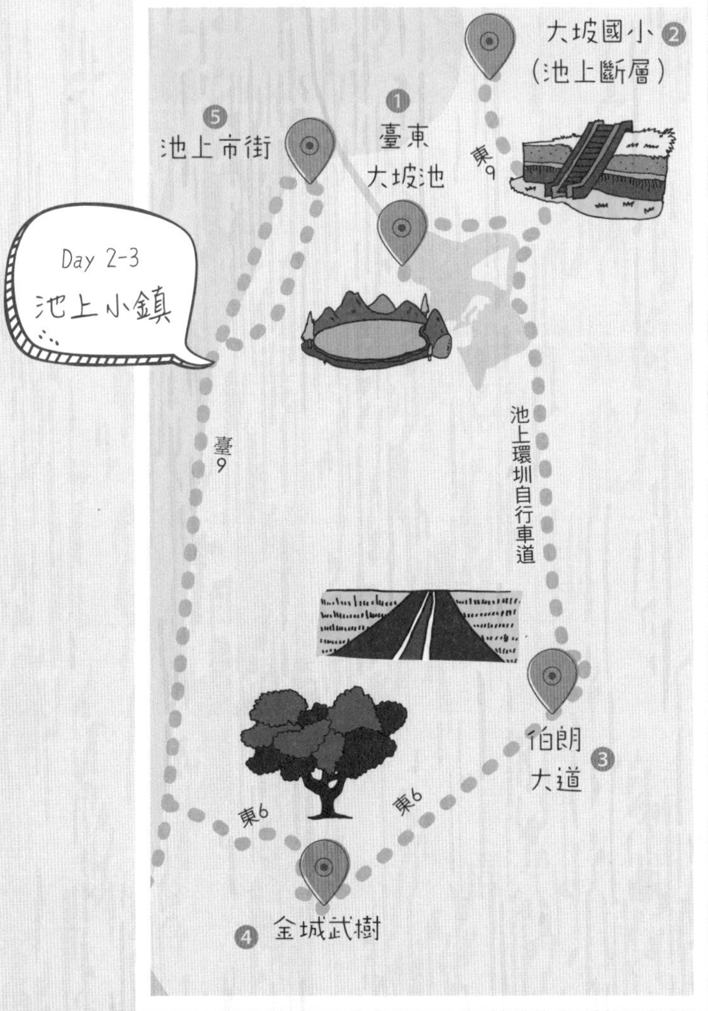

25 Day 2 花東縱谷公路旅行

鯉魚潭、大農大富、池上小鎮

里　程　35.1公里
旅行時間　一天
路線難度　★☆☆☆ 輕鬆
旅行分類　■漫遊／□深度／□運動

昨晚入住在吉安鄉一處小飯店，推開清早的窗門，不小心看見對面房子天際線漫著天明前的晨曦霞光，這美景吸引我趕緊起床，往吉安車站附近散步，找一份天剛亮的清心自在。冷冷清清的吉安火車站前，一樣有花蓮大氣山勢風景，放眼望去，總是會讓人停在壯麗又安穩的懷抱裡。第二天一早很涼，抬頭是無盡的湛藍，一片雲都沒有。涼涼的空氣加上晴朗的天氣，今天的單車旅行，一定很舒服。

來花蓮當然得騎鯉魚潭，如果很擔心從平地上山的坡度，那今天可放一百二十個心。吃完早餐便上了遊覽車，單車也上了貨車，人和單車一起搭車來到鯉魚潭畔，省去一段不短的山坡路，很像在水邊店家

Day 2-1

① 鯉魚潭停車場
② 環潭公路　1.6K
③ 鯉魚潭小碼頭　3.3K
④ 壽豐車站　11.8K
搭車

租好腳踏車，然後悠閒環潭攬景。乘著花蓮斜斜的晨光環湖，感覺好美好舒服，鯉魚潭公路一圈大約三公里，略為起伏的地形穿梭在林蔭與透著早光的葉脈間，有時樹林打開窗戶，窗外景色美不勝收，河水依靠著遠山，暖暖的陽光落在山綠與湖心上，景色很透明清澈，就像湖水一樣。沒有上坡卻能享受下坡，一路下滑到壽豐，又上了遊覽車，在大農大富的草地上曬太陽、在林道裡 off road 激動一下，接著往回騎到光復糖廠吃午餐，

01 每次環湖公路樹林開窗，總是送來驚豔窗景。
02 大農大富的平疇沃野，拉出漂亮的單車線條。
03 林間木棧道散落陣陣綠光。

Day 2-2

搭車	光復糖廠 ③ 11.3K	大農大富 ② 1.5K	農場路停車場 ①

再一手拿著來此必吃的冰淇淋，坐在古老的日式宿舍前，聞著木香緬懷老糖場的舊日子。

遊覽車接駁讓單車行程輕鬆不少，午後上車小睡一下，再逛逛北迴歸線公園，畫過黃昏涼意停駐在池上大坡池邊。騎單車逛池上，沿著大坡池的午後樹影，車隊像是臺東的風，吹動了樹梢、揚起了漣漪，走走停停，最後在伯朗大道的金城武樹下，送走豐富的一天。

01
02
01 臺東池上的大坡池牽車散步都十分愜意。02 說不出的幾何美感，來自於池上農家的傑作。

Day 2-3

① 臺東大坡池
② 大坡國小（池上斷層） 2.1K
③ 伯朗大道 5.8K
④ 金城武樹 7.5K
⑤ 池上市街 12K

坡度圖

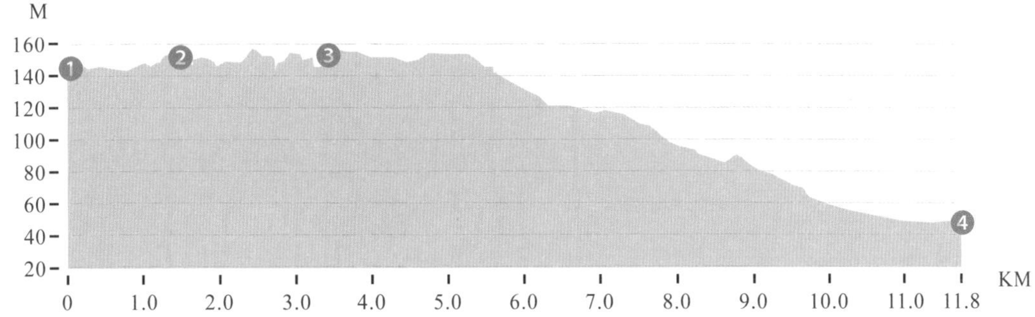

Day 2-1

❶ 鯉魚潭停車場　N23 56.089 E121 30.424
❷ 環潭公路　N23 55.884 E121 30.849
❸ 鯉魚潭小碼頭　N23 55.366 E121 30.530
❹ 壽豐車站　N23 52.148 E121 30.630

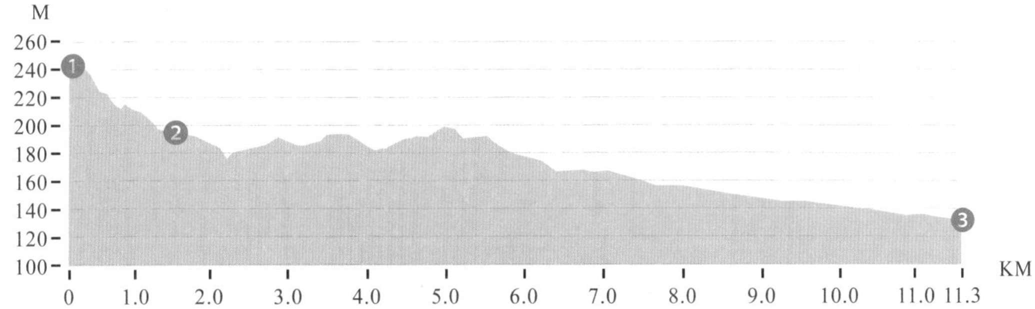

Day 2-2

❶ 農場路停車場　N23 36.620 E121 25.491
❷ 大農大富　N23 37.037 E121 25.045
❸ 光復糖廠　光復糖廠

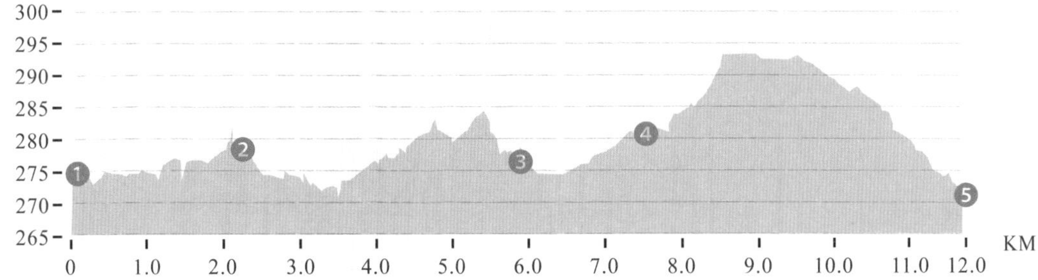

Day 2-3

❶ 臺東大坡池　N23 07.205 E121 13.371
❷ 大坡國小（池上斷層）　N23 07.499 E121 13.845
❸ 伯朗大道　N23 05.990 E121 13.107
❹ 金城武樹　N23 05.844 E121 12.266
❺ 池上市街　N23 07.479 E121 13.248

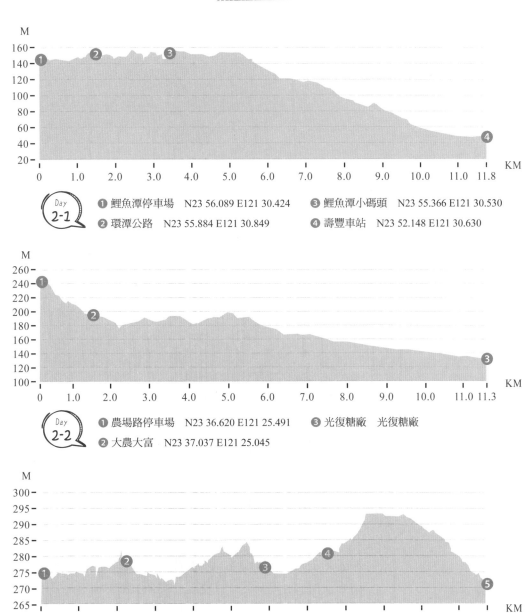

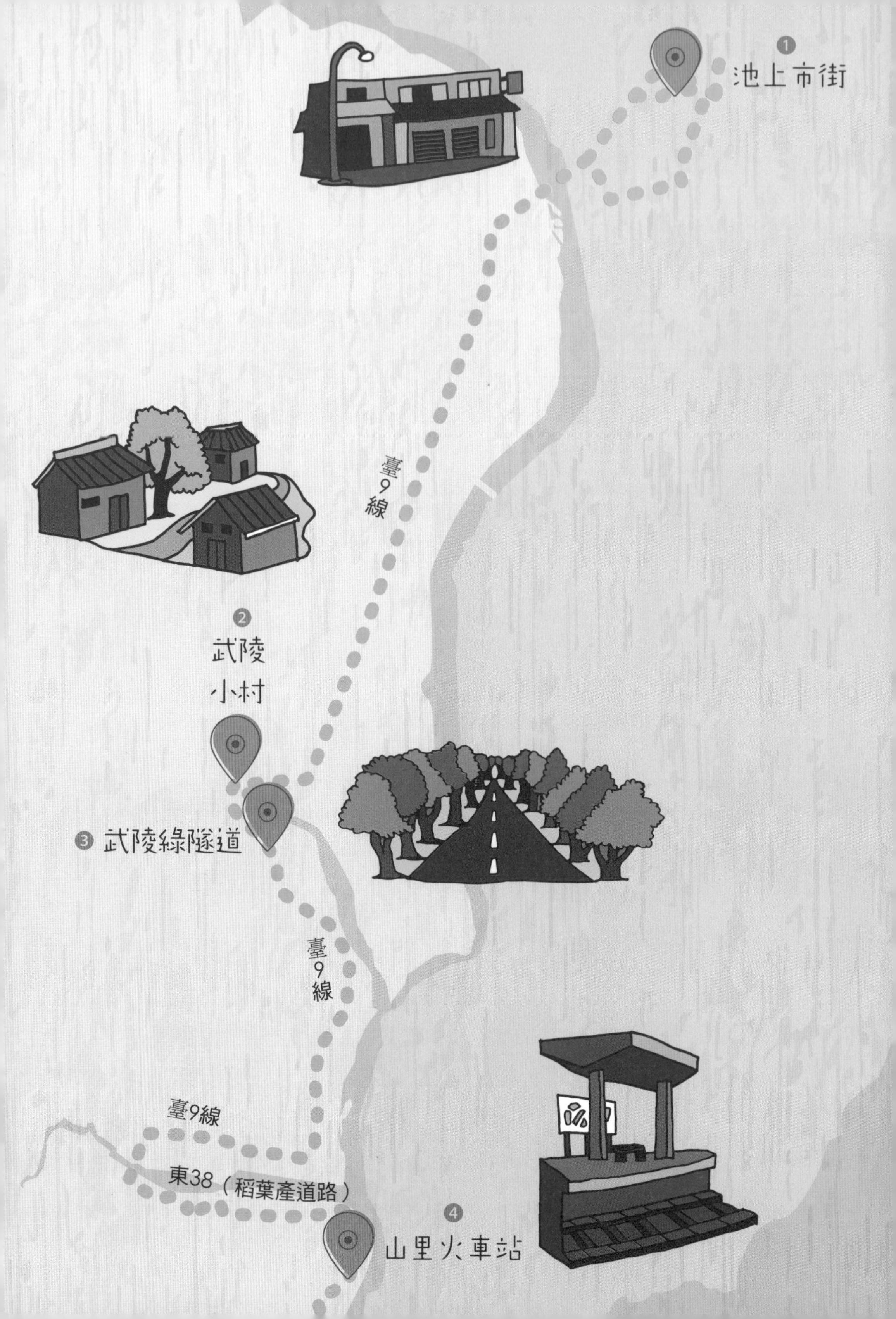
1 池上市街
臺9線
2 武陵小村
3 武陵綠隧道
臺9線
臺9線
東38（稻葉產道路）
4 山里火車站

Day 3
池上、武陵
…

25

花東縱谷公路旅行

Hualien & Taitung County

Day 3 池上、武陵

行程　池上市街—武陵小村—武陵綠隧道—山里火車站， 50.4 公里

路況

1. 臺九線車輛略多，騎車靠邊注意安全。
2. 武陵小村子入口容易錯過，沿臺九線往臺東，過了關山，遇見瑞豐國小後，看見種滿綠隧道的永嶺路，右切進入，即可抵達。
3. 山里位置不明顯，以東三十八鄉道為目標，注意轉進山里地區。

補給　池上市區、關山市區，沿著臺九線有一些店家，武陵小村子裡有唯一的咖啡店，提供餐點，不一定會開門。

25 Day 3 花東縱谷公路旅行

池上、武嶺

里程 50.4公里
旅行時間 一天
路線難度 ★★☆☆☆ 進階
旅行分類 ■漫遊／□深度／□運動

一大早，天還沒亮呢！輕聲細語怕吵了民宿裡的住客。昨天經過大坡池，覺得今天早上會有漂亮的天色和火燒日出，便早早起床，騎著單車停駐在大坡池畔。

好多露水呀！踩過草皮坐在池畔觀景臺上，褲管、鞋子被池上晨露溼透，我挽著來自於昨夜遺留的小鎮涼意，靜靜地在池水邊等待日出。

03 02 | 01

01 一天剛開始，是大坡池最美的時候。02 池上除了伯朗大道，還有早起的天邊霞光。03 冬季，往關山，沿途的油菜花快開滿了。

武陵小村 ② 24.8K

池上市街 ①

不論走到哪裡！當天色泛起淡淡藍光，躲藏一整晚的晨光即將從地平線那頭悄悄地爬上天際，飄泊的雲第一個接住既新鮮且亮麗的曦光，染得漫天光彩。我從暗淡中等待，大坡池清早真的為遠自臺北而來的我，送上金黃亮橙，天空像燒了起來，然後火光一個一個掉進池水裡。水與天相映，晨光擁有兩倍美麗，投射在心裡，卻有二次方的感動。

冬天來到池上，不是為了看伯朗大道人潮點綴收割稻田，一大清早小鎮探險，發現屬於自己的天空，萃取旅行的意義感動心海，才是旅行最美的一塊。

第三天，準備燃燒最後一天剩下的時間，用盡所有的玩心與氣力；池上出發往關山，連續二十幾公里，不只有破風而行，也畫開一幕幕臺東這一季最美的風情。關山小鎮周邊的油菜花快開滿了，看見有些田畦裡開始泛黃，激動的心情想停下來釋放，捕捉有山做依靠的曠野豪情。

這段路猶如乘風起飛，花東縱谷路況起伏，能演出一場下降又起飛的單車速度，看著美景在風中飛翔，那種感覺就向往心底美境出發一樣，心海暖意隨著浪濤揚起臉上笑意。從池上掠關山，最後在一處叫武陵的小村子停了下來，熱血飛奔後坐在小村子的露天咖啡座，聽山風唱歌、聞溪水伴樂。正午，淡淡的陽光曬下來，真的好舒服好愜意。小村子裡很美，現在這季節剛好是紅藜成長期，通透山光灑落綠葉間，葉尖再敷上紅芽色，映著臺東的山，美麗極了。午餐在小村子裡唯一的咖啡店吃牛肉麵，加上一杯

拿鐵，還有老闆說的武陵小村故事，悠閒得想睡了。

午後，離開武陵，往東三十八公路綠隧道條的下滑直達山里火車站，偏離臺九線，走過秘境，小小的山道，沒有人車，只有我和單車踩踏的聲音與卑南溪畔大溪地獨門風景，一處隱藏在山裡的山里，小小的火車站前結束這三天單車旅程。

三天單車旅行，來自壯闊的花蓮太魯閣，停留於花東縱谷美境，向山里小站道聲再見，搭上回程火車，心開始念念不忘了。

03 01
02

01 武陵村子裡正是紅藜的季節。02 臺東的綠隧道也很多，只是大家都忘了，不然就是疾駛而過。03 站在山里村子教堂前，抬起頭，臺東的天空特別藍，深深烙在我的心底。

坡度圖

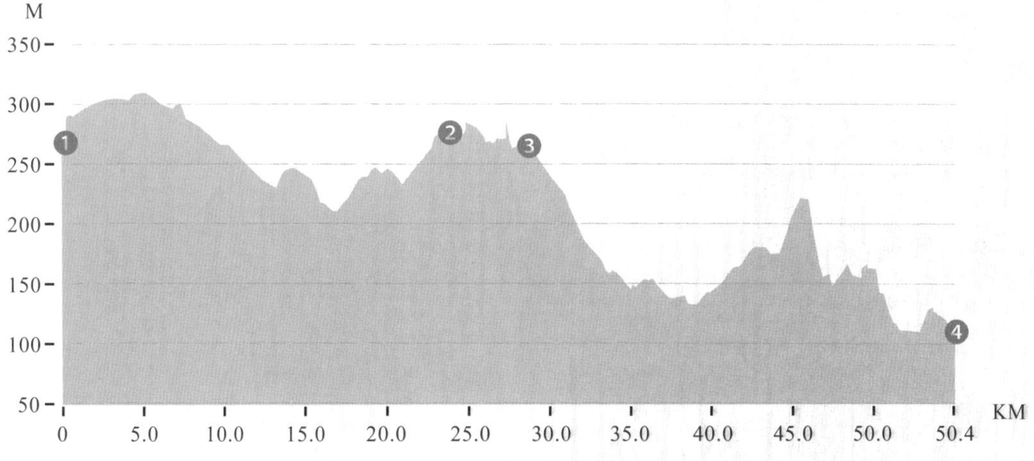

❶ 池上市街　N23 07.479 E121 13.248

❷ 武陵小村　N22 58.226 E121 07.060

❸ 武陵綠隧道　N22 57.626 E121 07.466

❹ 山里火車站　N22 51.719 E121 08.266

國家圖書館出版品預行編目資料

臺灣小鎮慢騎：25條縱貫東西的慢遊路線／茶花小屋（李立忠）撰文攝影；. 初版. -- 臺中市：晨星，2019.11
面； 公分. --（台灣地圖；046）

ISBN 978-986-443-929-4
1.臺灣遊記 2.腳踏車旅行

733.6 108013427

台灣地圖046
臺灣小鎮慢騎——25條縱貫東西的慢遊路線

撰文攝影 茶花小屋（李立忠）
主編 徐惠雅
美術編輯 ivy_design
地圖繪製 ivy_design

創辦人 陳銘民
發行所 晨星出版有限公司
台中市407工業區30路1號
TEL: 04-23595820 FAX：04-23550581
行政院新聞局局版台業字第2500號
法律顧問 陳思成律師
初 版 西元2019年11月06日

總經銷 知己圖書股份有限公司
（台北）106台北市大安區辛亥路一段30號9樓
TEL：02-23672044 FAX：02-23635741
（台中）407台中市西屯區工業區三十路1號1樓
TEL：04-23595819 FAX：04-23595493
E-mail: service@morningstar.com.tw
網路書店 http://www.morningstar.com.tw
讀者專線 04-23595819#230
郵政劃撥 15060393（知己圖書股份有限公司）

定價 550 元
ISBN：978-986-443-929-4
Published by Morning Star Publishing Inc.
Printed in Taiwan